U0879696

汽车车载网络系统与检修

主　编　王皆佳
副主编　匡　欣　缪晓宇
王昕灿

合肥工业大学出版社

图书在版编目(CIP)数据

汽车车载网络系统与检修/王皆佳主编.—合肥:合肥工业大学出版社,2023.9
ISBN 978-7-5650-5652-9

Ⅰ.①汽… Ⅱ.①王… Ⅲ.①汽车—计算机网络—维修 Ⅳ.①U472.41

中国国家版本馆CIP数据核字(2023)第174114号

汽车车载网络系统与检修

QICHE CHEZAI WANGLUO XITONG YU JIANXIU

王皆佳 主编 责任编辑 张择瑞

出 版	合肥工业大学出版社	版 次	2023年9月第1版
地 址	合肥市屯溪路193号	印 次	2023年9月第1次印刷
邮 编	230009	开 本	787毫米×1092毫米 1/16
电 话	理工图书出版中心:0551-62903204	印 张	10.5
	营销与储运管理中心:0551-62903198	字 数	236千字
网 址	press.hfut.edu.cn	印 刷	安徽联众印刷有限公司
E-mail	hfutpress@163.com	发 行	全国新华书店

ISBN 978-7-5650-5652-9 定价:30.00元

如果有影响阅读的印装质量问题,请与出版社营销与储运管理中心联系调换

前　言

车载网络是现代汽车的神经系统，也是现代汽车构成的最复杂的一个系统。将汽车电控单元组成车载网络进行联网控制，可以信息共享，减少硬件配置，使整车运行状态最优化，同时可以通过软件升级实现汽车的功能扩展，使汽车的更新换代更加灵活和方便。

车载网络技术在汽车电子控制系统中的作用越来越重要，从事汽车维修的专业人员必须掌握车载网络的应用与维修，汽车专业的学生非常有必要学习掌握汽车车载网络相关知识。为此，编者以多年的汽车教科研及相关课程教学经验为基础编写了本书。

本书分为六个模块，主要内容包括：车载网络基础知识、高速 CAN 总线的检测与修复、低速 CAN 总线的检测与修复、LIN 总线系统的检测与修复、MOST 总线系统的检测与修复、FlexRay 总线系统的检测与修复。本书由江苏航运职业技术学院王皆佳担任主编，匡欣、缪晓宇、王昕灿担任副主编，参加编写的还有成诚、孙旭、李胜永、郭志阳、黄晓芬、黄俊华、王锦华，常州英杰尔工程机械有限公司胡海波对本书的编写给予了大力支持。

本书在编写过程中，查阅了大量文献资料，引用了一些网上资源，广泛参考借鉴了国内外有关汽车车载网络技术方面的研究成果，在此，对这些成果的研究人员表示衷心的感谢。本书可作为高等职业院校汽车检测与维修技术专业、新能源汽车检测与维修技术专业的教学用书，也可作为汽车检测与维修技术人员的培训教材。

由于汽车车载网络技术的飞速发展，以及编者水平和经验有限，书中难免存在不足之处，敬请广大专家和读者提出宝贵意见，以便进一步修改、完善。

编　者

2023 年 6 月

目　　录

模块一　车载网络基础知识

学习目标

1. 掌握汽车电控单元的查找方法；
2. 掌握汽车电控单元控制系统的组成；
3. 掌握车载网络的发展简史和拓扑结构；
4. 掌握车载网络的常用基础术语和数据传输方式；
5. 能完成汽车电控单元功能操作；
6. 能在实车上找到汽车电控单元的位置；
7. 能说出车载网络技术的优点和汽车网络的类型；
8. 能说出车载网络的常用基础术语的含义。

学习内容

一、认知汽车电控单元

(一)汽车电控单元的认知

2011 年以后奥迪公司推出了新一代诊断仪 VAS6150，它通过笔记本电脑的蓝牙诊断接口与车辆进行无线通信来进行诊断维修。通过汽车诊断仪 VAS6150 可查找汽车电控单元。

1. 汽车电控单元的查找

ECU(Electronic Control Unit)是电子控制单元的缩写，俗称汽车电脑。

1)查找过程

(1)打开主界面，点击功能区“诊断”按钮后，点击工作区“启动诊断”，VAS6150 启动界面如图 1-1 所示。

(2)点击“网络布局图”，查看控制单元网络布局，如图 1-2 所示。

2)控制单元代码

奥迪车维修资料上有些编号、代码，如 J104、J518 等，代表着控制单元；还有 G202、R41 等，代表着传感器、电器元件等。ECU 及主要电气元件编码见表 1-1 所列。

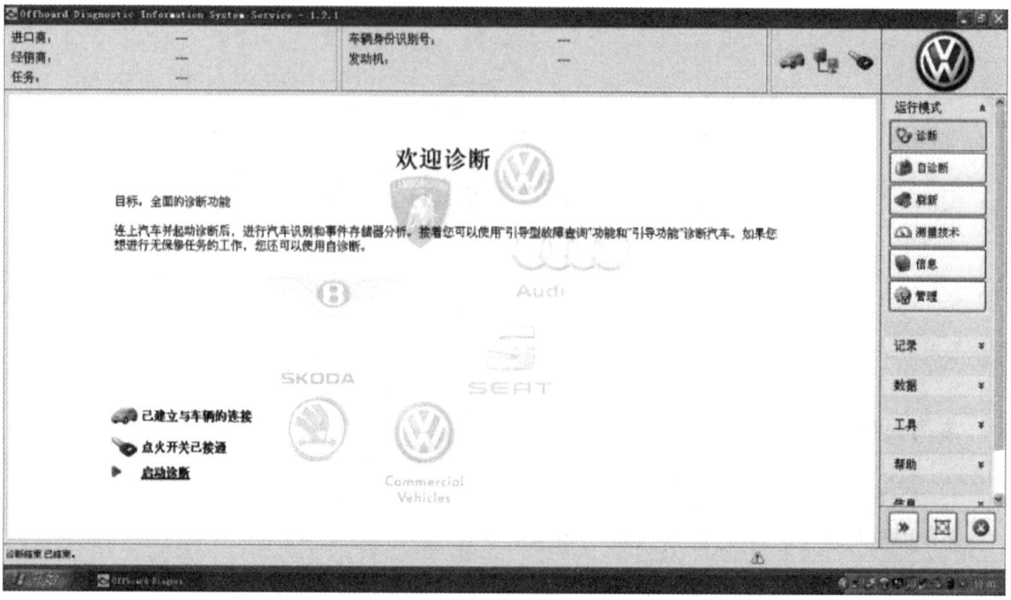

图 1-1 VAS6150 启动界面

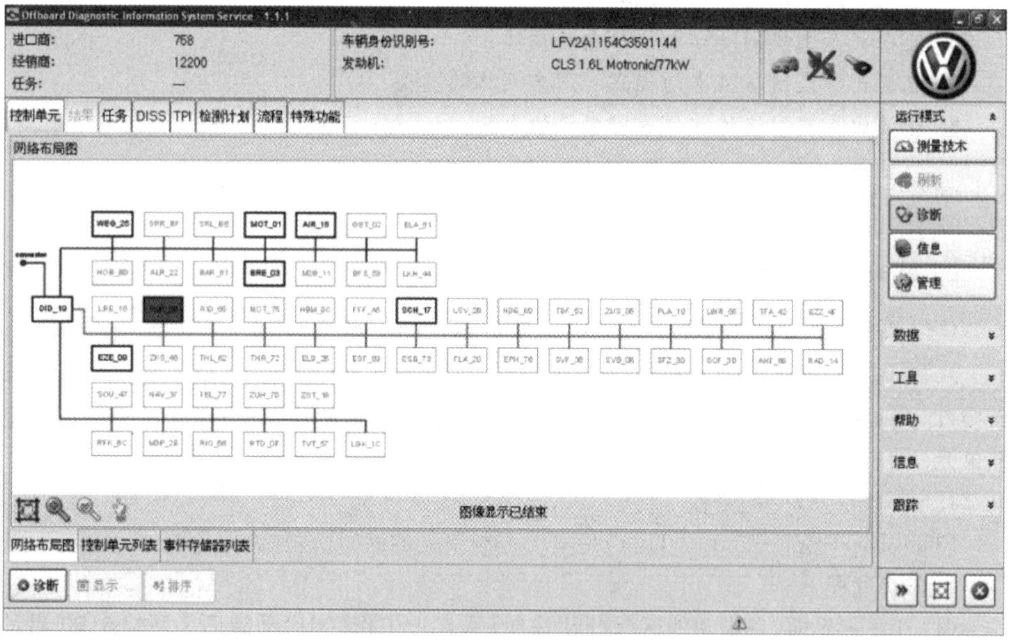

图 1-2 控制单元网络布局图

表 1-1 ECU 及主要电气元件编码

编码	部件	编码	部件
J364	辅助加热控制单元	J388	左后门控制单元
J104	带 EBD 的 ABS 控制单元	J234	安全气囊控制单元

（续表）

编码	部件	编码	部件
J428	车距调节控制单元	G202	发动机转速传感器
J519	供电控制单元	J387	乘客侧车门控制单元
J386	驾驶员车门控制单元	J521	乘客侧带记忆功能座椅调节控制单元
J518	进入和启动授权控制单元	J389	右后门控制单元
J285	组合仪表内控制单元	G433	左后轮压力监控发射原件
J527	转向柱电器控制单元	R64	驻车加热无线电接收器
J526	电话即 TELEMATIK 控制单元	J401	带 CD 播放机的导航控制单元
R36	电话发送和接收	J507	语音输入控制单元
J623	发动机控制单元	J525	数字音响包控制单元
J255	全自动控制空调控制单元	R	收音机
J136	有记忆功能的座椅调节，转向柱调节控制单元	R78TV	调谐器
J197	水平调节控制单元	R147	数字收音机
J481	前照灯照程控制单元	G434	右后轮胎压监控发射原件
J502	轮胎压力监控控制单元	J446	驻车辅助系统控制单元
J520	供电控制单元	J345	挂车识别控制单元
J523	前部信息系统显示和操纵控制单元	J393	舒适系统控制单元
J533	数据总线诊断接口	J540	电动驻车、手动驻车控制单元
J723	无钥匙式启动授权读入单元	J544	电能管理控制单元
R41	CD 换碟机	G431	左前轮发射原件
R92CD	播放机		

每个控制单元都有唯一的地址码，通过地址码可以进入控制单元，大众/奥迪车系主要地址码见表 1－2 所列。

表 1－2　大众/奥迪车系主要地址码

地址码	系统	控制单元代码	地址码	系统	控制单元代码
01	发动机控制单元	J220/J623	34	空气悬架控制单元	J197
02	自动变速器控制单元	J217	37	导航	J401
03	ABS/ESP 控制单元	J104	46	舒适系统控制单元	J393
07	MMI 显示操作控制单元	J523	53	电子驻车制动（EPB）系统	J540

（续表）

地址码	系统	控制单元代码	地址码	系统	控制单元代码
08/18	空调系统/辅助加热	J255/J324	55	前照灯照程调节	J431
15	安全气囊控制单元	J234	61	蓄电池管路控制单元	J644
16	转向柱电器控制单元	J527	65	胎压监控控制单元	J502
17	组合仪表	J285	76	停车辅助控制单元	J446
19	网关/诊断接口	J533	77	电话	R36

2. 汽车 ECU 功能操作

1)控制单元识别

这一功能主要描述了控制单元的基本信息。控制单元的基本信息包括控制单元的硬件号、软件号以及版本号。在更换控制单元时，要检查新的控制单元的硬件号、软件号以及版本号与原来的是否相同。若不相同，要问清原因，是产品升级了，还是有其他原因，不能盲目更换。

双击想读取信息的控制单元，选择控制单元自诊断，如图 1-3 所示。

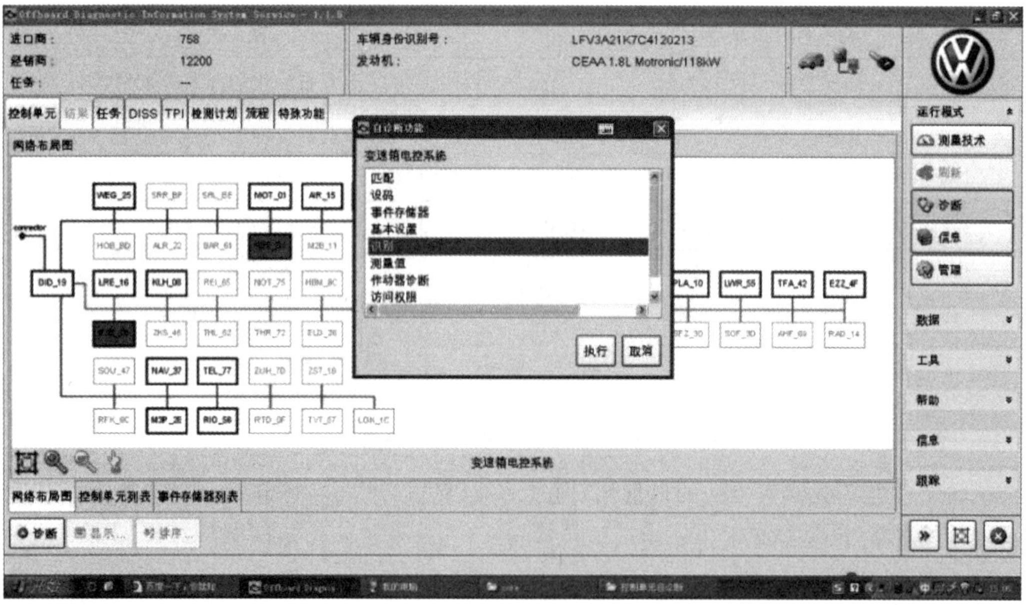

图 1-3　控制单元自诊断界面

选中“识别”，点击“执行”。在结果选项卡中显示出零件识别号、软件版本等信息，如图 1-4 所示。

2)控制单元编码

控制单元编码是大众/奥迪车系一个特殊的功能。在大众/奥迪车系中，不同的控制单元安装在不同配置的车上，可以实现不同的功能，不同车型、不同功能是通过控制单元编码来实现的。因此，更换控制单元时要记下原来控制单元的编码，并将编码编入新控

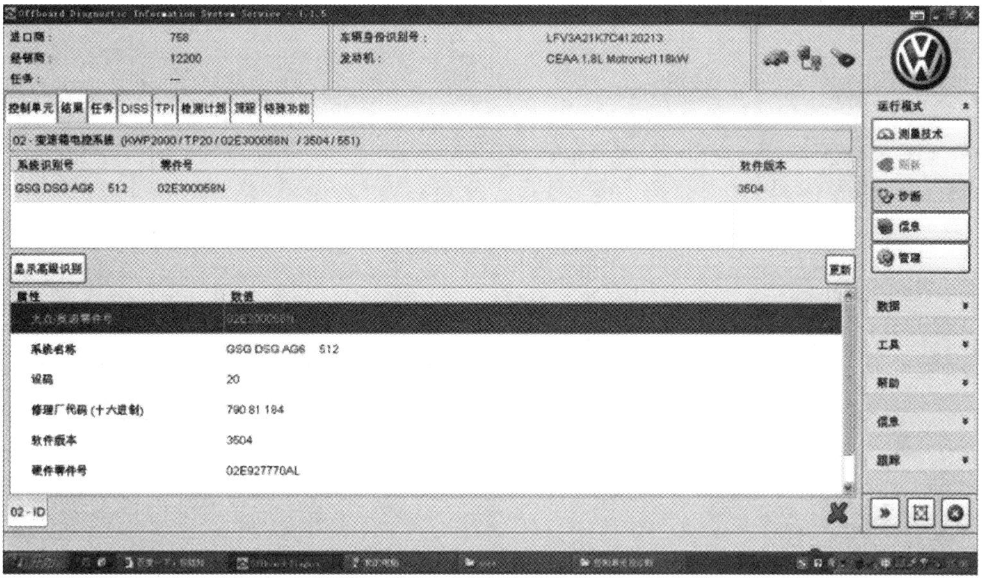

图 1-4　控制单元信息界面

制单元里，否则，原来控制单元的某些功能会丧失。编码分为长编码和短编码。例如，奥迪 2.8L FSI 发动机控制单元编码为长编码，编码为 0105000C02，070120；ABS 控制单元为短编码，编码为 0000078500200。

如果车辆的代码没有显示或者更换控制单元后，必须进行控制单元编码。如果新的控制单元零件号和索引号完全与老的控制单元一样，则需要读出老的控制单元的编码，然后编入新的控制单元。一般来说，如果车辆配置不同，控制单元编码肯定不同，一些车型的控制单元可能只允许编码 1 次，错误的编码轻则会导致车辆的性能不良，重则给车辆带来严重故障，所以尽量避免误操作。编码和年款、车型的关系如下：

(1)年款不同，编码可能不同。

(2)车型不同，编码不同。

(3)车型相同，配置不同，编码不同。

编码有长编码和短编码之分，老车型多为短编码，而新车型多为长编码。短编码一般为四位或五位。长编码由多个字节组成。

下列情况需要对控制单元进行编码：

(1)更换了控制单元。

(2)误操作，更改了控制单元编码。

(3)蓄电池不正常断电也可能引起控制单元编码不正确的故障。

编码应该注意如下问题：

(1)更换控制单元时要对原车编码、匹配通道的数值进行记录，更换后再把记录的编码和匹配数值写入，避免不知道原来的编码，而造成新的故障。

(2)编码后要对车辆的状态做全面检查，避免出现新的故障。

驾驶员侧车门控制单元编码过程：双击驾驶员侧车门电子设备，选择引导功能；选择

“驾驶员车门编码”，点击“执行”，如图 1-5 所示。

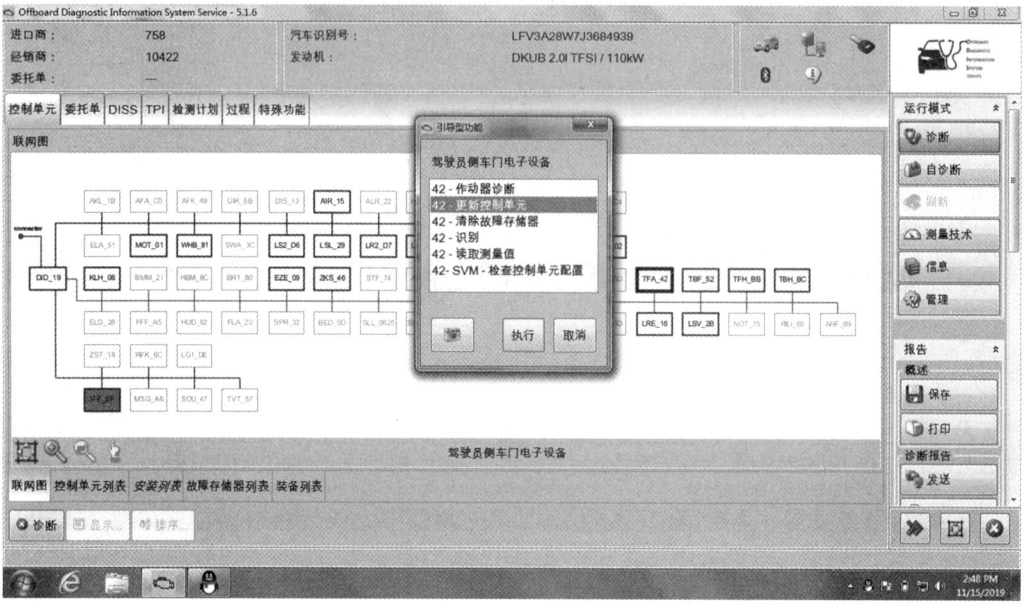

图 1-5　驾驶员侧车门控制单元编码界面

3)匹配

匹配功能与基本设定类似，不同的是基本设定是由故障诊断仪发出设定的指令，控制单元根据一个程序自行控制学习过程，找到一个目标值。而匹配则是由故障诊断仪发出匹配的指令，同时由人工通过故障诊断仪输入一个目标值，由控制单元进行学习存储。以迈腾车型为例，匹配包括下面内容：

(1)在发动机系统内，有发动机控制单元与节气门定位器、进气歧管翻板的匹配。更换发动机之后，也需要对发动机进行匹配，还要对钥匙进行匹配。

(2)在电子中央电气系统内，匹配回家和离家模式时间、脚步空间调光值、舒适转向灯闪烁周期。在更换控制单元后，要对控制单元进行匹配。

(3)在舒适系统控制单元内，匹配单门开启、车速为 15km/h 时的自动锁止功能，匹配通过进入及起动许可解锁的反馈信息，匹配通过进入及起动许可锁止的反馈信息，匹配通过遥控器解锁的反馈信息，匹配遥控钥匙。

(4)在停车辅助设备系统内，对停车辅助控制单元进行匹配，匹配前部和后部驻车辅助系统报警蜂鸣器音调，匹配前部和后部驻车辅助系统报警蜂鸣器音量，匹配屏幕显示，匹配音频系统音量降低。

(5)动力转向系统内，匹配控制单元 J500 的动力转向功能、动态转向力矩补偿功能、自动泊车辅助功能，匹配车道辅助功能和转向末端限位位置基本设置。

(6)仪表板系统内，匹配油耗显示、燃油表、语言版本。在更换仪表之后，需要对控制单元匹配，并且还需要对发动机控制单元和钥匙防盗进行匹配。

(7)在防盗锁止系统内，匹配发动机控制单元、电子转向锁、遥控器、钥匙、防盗锁止系统和电子转向柱锁。

以发动机节气门匹配为例，双击发动机控制单元，选择引导功能；然后选择“匹配发动机控制单元与节气门定位器”，点击“执行”，如图 1-6 所示。

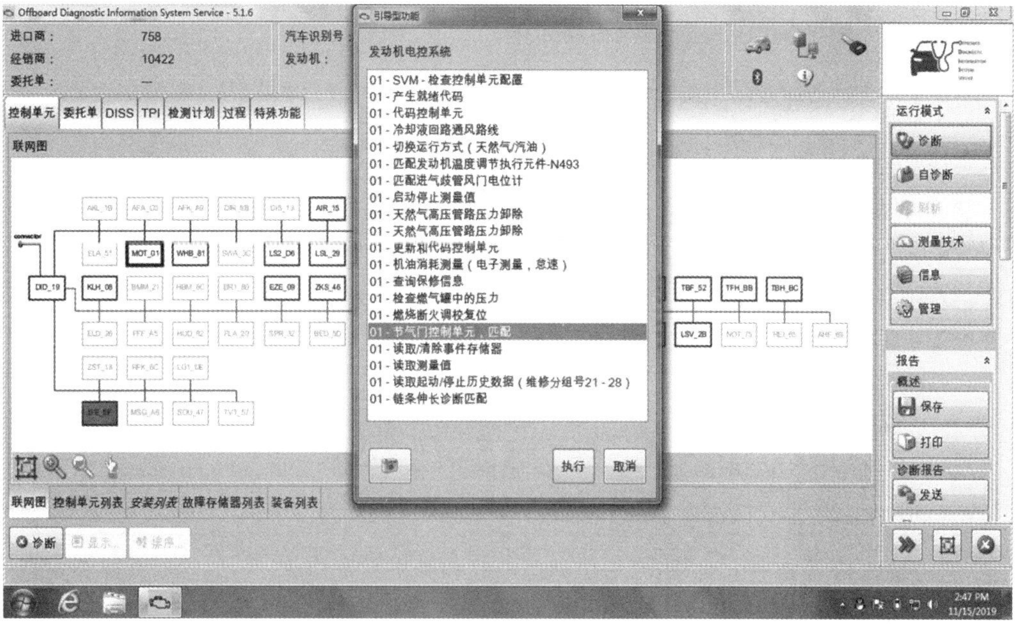

图 1-6　发动机节气门匹配界面

4）基本设定

基本设定是指原本出厂设定的一些参数，由于某些原因使参数发生了变化，通过基本设定使这些改变的参数调整或恢复到某一数值。例如，节气门受灰尘、积炭、结胶等的影响，在怠速时，节气门开度会增大。这是因为节气门体变脏后，在相同的开度下，进气量会减少，这样不足以维持发动机的额定怠速转速，发动机控制单元就会指令节气门增大开度。清洗节气门体后，原先的节气门开度指令仍然记忆在发动机控制单元中，这样会使进气量增大，导致怠速过高的故障。这时就需要对节气门进行基本设定，通过发动机控制单元的学习功能适应这种变化，自行找到一个新的节气门开度，以满足怠速的需要。

（1）节气门基本设定。基本设定步骤是 01—04—060。01 为进入发动机控制单元，04 为选择基本设定，060 为通道号。当诊断仪显示屏显示匹配正常或 ADP. OK 时，基本设定结束。如果显示“匹配错误”或者查询故障码有“节气门基本设定未完成”的故障显示，应检查节气门的电源、插接器及节气门体自身是否有故障存在。

（2）强制降挡基本设定。基本设定步骤是 01—04—063。01 为进入发动机控制单元，04 为选择基本设定，063 为通道号。此设定应打开点火开关。不启动发动机，然后将加速踏板踩到底，并保持，直至控制单元识别到加速踏板位置传感器在 0 和 100％位置分别对应的电压值，根据设定程序设计选定强制降挡点。当诊断仪显示屏显示匹配正常或 ADP. OK 时，基本设定结束。

(二)汽车 ECU 的组成与工作过程

1. 汽车 ECU 控制系统的组成

汽车 ECU 基本构成如图 1-7 所示。汽车 ECU 作为控制系统的核心,按照预定程序和数据自动地对各种传感器和开关的输入信号进行运算、分析、判断、处理,并根据信号处理的结果输出信号指令控制执行器工作。

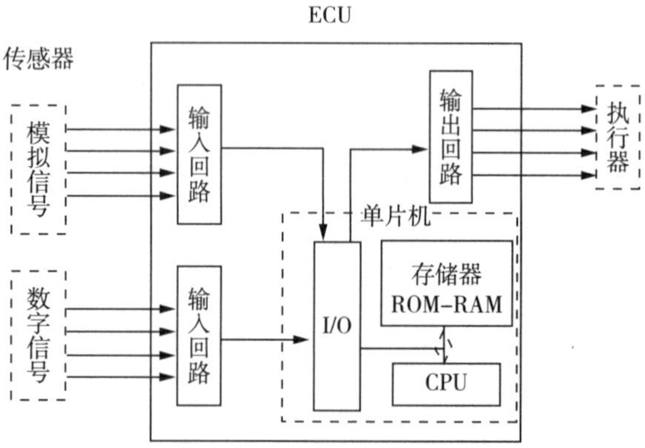

图 1-7 汽车 ECU 的基本构成

它由输入信号处理电路、输出信号处理电路和微机系统构成。

输入信号处理电路是把传感器输入的各种信号进行放大、滤波、整形、变换等一系列的处理,转换为计算机可以识别的标准信号。

输出信号处理电路是把计算机发出的控制指令信号经过放大、变换等处理,转换成可以驱动各执行器工作的电信号。

微机系统主要部分是单片机,单片机普遍都是将中央处理器(CPU)、随机存取数据存储(RAM)、只读程序存储器(ROM)、并行和串行通信接口,中断系统、定时电路、时钟电路集成在一块单一的芯片上,增强型的单片机集成了如 A/D 转换器、PWM(脉冲宽度调制)、WDT(看门狗定时器),有些单片机将 LCD(液晶)驱动电路都集成在单一的芯片上,这样单片机包含的单元电路就更多,功能就更强大。

微处理器是单片机的核心部件,微处理器将输入模拟信号转化为数字信号,并根据存储的参考数据进行对比处理,计算出输出值,输出信号经过功率放大后控制执行器,例如喷油器和继电器等。随着单片机计算能力和内存容量越来越大,汽车 ECU 的功能也越来越多。汽车发动机电喷系统结构如图 1-8 所示。

2. 汽车 ECU 的工作过程

1)输入接口

输入电路接收传感器和其他装置的输入信号,并对信号进行过滤和放大。输入信号放大的目的是使信号增强到汽车 ECU 可以识别的程度,输入信号的处理如图 1-9 所示。信号进行预处理,一般是在去除杂波和把正弦波变为矩形波后,再转换成输入电平。

一般输入信号都要经过输入回路进行处理。如磁电式曲轴位置传感器输入微机的信号,其幅值是随转速变化的。发动机转速升高时,输出的电压幅值增大;发动机转速降低时，输出的电压幅值减小。在发动机低速运转时，电压信号显得很弱，为了使信号能够送入微机并被采用，必须将输入回路的信号进行整形处理，将其信号放大并将波形变成整齐的矩形波。

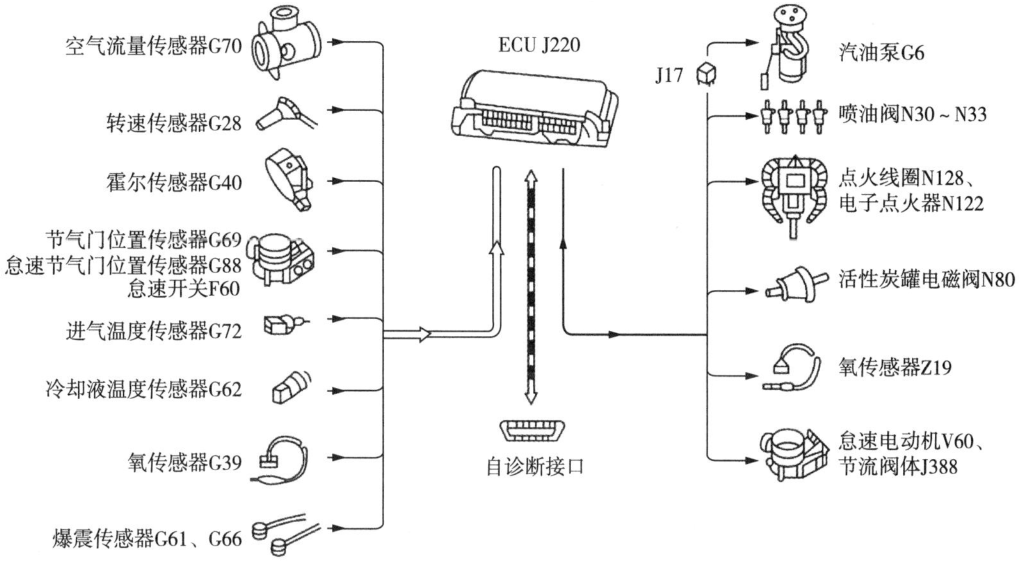

图 1-8　汽车发动机电喷系统结构

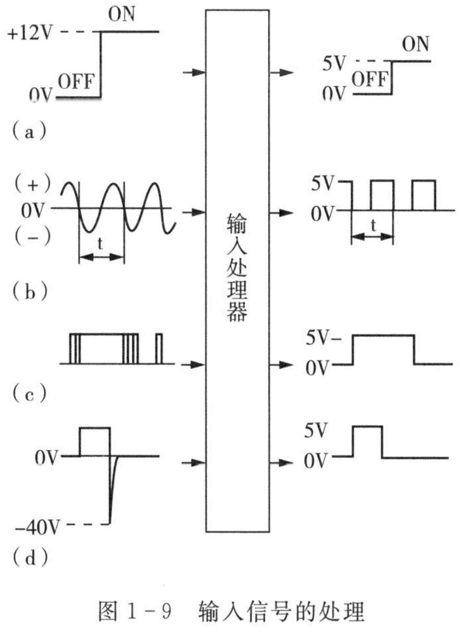

图 1-9　输入信号的处理

另外，一般曲轴位置传感器的齿盘只有几十个齿，如果仅用这些齿数产生的几十个脉冲来代表曲轴每一转中的步数，就显得太粗糙，会引起较大的误差。为了保持一定的精度，转角的步长设定为 0.5°(或 1°)，为此在输入回路设立一个转角脉冲发生器，把齿盘上产生的几十个脉冲转变成曲轴转一圈产生 720 个脉冲(或 360 个脉冲),这样,一个脉冲就代表曲轴转角的 0.5°(或 1°)。

某些传感器,例如氧传感器,产生一个小于 1V 的低电压信号,只能产生极小的电流,这样的信号送入 ECU 内的微处理器之前必须放大,这个放大任务由 ECU 中输入芯片中的放大电路来完成。

2)A/D 转换器

从传感器送出的信号,有模拟信号和数字信号两种。其中,相当一部分传感器输入的信号都是模拟信号,如空气流量传感器、冷却液温度传感器、节气门位置传感器等向微机输入的都是变化缓慢的连续信号。它们经过传感器及输入回路处理后,都已变成相应的电压信号,但微机不能直接处理这些信号,需经过相应的 A/D 转换器,将模拟信号转换成数字信号后才能输入微机,如从空气流量传感器输入的为 0～5V 的模拟电压信号,当输入电平与 A/D 转换器设定的量程相同时,则模拟信号经 A/D 转换器转换成数字信号后,才能输入微机。

3)输出接口

输出接口是微机与执行器之间建立联系的一部分装置。它将微机发出的决策指令,转变成控制信号来驱动执行器工作。输出回路一般具有控制信号的生成和放大等功能。微机输出的是数字信号,而且输出的电流很小,用这种信号一般不能驱动执行器工作,需要输出电路将其转换成可以驱动执行器工作的控制信号,如喷油器驱动信号、点火控制信号、燃油泵控制信号等,控制输出回路中,通过功率管(实际电路不只是一个三极管)的导通和截止,为喷油器提供一定宽度的脉冲驱动信号,使喷油器喷油。喷油嘴输出信号的处理回路如图 1-10 所示。

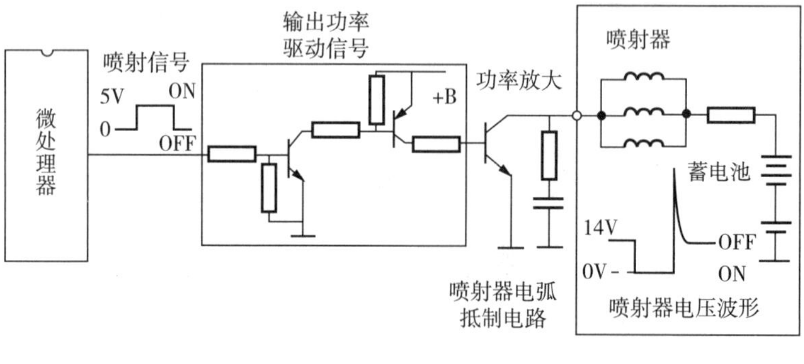

图 1-10　喷油嘴输出信号的处理回路

4)发动机电子控制系统的工作过程

发动机启动时,电子控制器进入工作状态,通过 CPU 的控制,一个个指令逐个地进行循环。执行程序过程中,所需的发动机信息,来自各个传感器。从传感器来的信号首先进入输入回路,对其信号进行处理。如是数字信号,根据 CPU 的安排,经 I/O 接口直接进入微机;如是模拟信号,还要经过 A/D 转换,转换成数字信号后,才能经 A/D 接口进入微机。大多数信号暂时存储在 RAM 内,根据指令再从 RAM 送至 CPU。下一步是将存储在 ROM(或 PROM)中的参考数据引入 CPU,使输入传感器的信息与之进行比较,对有关传感器发出指令信号，经 I/O 接口，必要的信号还经 D/A 转换器转变成模拟信号，最后经输出回路去控制执行器动作。如是喷油器驱动信号，则控制喷油正时和喷油脉宽，完成控制喷油功能。发动机工作时，微机的运行速度是相当快的，如点火正时，每秒可以修正上百次，因此，其控制精度是相当高的。

随着汽车电子化和自动化程度的提高，汽车 ECU 的种类将越来越多，这样必将导致车身线束日益复杂。为了实现多个汽车 ECU 之间的信息快速传递、简化电路以及降低成本，汽车 ECU 之间要采用通信网络技术连成一个网络系统。例如，变速器需要与发动机协调配合，根据车速、发动机转速以及动力负荷等因素自动进行换挡，因此，变速器 ECU 需要得到节气门位置传感器、车速传感器、冷却液温度传感器以及发动机转速传感器等信号，这就要实现变速器电脑与发动机 ECU 之间的信息传递。为了满足各子系统的实时性要求，有必要对汽车公共数据实行共享，CAN 总线正是为满足这些要求而设计的。

二、网络技术在汽车上的应用

（一）车载网络的发展简史

从 1980 年起，汽车内开始安装车载网络。1983 年，丰田公司在世纪牌汽车上采用了应用光缆的车门控制系统，车上的 ECU 可对各车门的门锁、电动玻璃窗进行控制，这便是早期在汽车上采用的光缆系统。此后，光缆网线并没在汽车上广泛应用。

1986—1989 年，车身系统上采用了铜线网络。那时，日产公司的车门多路传输集中控制系统、通用公司的车灯多路传输集中控制系统等，都已处于批量生产的阶段。在此期间，一些车载网络标准也纷纷推出，如：德国的博世公司提出了控制器局域网(Controller Area Network)，简称 CAN。美国汽车工程师学会(Society of Automotive，SAE)提出了 J1850，通过了 CAN 的标准，明确地表示将转向 CAN 协议。

随着汽车技术的发展，欧洲又以与 CAN 协议不同的思路提出了控制系统的新协议 TTP(Time Triggered Protocol)，并在 X - by - wire 系统上开始应用。

与这些网络采用不同思路开发的是信息系统。该系统在开关及显示功能控制用的信号系统信息设备之间建立网络，下一步是利用光纤将显示数据进行传递。

为了实现音响系统的数字化，建立了将音频数据与信号系统综合在一起的 AV 网络，因为这种网络需要将大容量的数据连续地输出，因此，在这种网络上需采用光缆。

当汽车引入智能交通系统(ITS)后，由于要与车外交换数据，所以在信息系统中将会采用更大容量的网络，例如 D2B(Digital Data Bus，数字数据总线)协议、MOST 及 IEEE 1394 等。

主要车载网络的名称、概要、通信速度与研制单位，见表 1 - 3 所列。几种车载网络的开发时间、采用厂家情况，见表 1 - 4 所列。几种网络的成本比例及通信速度，如图 1 - 11 所示。

表 1 - 3　主要车载网络基本情况

车载网络的名称	概要	通信速度	研制单位
CAN(Controller Area Network)	车身/动力传动系统控制用 LAN 协议，最有可能成为世界标准的车用 LAN 协议	1Mb/s	博世公司(开发)，ISO

（续表）

车载网络的名称	概要	通信速度	研制单位
VAN(Vehicle Area Network)	车身系统控制用 LAN 协议，以法国为中心	1Mb/s	ISO
J1850	车身系统控制用 LAN 协议，以美国为中心	10.04kb/s 41.6kb/s	福特公司
LIN (Local Interconnect Network)	车身系统控制用 LAN 协议，液压组件车用	20kb/s	LIN 协议会
IDB-C(ITS Data Bus On CAN)	以 CAN 为基础的控制用 LAN 协议	250kb/s	IDM 论坛
TTP/C (Time Triggered Protocol By CAN)	重视安全、按用途分类的控制用 LAN 协议，时分多路复用(TDMA)	2Mb/s 25Mb/s	TTI 计算机技术公司
TTCAN(Time Triggered CAN)	重视安全、按用途分类的控制用 LAN 协议，时间同步的 CAN	1Mb/s	博世公司 CiA
Byteflight	重视安全、按用途分类的控制用 LAN 协议，通用时分多路复用(FFDMA)	10Mb/s	宝马公司
FlexRay	重视安全、按用途分类的控制用 LAN 协议	10Mb/s	宝马公司， 克莱斯勒公司
DDB/Optical (Domestic Digtal Bus/Optical)	音频系统通信协议，将 DDB 作为音频系统总线采用光通信	5.6Mb/s	C&C 公司
MOST (Media Oriented System Transport)	信息系统通信协议，以欧洲为中心，由克莱斯勒与 BMW 公司推动	22.5Mb/s 150Mb/s	MOST 合作组织
IEEE1394	信息系统通信协议，有转化成 IDB1394 的动向	100Mb/s	1394 工业协会

表 1-4　几种车载网络开发时间、采用厂家情况

年份	车载网络	厂家	备注
	D2B 开发	飞利浦公司	
	CAN 开发	博世公司	
1986 年以前	VNP 开发 CAD 开发	北美	1987 年 12 月 日本车采用 LAN
1988 年	MOST 开发 CCD 开发 VAN 开发	美国车采用	

（续表）

年份	车载网络	厂家	备注
1991 年	CAN 开发	欧洲车采用	
1992 年	D2B D2B Optical 开发	日本车采用	
1994 年	J1850 VAN	SAE 认可，ISO 批准	
1995 年以后	D2B	欧洲车采用	以汽车厂为主，对新 LAN 进行研究
2000 年以后	发表 LIN 发表 YRTTP 发表 Byteflight 发表 TTCAN 发表 FlexRay		发表了许多新的 LAN

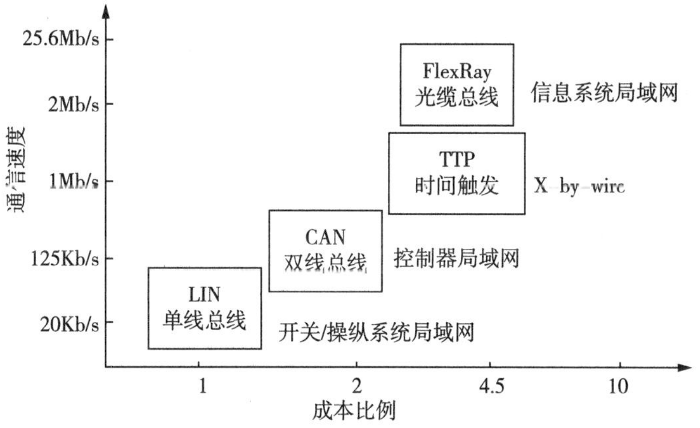

图 1－11　几种网络的成本比例及通信速度

（二）车载网络技术的应用

1. 车载网络技术的产生背景

在汽车技术发展处于子系统层次的汽车单片机（汽车电脑）控制时代，特别是早期生产的汽车，车上只有一个 ECU，其信息传输量较少，电子控制系统的传感器、ECU 和执行器之间连接线束的数量还不太多，尚可接受。随着汽车技术的进步和消费者需求的进一步提高，汽车上的电子控制系统越来越多，其内部的线束也变得越来越复杂，如图 1－12 所示。

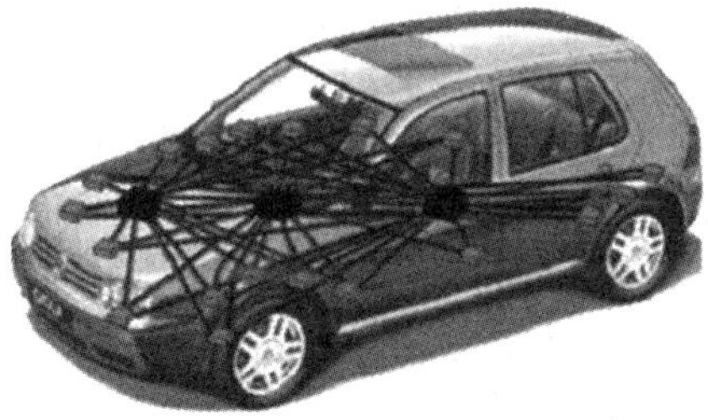

图 1－12　传统的点对点通信（装备 3 个 ECU）

进入 21 世纪以来，随着电子技术的迅猛发展和在汽车上的广泛应用，汽车电子化程度越来越高。从发动机控制到传动系控制，从行驶、制动、转向系统控制到安全保障系统及仪表报警系统，从电源管理到为提高舒适性而做的各种努力，使汽车电子系统形成了一个复杂的大系统，如图 1-13 所示。

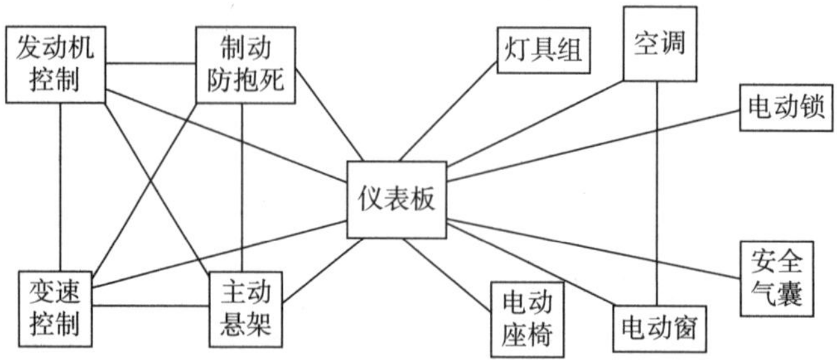

图 1-13　复杂的、多控制单元的汽车单片机控制系统

这些系统除了各自的电源、传感器和执行器外，还需要互相通信，且信息传输量急剧加大。如果在各个控制单元之间依然采用传统的布线方式，那么，对于图 1-13 所示的复杂控制系统，其连接线束的数量将急剧增加，甚至难以承受。

对于复杂的控制系统，若采用传统布线方式（一对一布线），即线束一端与开关相接，另一端与控制单元、用电设备相连，将导致车上线束数量急剧增加，其质量将会占到整车质量的 4%左右。而且，数量庞大的线束、插接器也会降低车辆电气系统的可靠性，使故障率升高。

为解决这一制约汽车电子技术进一步发展的信息传输瓶颈问题，一种新的信息传输技术——车载网络技术应运而生。

2. 采用车载网络技术进行信息传输

就像汽车电子技术在 20 世纪 70 年代引入集成电路、20 世纪 80 年代引入单片机（微处理器）一样，车载网络技术的引入也是汽车电子技术发展的一个里程碑。

在采用网络技术的现代汽车上，信息的传输是基于数据总线（Data BUS，DB）原理进行的。所谓数据总线，简单地说，就是指一种能在一条（或几条）数据线上，同时（或分时）传输大量的、按照一定规律进行编码的数据（信号）的技术，其所传输的数据（信号）可以被多个系统共享，从而最大限度地提高系统的信息传输效率，充分利用有限的资源。

将计算机领域的数据总线技术引入汽车电气系统中，同样可以在大大简化汽车电路的同时，传递丰富的信息。如图 1-14 所示，采用数据总线技术在两个控制单元之间进行信息传输，可以有效减少数据传输线的数量。

图 1-15 为在具有 3 个控制单元的系统中采用 CAN 数据总线进行信息传输的示意图，相应地，汽车内部的线束连接也变得简洁、清晰（图 1-16），不再是一团乱麻。

3. 采用车载网络技术的优点

1）减轻整车自重

减少线束用量，耗铜量下降，整车自重得以降低。同时，全车线束变细，也为安装其他新的部件预留了空间。

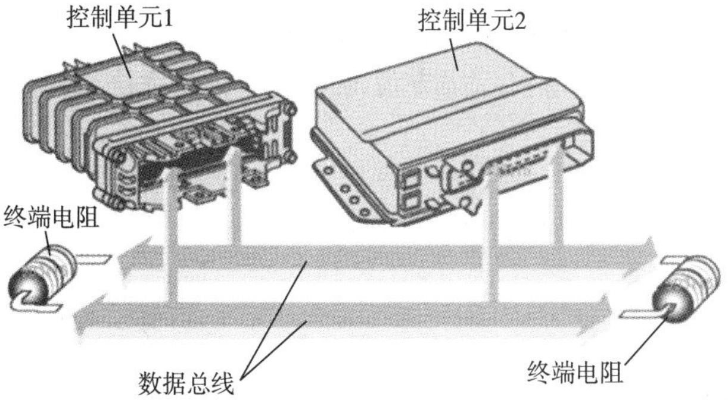

图 1-14 采用数据总线技术在两个控制单元之间进行信息传输

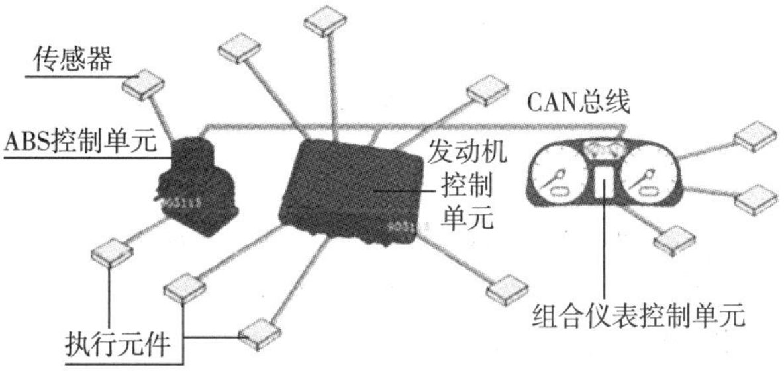

图 1-15 在具有 3 个控制单元的系统中采用 CAN 数据总线进行信息传输

图 1-16 总线系统通信(装备 3 个电子控制单元)

2)降低生产成本

除了线束用量减少、耗铜量下降带来的成本降低之外,车载网络技术所秉持的"信息共享、一线多能"的理念,也充分发挥了每一条导线的作用,实现了"物尽其用"。

3)提高工作可靠性

线束数量的减少,也使汽车电气系统的插接器数量大大减少,由线束和插接器引发的断路、短路、接触不良等故障的发生率也大大降低,整车电气系统的工作可靠性得以提高。

4)便于后续开发

采用开放式的车载网络技术,为后续技术的开发留有充分的余地。以后,随着技术的不断进步,新的电子控制系统可以很方便地融入已有的系统之中,而不必对现有系统进行太大的改动。

4. 汽车网络的拓扑结构

汽车网络拓扑结构常见的有星形、总线形和环形网络,如图 1 - 17 所示。

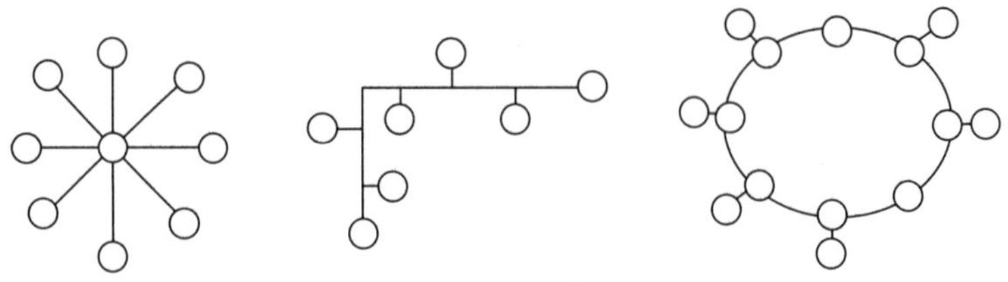

图 1 - 17　汽车网络拓扑常见结构

1)星形拓扑

星形拓扑中,每个站点通过点—点连接到中央节点,任何两站之间的通信都通过中央节点进行。星形拓扑采用电路交换,一个站点的故障只会影响本站,而不会影响到全网。但是在这种结构中,通信极大地依赖中央节点,对中央节点的可靠性和容量要求很高;另外,每个站点都要同中央节点连接,耗费大量电缆。

2)总线形拓扑

总线形拓扑采用单一信道作为传输介质,所有站点通过相应硬件接口接至这个公共信道(总线)上,任何一个站点发送的信息,其他所有站都能接收。因此,总线形拓扑采用的是多点式或广播式传播方式。信息也是按组发送,达到各站点后,经过地址识别(滤波),符合的站点将信息复制下来。由于所有节点共享一条公共信道,当多点同时发送信号时,信号会相互碰撞而造成传输失败,这种现象称为冲突。为了避免冲突,每次只能由一个站点发送信号,因此,必须有一种仲裁机制来决定每次由哪个站点使用信道,这是属于数据链路层的任务。总线网中通常采用分布式的控制策略,如 CSMA/CD 协议就是常用的规范。

总线形拓扑的优点是,所需电缆长度短,布线容易。总线仅仅是一个传输信道,没有任何处理功能,从硬件的角度看,它属于无源器件,工作的可靠性较高,增加和减少站点都很方便。缺点是系统范围受到限制(由于数据速率和传输距离的相互制约关系)。一个站点的故障可能影响整个网络,故障的检测需要在各站点上进行。

3)环形拓扑

在环形拓扑中,站点和连接站点的点—点链路组成一个闭合环路,每个站点从一条链路上接收数据,然后以同样的速率从另一条链路发送出去。链路大多数是单方向的,即数据沿一个方向在网上环行。

环形拓扑也同总线拓扑一样,存在冲突问题,必须采用某种控制机制来决定每个站点在什么时候可以将数据送到环上。环形网络通常也采用分布式控制策略,这里主要包含一种特殊信息帧——“令牌”。

环形拓扑的优点是，所需介质长度较短；它的链路都是单方向性的，因而可以用光纤作为传输介质。环形拓扑的缺点是，一个站点的故障会引起全网的故障。

汽车网络大多采用总线形拓扑结构。

5. 汽车网络的类型

汽车网络技术从 20 世纪 80 年代应用以来，至今存在许多侧重功能不同的汽车网络标准。为方便研究和设计应用，20 世纪 90 年代中期美国汽车工程学会(SAE)把车用网络分为 A、B、C、D、E 等类型，其中，A 类网为面向执行器、传感器的低速网络，LIN、TTP/A 为其主流协议；B 类网为面向数据共享的中速网络，其主流协议是 CAN(ISO 11898－3)、SAE J1850、VAN 等协议。C 类网为面向实时控制的高速网络，其主流协议为高速 CAN(ISO 11898－2)、TTP/C(Time Triggered Protocol)、Flex Ray 等协议；D 类网主要面向多媒体、导航系统等，目前，该类网络的主流协议为：D2B(Domestic Digital Bus)、MOST(Media Oriented Systems Transport)；E 类网是面向乘员安全系统的网络，主要应用于车辆被动安全性领域，该类网络的协议有 Byteflight 等，见表 1－5 所列。

表 1－5　SAE 的汽车网络分类

网络分类	位传输速率	应用场合
A	低速，<20kb/s	应用于只需传输少量数据的场合，如控制行李舱开启和关闭
B	中速，20～125kb/s	应用于一般的信息传输场合，例如仪表
C	高速，125kb/s～1Mb/s	应用于实时控制的场合，例如动力系统
D	高速，>1Mb/s	应用于更严格的实时控制场合多媒体控制
E	高速，>5Mb/s	应用于车辆被动安全性领域，例如乘员的安全系统

三、常用基础术语

1. 局域网

局域网络是在一个有限区域内连接的计算机的网络，简称局域网。一般这个区域具有特定的职能，通过这个网络实现这个系统内的资源共享和信息通信。连接到网络上的节点可以是计算机、基于该微处理器的应用系统或智能装置。汽车上的网络是局域网与现场总线(Field Bus)之间的一种结构。数据传输速度一般为 10～103kb/s，传输距离在几十米范围。

2. 现场总线

现场总线(Field Bus)是在工业过程控制和生产自动化领域发展起来的一种网络体系，是在过程现场安装在控制室先进自动化装置中的一种串行数字通信链路。该系统是用于过程自动化和制造自动化最底层的现场设备或现场仪表互联的通信网络，是现场通信网络与控制系统的集成。

3. 数据总线

数据总线是模块间运行数据的通道，即所谓的信息高速公路。数据总线可以实现在一条数据线上传递的信号能被多个系统(控制单元)共享，从而最大限度地提高系统整体效率，充分利用有限的资源。例如，常见的电脑键盘有104位键，可以发出百多个不同的指令，但键盘与主机之间的数据连接线却只有7根，键盘正是依靠这7根数据连接线上不同的电平组合（编码信号）来传递信号的。如果把这种方式应用在汽车电气系统上，就可以大大简化目前的汽车电路。可以通过不同的编码信号来表示不同的开关动作信号，解码后，根据指令接通或断开对应的用电设备（前照灯、刮水器、电动座椅等）。这样，就能将过去一线一用的专线制改为一线多用制，大大减少了汽车上电线的数目，缩小了线束的直径。当然，数据总线还使计算机技术融入整个汽车系统之中，加速汽车智能化的发展。

4. 比特率

比特率是指每秒传送的比特（bit）数，单位为 bps，也可表示为 b/s。比特率越高，单位时间传送的数据量（位数）越大。计算机中的信息都用二进制的0和1来表示，其中每一个0或1被称作一个位，用小写 b 表示，即 bit（位），大写 B 表示 Byte 即字节，1个字节＝8个位，即 1B＝8b。表示文件大小的单位，一般都使用千字节（kB）。

kbps：首先要了解的是，ps 指的是/s，即每秒、kb/s 指的是网络速度，也就是每秒传送多少个千位的信息（k 表示千位，kb 表示的是多少千个位）。为了在直观上显得网络的传送速度较快，一般公司都使用 kb（千位）来表示，如果是 kbps（或表示为 kb/s），则表示每秒传送多少千字节。

LIN 网络的网速是 1～20kb/s，高速 CAN 网络的网速是 500kb/s，低速 CAN 网络的网速为 100kb/s，Flex Ray 网络的网速最高可达 10Mb/s。MOST 网络的网速，2003 年时 A8 为 21.2Mb/s，2010 年时 A8（MOST25）为 22.5Mb/s，2013 年时 A3（MOST150）为 150Mb/s。

5. 模块/节点

模块就是一种电子装置。简单一点的如温度和压力传感器，复杂的如计算机（微处理器）。传感器是一个模块装置，根据温度和压力的不同产生不同的电压信号，这些电压信号在计算机（一种数字装置）的输入接口被转变成数字信号。在计算机多路传输系统中，一些简单的模块被称为节点。

6. 网络

为了实现信息共享而把多条数据总线连在一起，或者把数据总线和模块当作一个系统称为网络。从物理意义上讲，汽车上许多模块和数据总线距离很近，因此被称为 LAN（局域网）。

7. 网关

因为车上用这么多总线和网络，所以必须用一种有特殊功能的计算机进行信息共享且不产生协议间的冲突，实现无差错数据传输，这种计算机就叫作网关。图 1－18 所示为上海大众途安 CAN－BUS 数据总线，其中 J533 即为网关。

8. 帧

为了可靠地传输数据，通常将原始数据分割成一定长度的数据单元，这就是数据传输的单元，称为帧。一个数据帧由7个功能不同的基本区域：开始域、仲裁域、检验域、数据域、安全域、确认域和结束域构成（图 1－19）。CAN 以报文为单位进行信息传送，CAN 中一个报文称一帧。

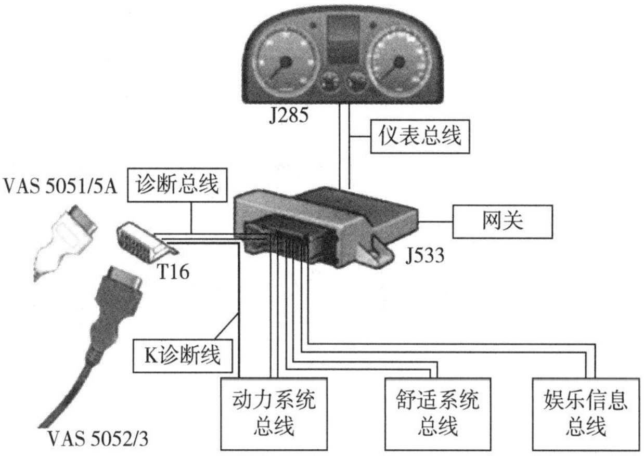

图 1-18　上海大众途安 CAN-BUS 数据总线

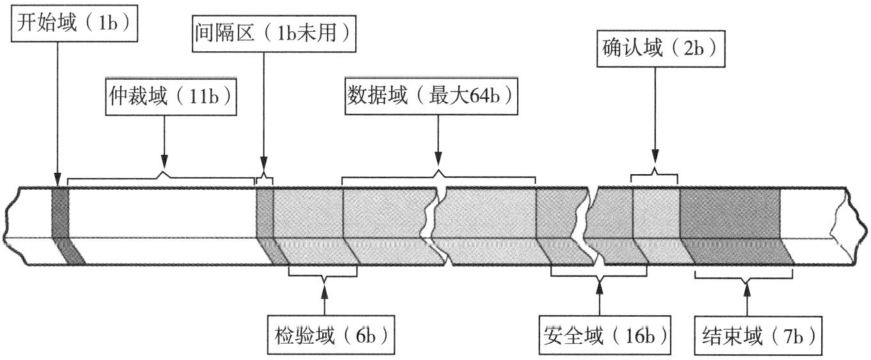

图 1-19　数据帧结构

1)开始域

开始域标记数据协议的开始。带有大约 5V 电压(由系统决定)的 1 位,被送入高位 CAN 线;带有大约 0V 电压的 1 位被送入低位 CAN 线。CAN-L 上发出 1 位 0 电平,标志数据帧的开始。

2)仲裁域

仲裁域用于确定数据协议的优先权。如果两个控制单元都要同时发送各自的数据,那么,具有较高优先权的控制单元优先发送。

仲裁机制为:总线空闲时,任何单元都可以开始传送报文。如果两个以上的单元同时开始传送报文,就会出现总线访问冲突。通过使用标识符的逐位仲裁就可以解决这个冲突。仲裁的机制确保了报文和时间均不损失。仲裁期间,每个发送器都对发送位的电平与被监控的总线电平进行比较。如果电平相同,则这个单元继续发送。如果发送的是一“隐性”(1)电平,而监视到总线电平是一“显性”(0)电平,则这个单元就仲裁失利了,必须退出发送状态,改为接收状态,仲裁过程如图 1-20 所示。

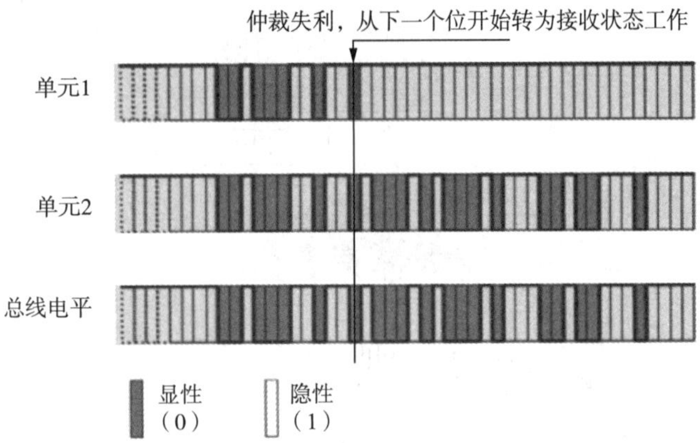

图 1-20　仲裁过程

3)检验域

检验域用于确定数据信息的数量，显示在数据域中所包含的信息项目数。它由保留位和数据长度码组成，如图 1-21 所示。两个保留位必须发送显性电平。数据长度码指示出数据场中的数据字节数，其数值大小为 0～8。

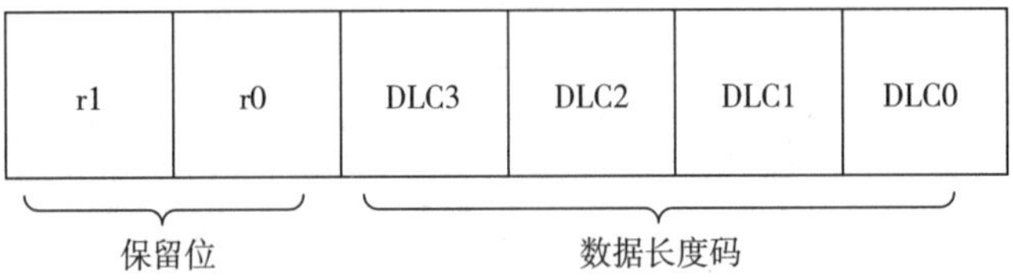

图 1-21　检验域结构图

4)数据域

数据域包括汽车技术信息，在数据域中，信息被传递到其他控制单元。

5)安全域

安全域检测数据传输中的错误，有助于识别传输的干扰。

6)确认域

在确认域中，接收器接收信号并通知发送器，其所发信号已被正确接收；如果检查到错误，接收器立刻通知发送器，发送器会再发送一次数据。

7)结束域

结束域用于标志数据帧的结束。由 7 位隐性位序列表示，通过这 7 位隐性位接收器可以判断一帧是否结束。

9. 通信协议的含义和内容

两个实体要想成功地通信，它们必须“说同样的语言”，并按既定控制法则来保证相互的配合。具体地说，在通信内容、怎样通信以及何时通信等方面，两个实体要遵从相互可以接受的一组约定和规则。这些约定和规则的集合称为协议。因此，协议可定义为在两个实体间控制信息交换的规则之集合。

通信协议主要内容如下：

(1)在一个简单的通信协议中，模块不分主从，根据规定的优先规则，模块间相互传递信息，并且都知道该接收什么信息。

(2)一个模块是主模块，其他则为从属模块，根据优先规则，它决定哪个从属模块发送信息以及何时发送信息。

(3)所有的模块都像旋转木马上的骑马人，一个上面有“免费券”挂环的转圈绕着他们旋转。当一个模块有了有用的信息，它便抓住挂环挂上这条信息，任何一个需要这条信息的模块都可以从挂环上取下这条信息。

(4)通信协议中有个仲裁系统，通常这个系统按照每条信息的数字拼法为各数据传输设定优先规制。例如，以 0 结尾的数字信息要比以 1 结尾的有优先权。

10. 接口与实体

接口是为两个系统、设备或部件之间连接服务的数据流穿越的界面。计算机通信接口由设备(或部件)和说明组成，一般包括四个方面内容：物理、电气、逻辑和过程。在物理方面，要指出插接器有多少个插脚。在电气方面，要确定接口电路信号的电压、宽度及它们的时间关系。在逻辑方面，包括说明为了传送，如何把数据位或字符变换成字段，以及说明传输控制字符的功能使用等。换句话说，计算机通信接口的逻辑说明，提供了用于控制和实现穿越接口交换数据流的一种语言。在过程方面，它说明通信控制字符的法定顺序、各种字段的法定内容以及控制数据流穿越接口的命令和应答。如果把逻辑说明看成确定数据流穿越接口的语法，那么过程说明就可作为语义。

在计算机网络内，不同系统中的实体需要通信。一般地说，实体是能够发送或接收信息的东西，而系统是包含一个或多个实体的物理物体。实体的例子如用户应用程序、文件传送程序包、进程、数据库管理系统、电子邮件设施及终端等；系统的例子是计算机、终端设备和遥感装置等。

11. 协议要素及其功能

1)协议的三要素

(1)语法

语法是指确定通信双方之间“如何讲”，即由逻辑说明构成，要对信息或报文中各字段格式化，说明报头(或标题)字段、命令和应答的结构。

(2)语义

语义是指确定通信双方之间“讲什么”，即由过程说明构成，要对发布请求、执行动作以及返回应答予以解释，并确定用于协调和差错处理的控制信息。

(3)定时规则

定时规则是指出事件的顺序以及速度匹配、排序。

2)协议的功能

协议的功能是控制并指导两个对话实体的对话过程，发现对话过程中出现的差错并确定处理策略。具体来说，由于每个协议都是具有针对性的，用于特定的目的，所以各协议的功能是不一样的，但是有一些公共的功能是大多数协议都具有的。这些功能包括四个方面。

(1)差错检测和纠正

面向通信传输的协议常使用“应答—重发”、循环冗余检验 CRC、软件检查和等机制进行差错的检测和纠正工作;而面向应用的协议常采用重新同步、恢复以及托付等更为高级的方法进行差错的检测和纠正工作。一般来说,协议中对异常情况的处理说明要占很大的比重。

(2)分块和重装

用协议控制进行传送的数据长度是有一定限制的,参加交换的数据都要求有一定的格式。为满足这个要求,就需要将实际应用中的数据进行加工处理,使之符合协议交换时的格式要求,只有这样才能应用协议进行数据交换。分块与重装就是这种加工处理操作。分块操作是将大的数据划分成若干小块,如将报文划分成几个报文分组;重装操作则是将划分的小块数据重新组合复原,例如将报文分组还原成报文。

(3)排序

对发送出的数据进行编号以标识它们的顺序,通过排序,可达到按序传递、信息流控制和差错控制等目的。

(4)流量控制

通过限制发送的数据量或速率,防止在信道中出现堵塞现象。

四、数据传输方式

根据发送装置向接收装置传输信息时各字节的传输方式不同,数据传输方式分为多种形式。

1. 并行传输

进行并行数据传输(图 1-22)时,发送装置向接收装置同时(并行)传输 8b 数据。以并行形式传输数据时,两个设备之间的电缆必须包括 8 根平行排列的导线(加接地导线)。由图 1-22 可以看出,采用并行传输方式时,其数据传输犹如在具有 8 条车道(车道相当于数据导线)的公路上行车(每辆车的载运量相当于 1b 数据,8 辆车的载运量之和相当于 1B 数据),在同一时间内,这条公路可以通过 8 辆车。虽然并行传输通行效率高,但要构筑 8 条车道,建设成本高昂。

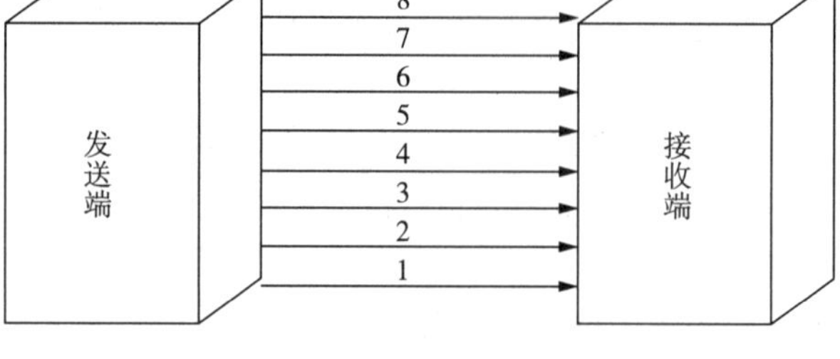

图 1-22 并行传输

当需要较高的传输速度时,通常使用这种传输方式。但是由于插接装置和电缆方面的费用较高,因此,只能在传输路径较短时采用并行传输方式。

2. 串行传输

串行传输(图 1 - 23)主要用于在数据处理设备之间进行数据通信,在一根导线上以位为单位依次(连续形式)传输所需数据。

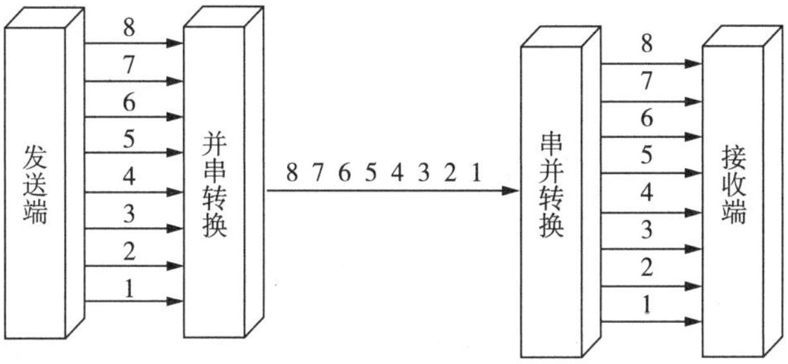

图 1 - 23 串行传输

由图 1 - 23 可以看出,采用串行传输方式时,其数据传输犹如在具有 1 条车道(车道相当于数据导线)的公路上行车(每辆车的载运量相当于 1b 数据,8 辆车的载运量之和相当于 1B 数据),在同一时间内,这条公路只能通过 1 辆车。虽然串行传输通行效率低,但只需构筑 1 条车道,建设成本低廉。

串行传输方式的优点是降低了布线成本,缺点是延长了数据传输时间。一个 8 位并行接口可在一个时间单位内传输一个数据字节,而一个串行接口至少需要 8 个单位时间才能传输相同字节的数据。不过,传输距离越长就越能体现出串行传输的优势。

满足下列某个或多个条件时,大多使用串行传输方式:

(1)传输距离较长(如在两个或多个距离较远的控制单元之间传输数据)。

(2)出于大量节约导线的考虑。

(3)对抗干扰能力(屏蔽导线)要求较高。

(4)系统需要传输的数据量较小。

数据的传输速率(速度)一般使用位传输速率(亦称比特率)表示,其定义为每秒传输的数据位数(b),单位为 b/s。

目前,汽车上并行数据传输方式多在控制单元内部线路中使用,而在控制单元外部传输信息则大都以串行传输方式进行。

串行数据传输既可以采用同步传输方式,也可以采用异步传输方式。

3. 同步数据传输

使用一个共同的时钟脉冲发生器可保持发送装置和接收装置时间管理的同步性。这种方式称为同步传输方式(图 1 - 24)。采用同步数据传输时,只需使用发送装置的时钟脉冲发生器即可,但必须通过一根单独的导线将其节拍频率传送给接收装置。

进行同步传输时,通常以信息组形式发送数据,且必须使接收装置与信息组传输同步化。因此,在信息组起始处发送一个起始识别符号,在停止处发送一个停止识别符号。

4. 异步数据传输

发送和接收装置之间最常用的时间管理方式是异步传输方式。进行异步数据传

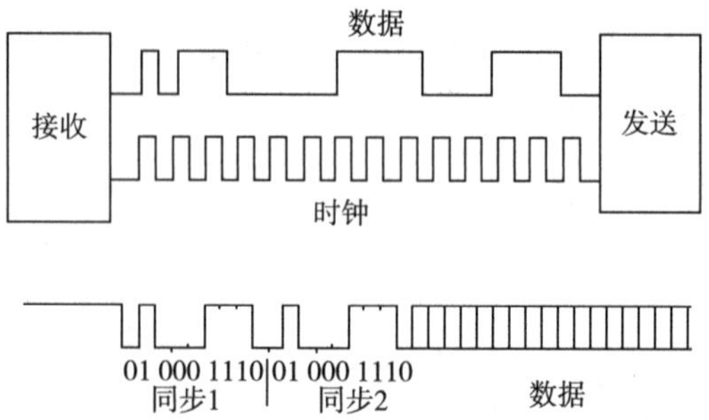

图 1-24　同步传输方式

输时，发送和接收装置之间没有共同的系统节拍。系统通过起始位和停止位识别数据组的开始和结束。只有当接收装置确认已接收到之前的数据后，发送装置才会传输后续的数据。异步传输方式的数据传输速率相对较慢，数据传输速率还取决于总线长度。

进行异步数据传输时，仅针对字符的持续时间建立并保持发送和接收装置之间的同步性，这种方式又称为起止方式。

进行异步传输时，每个字符起始处都有一个起始位。接收装置可通过该起始位与发送装置的节拍保持同步。随后发送 5～8 位数据位，并可能发送一个检查位(校验位)。

在导线上发送数据位时首先发送最低值数位，最后发送最高值数位。此后，还有一个或两个停止位。停止位用于在传输两个字符之间形成一个最小的时间间隔，以便为接收装置接收后续字符留出必要的准备时间。

这种由起始位、数据位和停止位构成的单位称为数据帧。进行异步数据传输时数据帧的结构如图 1-25 所示。

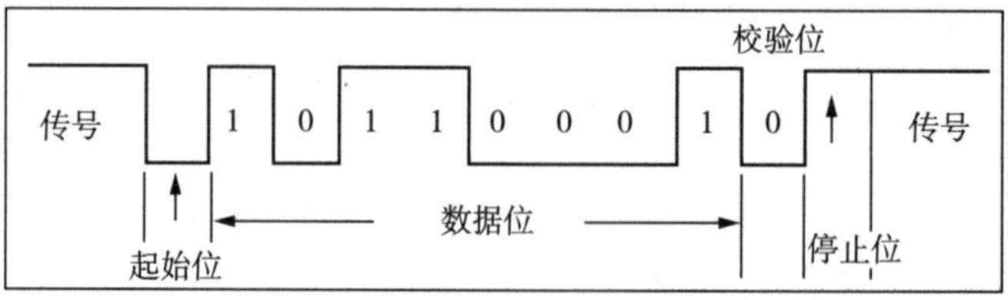

图 1-25　异步数据传输时数据帧的结构

发送和接收装置的传输形式必须一致。也就是说，两个设备内的下列参数需调节一致：

(1)传输速率。

(2)奇偶校验检查。

(3)数据位的数量。

(4)停止位的数量。

5. 数据总线上的信息流方向

(1)单工通信如图 1-26 所示，如果在数据总线上，信息流(数据流)只能由一个控制单元传向另一个控制单元，而不能反向传输，则称为单工通信。

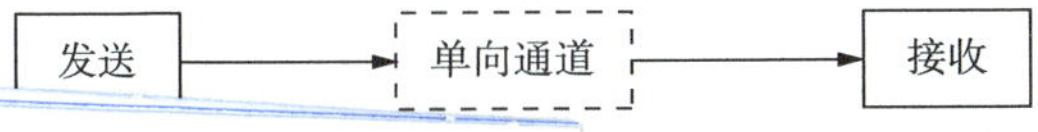

工通信

上，信息流（数据流）可以由一个控制单元

，则称为双工通信。

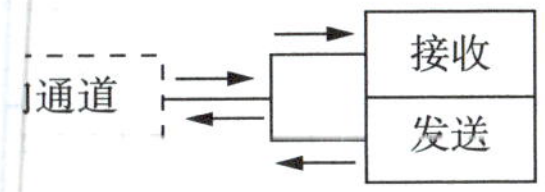

双工通信

是指在同一条通信线路上，同时传输多种数

ultiplex Communication）系统、多路复用

Wiring System）。

复用、频分多路复用和波分多路复用三种

iplexing，TDM）是指多路数据信号按时间顺

信号传输的技术，即多路数据源的输入复合

据传输。

时，将时间分成窄小的时间段，每一个窄小的

数据信号在微观上进行串行传输，在宏观上进

Multiplexing，FDM）是指先将各路输入信号

通信线路进行数据传输的技术。

率为中心的一定的频带，只要各路信号的载波频率足够分离，信号频带彼此不交叉、重叠，各路数据信号之间就不会互相干扰。

(3)波分多路复用（Wave Length Division Multiplexing，WDM）是指在光波频率范围内，将不同波长的光波按照一定的时间间隔在同一条光导纤维内进行数据传输的技术。

从数据总线上的信息流方向上看，多路传输属于双工通信技术。

技能实训

(一)项目一　丰田卡罗拉车型网络拓扑图识别

1. 项目目标

了解丰田卡罗拉车型的网络数据总线结构，各数据总线的传输速率和总线上连接的控制单元名称（图 1-28）。

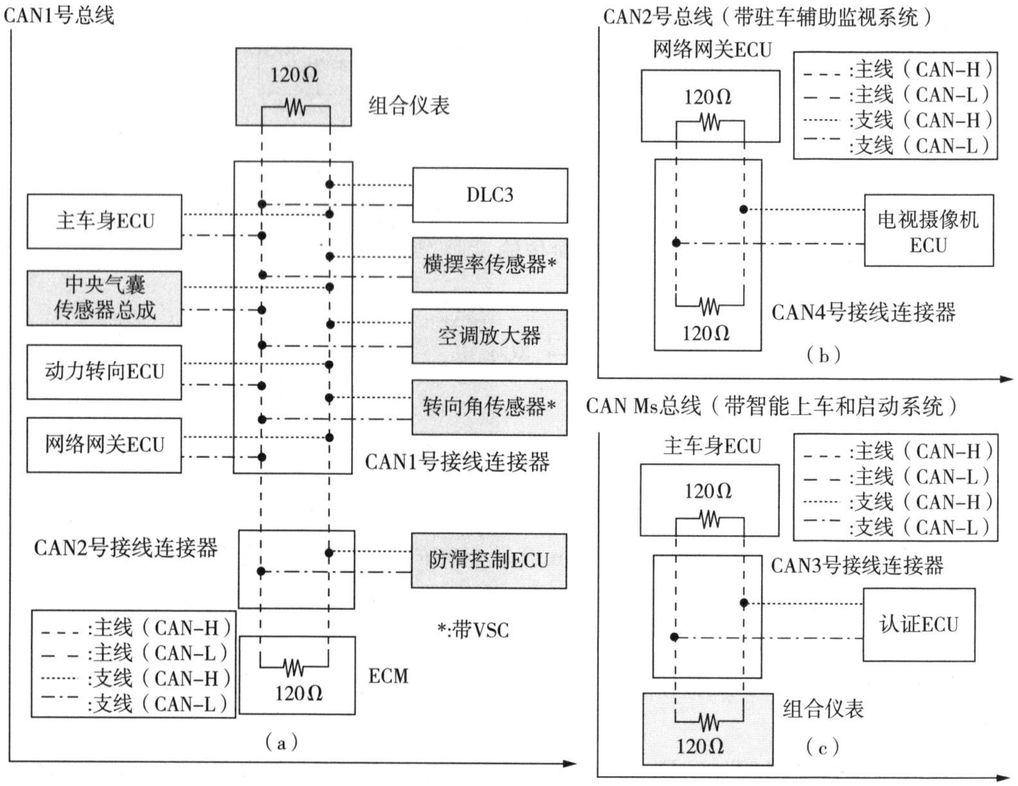

图 1-28　丰田卡罗拉车型网络拓扑图

2. 项目内容

找出拓扑图上有几种数据总线、各数据总线的传输速率。

（二）项目二　迈腾 B7L 车型网络拓扑图识别

1. 项目目标

了解迈腾 B7L 车型的网络数据总线结构，各数据总线的传输速率和总线上连接的控制单元名称（图 1－29）。

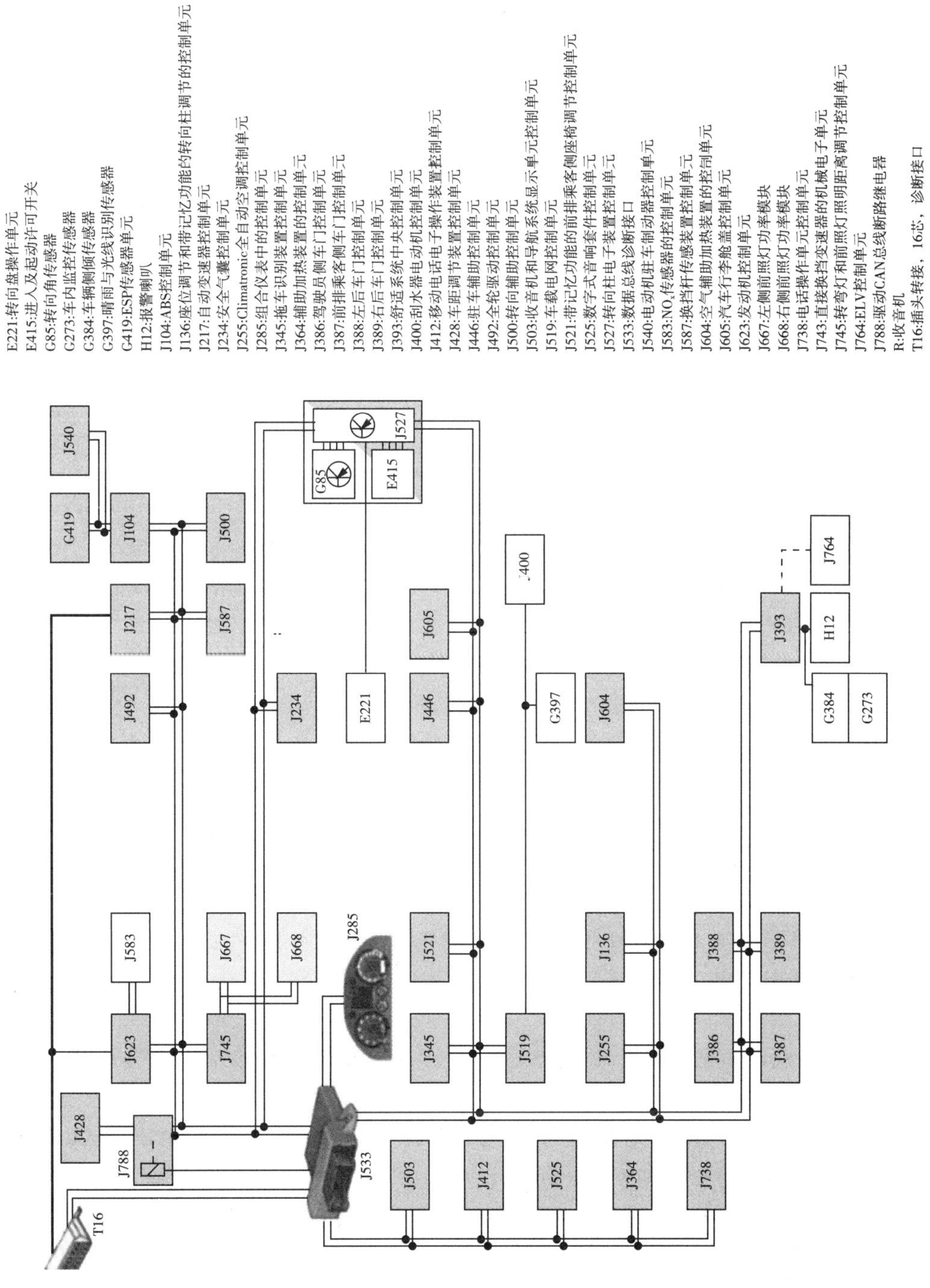

图1－29　迈腾B7L网络拓扑结构

2. 项目内容

找出拓扑图上的数据总线，各数据总线的传输速率是多少？

(三)项目三　奥迪 A6L 车型网络拓扑图识别

项目目标

了解奥迪 A6L 车型的网络数据总线结构，各数据总线的传输速率和总线上连接的控制单元名称(图 1－30)。

模块小结

(1)控制单元编码是大众/奥迪车系一个特殊的功能。在大众/奥迪车系中，不同的控制单元安装在不同配置的车上，可以实现不同的功能，不同车型、不同功能是通过控制单元编码来实现的。

(2)基本设定是指原本出厂设定的一些参数，由于某些原因使参数发生了变化，通过基本设定使这些改变的参数调整或恢复到某一数值。

(3)汽车 ECU 作为控制系统的核心，按照预定程序和数据自动地对各种传感器和开关的输入信号进行运算、分析、判断、处理，并根据信号处理的结果输出信号指令控制执行器工作。

(4)采用车载网络技术的优点：减轻整车自重，降低生产成本，提高工作可靠性，便于后续开发。

(5)汽车网络拓扑结构常见有星型、总线型和环型网络。SAE(Society of Automotive Engineer)把车用网络分为 A、B、C、D、E 等类型。

(6)根据发送装置向接收装置传输信息时各字节的传输方式不同，数据传输方式分为并行传输和串行传输形式。

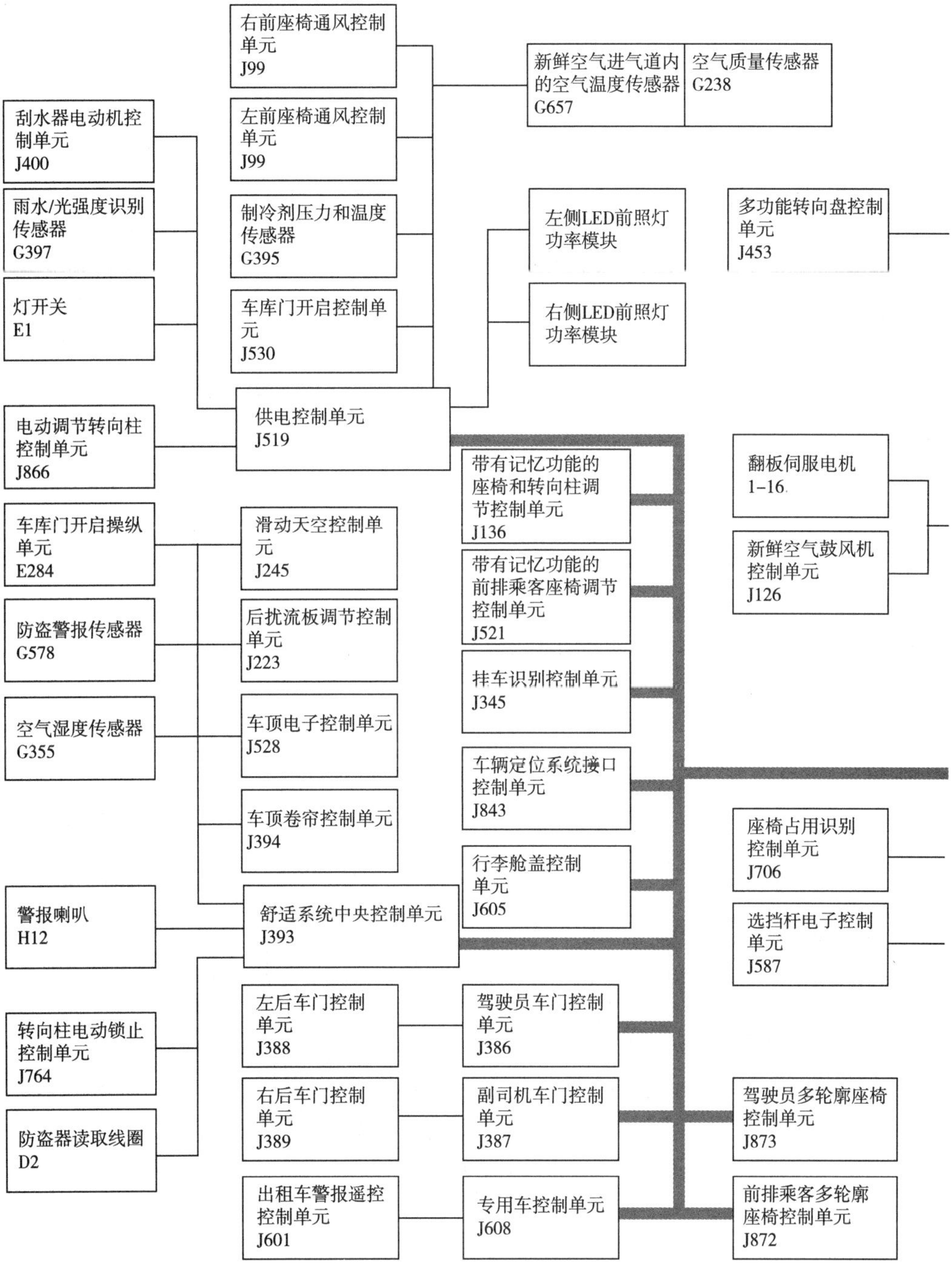
右前座椅通风控制单元 J99
左前座椅通风控制单元 J99
制冷剂压力和温度传感器 G395
车库门开启控制单元 J530
新鲜空气进气道内的空气温度传感器 G657
空气质量传感器 G238
刮水器电动机控制单元 J400
雨水/光强度识别传感器 G397
灯开关 E1
左侧LED前照灯功率模块
右侧LED前照灯功率模块
多功能转向盘控制单元 J453
供电控制单元 J519
电动调节转向柱控制单元 J866
带有记忆功能的座椅和转向柱调节控制单元 J136
翻板伺服电机 1-16
新鲜空气鼓风机控制单元 J126
车库门开启操纵单元 E284
滑动天空控制单元 J245
带有记忆功能的前排乘客座椅调节控制单元 J521
防盗警报传感器 G578
后扰流板调节控制单元 J223
挂车识别控制单元 J345
空气湿度传感器 G355
车顶电子控制单元 J528
车辆定位系统接口控制单元 J843
车顶卷帘控制单元 J394
座椅占用识别控制单元 J706
行李舱盖控制单元 J605
警报喇叭 H12
舒适系统中央控制单元 J393
选挡杆电子控制单元 J587
转向柱电动锁止控制单元 J764
左后车门控制单元 J388
驾驶员车门控制单元 J386
右后车门控制单元 J389
副司机车门控制单元 J387
驾驶员多轮廓座椅控制单元 J873
防盗器读取线圈 D2
出租车警报遥控控制单元 J601
专用车控制单元 J608
前排乘客多轮廓座椅控制单元 J872

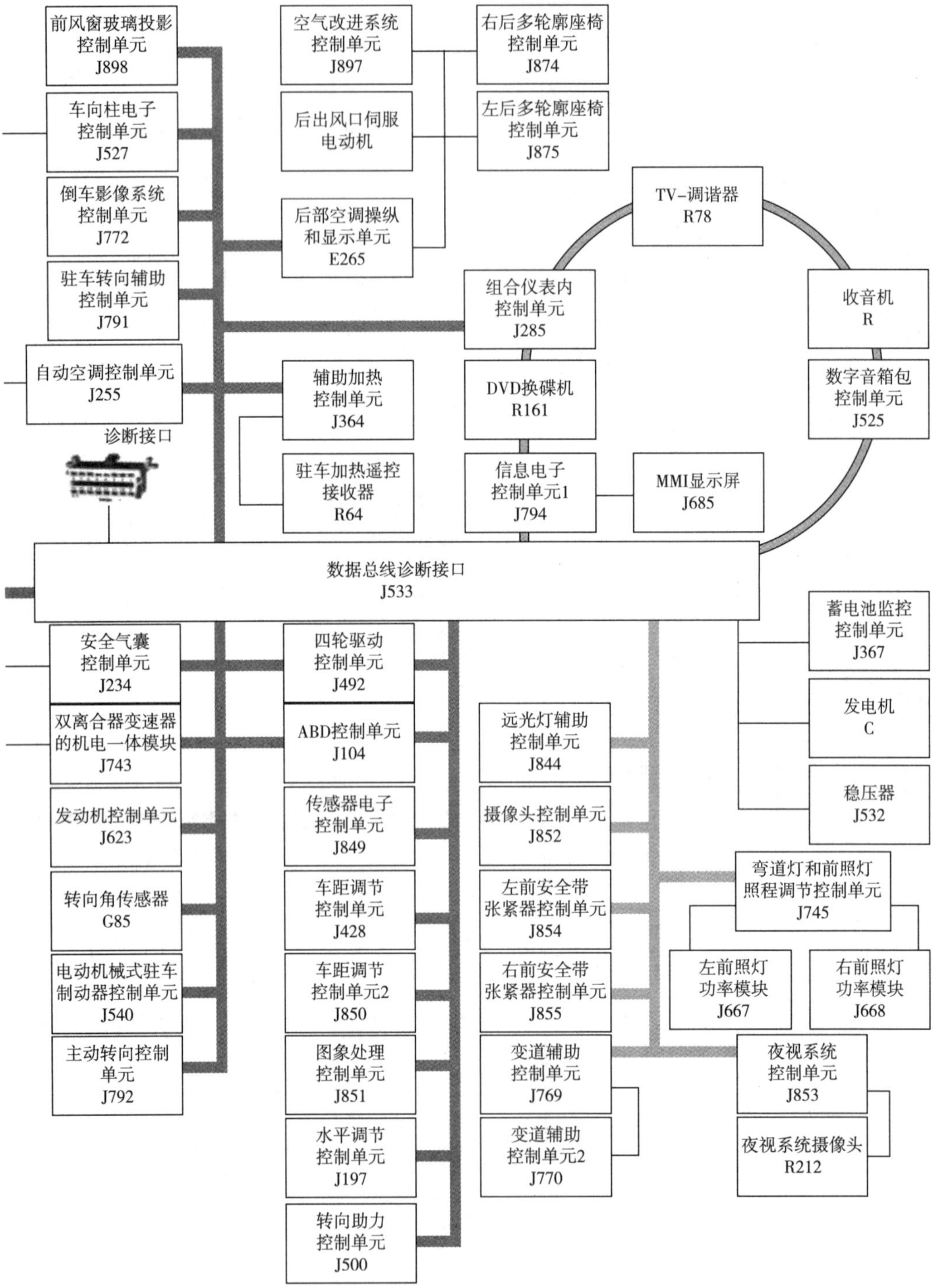

图 1-30　奥迪 A6L 网络拓扑结构图

思考与练习

(一)填空题

1. 每个控制单元都有编码,编码分为________和________。

2. 控制单元的基本信息包括控制单元的________、________和________。

3. 汽车电脑由________、________和________构成。

4. 从传感器送出的信号有两种,它们是________和________。

5. ________是指在同一通道或线路上同时传输多条信息。

6. ________是指每秒传送的比特(b)数,单位为 b/s。

7. 局域网的常用拓扑结构有三种:星形、环形、________。

(二)判断题

1. 输入信号处理电路只处理模拟信号。(　　)

2. 在更换控制单元时,要检查新的控制单元的硬件号、软件号以及版本号与原来的是否相同。(　　)

3. 更换了控制单元后,不需要对控制单元进行编码。(　　)

4. 模拟信号经 A/D 转换器转换成数字量后,才能输入微机。(　　)

5. 比特率越高,单位时间传送的数据量(位数)越小。(　　)

(三)简答题

1. 简述汽车电脑控制系统的组成。

2. 简述汽车电脑的工作过程。

3. 简述驾驶员侧车门控制单元编码过程。

4. 以发动机节气门匹配为例,简述匹配的工作过程。

5. 简述车载网络技术的发展历程。

6. 目前已经广泛应用的车载网络技术有哪些?

7. 简述车载网络的分类。

考核工单

汽车电控单元功能操作考核工单

序号	考核项目	配分	评分标准(每项累计扣分不超过配分)
1	安全文明否决		造成人身、设备重大事故,或恶意顶撞考官、严重扰乱考场秩序,立即终止考试,此题计 0 分
2	工量具的选择及正确使用	15 分	(1)不能正确选择工量具,每次扣 3 分 (2)不能正确使用工量具,每次扣 5 分
3	工具仪器准备	5 分	(1)工具仪器每少准备 1 件,扣 1 分 (2)工具仪器选择不当,每次扣 2 分
4	连接汽车诊断仪	15 分	(1)测试线选择不正确,扣 2 分 (2)测试卡未插好,扣 2 分 (3)连接仪器时点火开关未关闭,扣 3 分 (4)诊断座选择错误,扣 3 分 (5)未连接好,扣 5 分

（续表）

序号	考核项目	配分	评分标准（每项累计扣分不超过配分）
5	查找汽车电控单元	10分	(1)不能正确进入控制单元界面，扣5分 (2)实际配置显示错误，每个扣2分
6	查看控制单元的信息	15分	(1)不能正确进入控制单元识别界面，扣5分 (2)控制单元的信息读取错误，每个扣3分
7	发动机节气门匹配	15分	(1)不能正确进入发动机节气门匹配界面，扣5分 (2)匹配步骤错误，每个扣3分
8	退出仪器	5分	(1)未能正常退出，扣2分 (2)拆卸仪器时点火开关未关闭，扣3分
9	安全文明生产	20分	(1)不穿工作服扣1分，不穿工作鞋扣1分，不戴工作帽扣1分 (2)不安装车漆表面防护布(罩)，扣1分；不安装车内座椅防护套、转向盘套、变速杆套、地板衬垫，每项扣0.5分 (3)工量具与零件混放或摆放凌乱，每次每处扣1分 (4)发动车辆不接尾气排放管，每次扣1分 (5)不放置三角木，扣1分 (6)工量具或零件随意摆放在地上，每次扣1分 (7)垃圾未分类回收，每次扣1分 (8)竣工后未清理工量具，每次扣1分 (9)竣工后未清理操作过程中手接触过的车漆表面，每处扣1分 (10)竣工后未清理考核场地，每次扣2分 (11)不服从考官、出言不逊，每次扣3分
10	合计	100分	

模块二　高速 CAN 总线的检测与修复

学习目标

1. 掌握高速 CAN 的系统组成；
2. 掌握高速 CAN 数据总线电阻的检测方法；
3. 掌握高速 CAN 数据总线电压的检测方法；
4. 掌握高速 CAN 数据总线波形的检测方法；
5. 掌握动力 CAN 网络的诊断方法；
6. 能说出 CAN 总线数据传输过程；
7. 能说出高速 CAN 数据总线的主要特点；
8. 能用万用表对高速 CAN 数据总线进行测量并进行分析；
9. 能用示波器测量高速 CAN 总线数据波形并进行分析；
10. 能用诊断仪对动力 CAN 网络进行诊断。

学习内容

一、高速 CAN 总线的认知

(一)认知 CAN 总线

1. CAN 总线的特点

CAN 总线是 Controller Area Network 的缩写，称为控制单元局域网。

CAN 线的最大数据传递速率为 1000kb/s。

CAN 总线基本系统由多个控制单元组成，每个控制单元通过收发器并联在总线导线上。

事件触发，网络中所有活动都是由事件的发生所引起的。

广播原理，CAN 总线上的每个控制单元均可接收发送信息。

CAN 总线上的控制单元都是独立的控制单元，在诊断仪中有独立的诊断地址。

2. CAN 总线数据传输方式

控制单元中，信息以数字信号(二进制)形式进行处理和存储，控制单元间，总线上的信息以数字信号形式进行传递，在电气总线系统中采用电压值来定义数字信号(例如，高电压值代表“1”、低电压值代表“0”)。如图 2－1 所示，在发送过程中，二进制值先被转换成连续的比特流，如发动机转速 1800r/min 被转化成二进制值 00010101。该比特流通过 TX 线(发送线)到达收发器(放大器)，收发器将比特流转化成相应的电压值，最后这些电压值按时间顺序依次被传送到数据传输总线的导线上。在接收过程中，这些电压值经收发器又转换成比特流，再经 RX 线（接收线）传输至控制单元，控制单元将这些二进制连续值转换成信息。例如，00010101 这个值又被转换成 1800r/min。

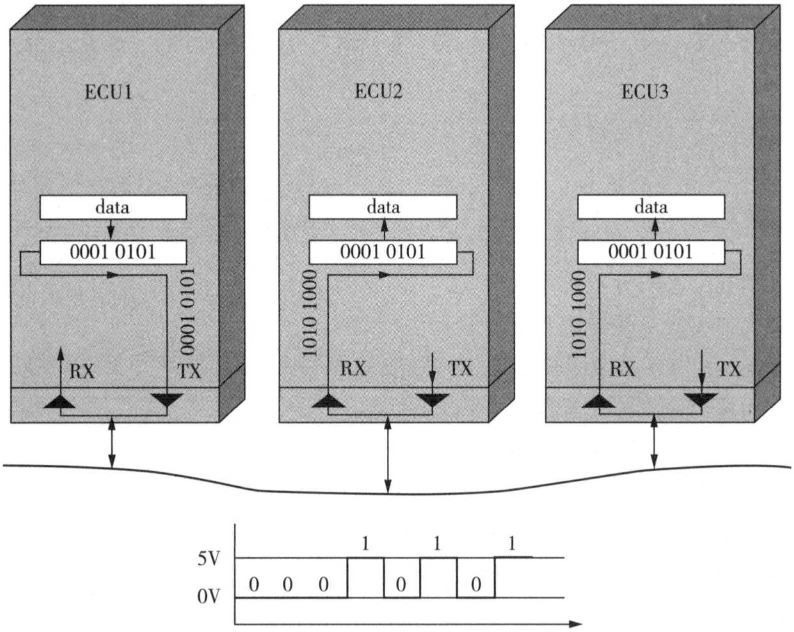

图 2-1 CAN 系统的数据传输

CAN 数据总线在发送信息时，每个控制单元均可接收其他控制单元发送出的信息。在通信技术领域，也把该原理称为广播（图 2-2），就像一个广播电台发送广播节目一样，每个广播网范围内的用户（收音机）均可接收。这种广播方式可以使得连接的所有控制单元总是处于相同的信息状态。

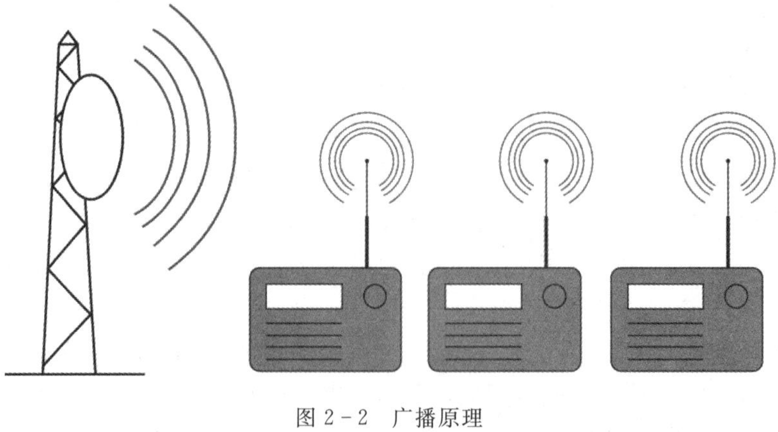

图 2-2 广播原理

如图 2-3 所示，CAN 数据总线的数据传输又类似于“电话会议”，一个电话用户（控制单元）将数据“讲”入网络中，其他用户通过网络“接听”这个数据。对这个数据感兴趣的用户就会记录并使用该数据，而其他用户则选择忽略，可以对该数据不予理睬。

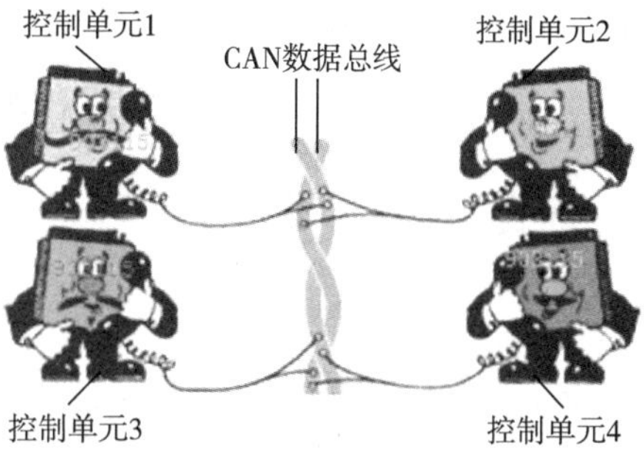

图 2-3　CAN 数据总线的数据传输类似于“电话会议”

信息通过位进行传送，表 2-1 说明了信息量如何随着添加位而增加。越多位进行组合，则可以传递越多的信息。每增加一位都可使携带的信息将增加一倍。

表 2-1　不同位表示的温度信号情况

1 位的变化	可能的信息	2 位的变化	可能的信息	3 位的变化	可能的信息
0V	10℃	0V,0V	10℃	0V,0V,0V	10℃
5V	20℃	0V,5V	20℃	0V,0V,5V	20℃
		5V,0V	30℃	0V,5V,0V	30℃
		5V,5V	40℃	0V,5V,5V	40℃
				5V,0V,0V	50℃
				5V,0V,5V	60℃
				5V,5V,0V,	70℃
				5V,5V,5V,	80℃

3. CAN 总线数据传输过程

下面以发动机转速信息的传输过程为例，介绍 CAN 总线上的数据传输过程。从发动机转速信号获取、接收、传输，直到在发动机转速表上显示出来，从这一完整的数据传输过程中，可以清楚地看出数据传输的时间顺序以及 CAN 构件与控制单元之间的配合关系。

1）发送过程

信息发送过程如图 2-4 所示，工作过程如下：

（1）发动机控制单元的传感器接收到转速值。该值以固定的周期到达微控制器的输入存储器内。由于该转速值还用于其他控制单元，如组合仪表，所以该值应通过数据传输总线来传递。

（2）该转速值被复制到发动机控制单元的发送存储器内。

（3）该信息从发送存储器进入数据传输总线构件的发送邮箱内。如果发送邮箱内有一个实时值，那么该值会由发送特征位（举起的小旗示意有传输任务）显示出来。将发送任务委托给数据传输总线构件，发动机控制单元就完成了此过程中的任务。

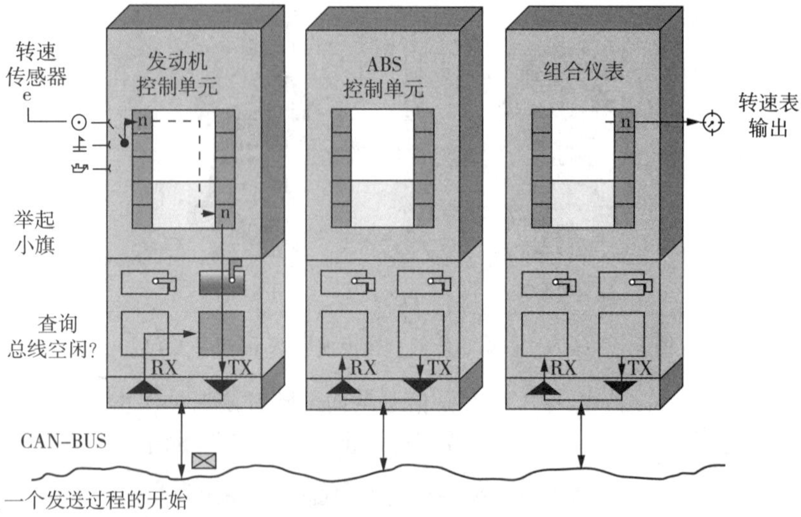

图 2-4 信息发送过程

(4)发动机转速值按协议被转换成数据传输总线的特殊格式,如图 2-5 所示。

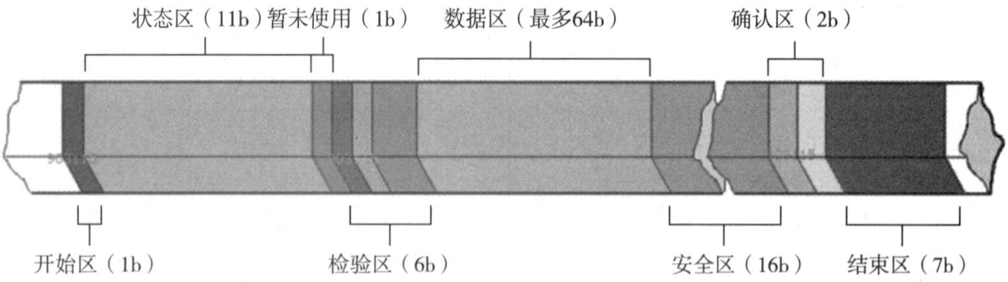

图 2-5 数据总线传输信息格式

(5)数据传输总线构件通过 RX 线来检查总线是否有源(是否正在交换其他信息),如图 2-6 所示,必要时会等待,直至总线空闲下来为止。如果总线空闲下来,发动机信息就会被发送出去。

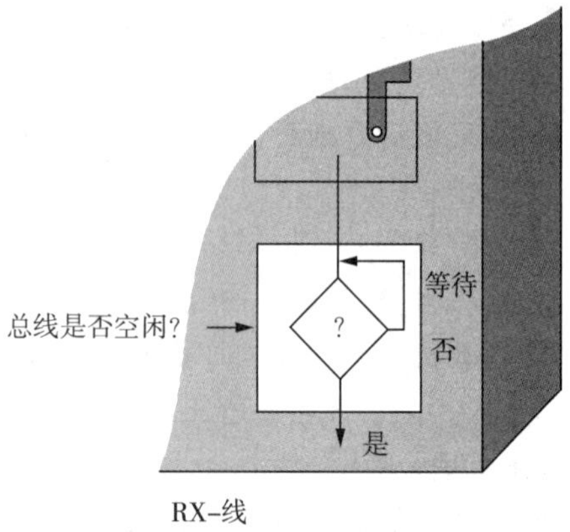

图 2-6 总线空闲查询

2)接收过程

信息接收过程分为两步,首先检查信息是否正确(在监控层),然后检查信息是否可用(在接收层),如图 2-7 所示。

连接在 CAN 总线上的所有控制单元都接收发动机控制单元发送的信息,该信息通过 RX 线到达 CAN 构件各自的接收区。

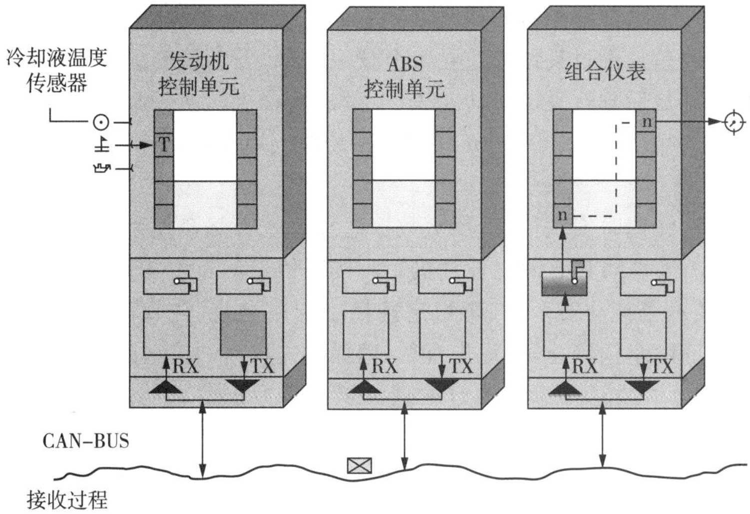

图 2-7　信息接收过程

(1)检查信息是否正确。接收器接收发动机的所有信息,并且在相应的监控层检查这些信息是否正确。这样就可以识别出在某种情况下某一控制单元上出现的局部故障。所有连接的装置都接收发动机控制单元发送的信息,可以通过监控层内的 CRC 校验和数来确定是否有传递错误。CRC 校验为循环冗余码校验(Cycling Redundancy Check,CRC)。在发送每个信息时,所有数据位会产生并传递一个 16b 的校验和数。接收器按同样的规则从所有已经接收到的数据位中计算出校验和数。随后接收到的校验和数与计算出的校验和数进行比较。如果两个校验和数相等,确认无数据传输错误,那么连接在 CAN 总线上的所有控制单元都会给发送器一个确认回答,这个回答就是所谓的"信息收到符号"(Acknowledge,ACK),它位于校验和数之后。

(2)检查信息是否可用。经监控层监控、确认无误后,已接收到的正确信息会到达相关 CAN 构件的接收区。在那里将决定该信息是否用于完成各控制单元的功能。如果不是,该信息就被拒收;如果是,该信息就会进入相应的接收邮箱。控制单元根据接收信号(升起的"接收小旗")就会知道:现在有一个信息(如转速)在排队等待处理,如图 2-8 所示。

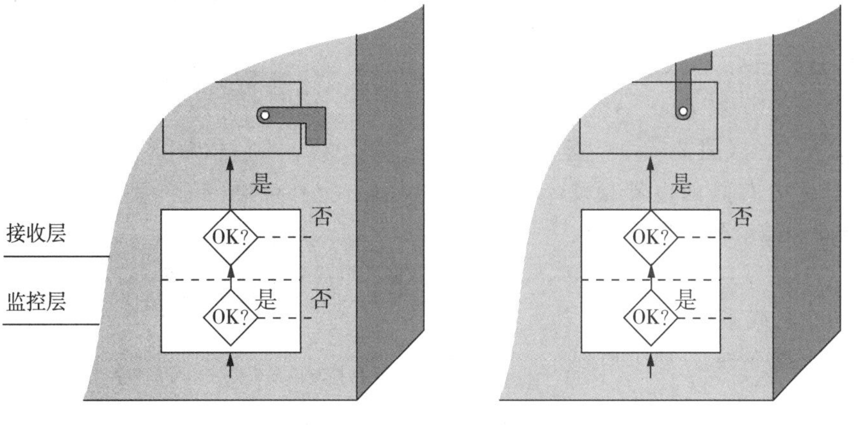

图 2-8　信息监控与接收

组合仪表调出该信息并将相应的值复制到它的输入存储器内。至此，通过数据传输总线构件发送和接收信息的过程结束。在组合仪表内部，发动机转速信息经微处理器处理后到达执行元件并最后到达发动机转速表，显示出发动机转速的具体数值。上述数据传输过程按设定好的循环时间（如 10ms）在 CAN 总线上周而复始地重复进行。

3）冲突仲裁

如果多个控制单元同时发送信息，那么数据总线上就必然会发生数据冲突。为了避免发生这种情况，CAN 总线具有冲突仲裁机制。按照信息的重要程度分配优先权，极为重要的信息（如事关汽车被动安全、汽车稳定性控制的信息）优先权高，不是特别紧急的信息（如车窗玻璃升降、车门锁止等）优先权低，确保优先权高的信息能够优先发送。

（1）每个控制单元在发送信息时通过发送标识符来标识信息类别，信息优先权包含在标识符中。

（2）所有控制单元都通过各自的 RX 线来跟踪总线上的一举一动并获知总线状态。

（3）每个控制单元的发送器都将 TX 线和 RX 线的状态一位一位地进行比较，它们可以不一致。

CAN 总线是这样来进行仲裁的：用标识符中位于前部的"0"的个数调整信息的重要程度，从而保证按重要程度的顺序来发送信息。标识符中的数字越小，表示该信息越重要，需要予以优先发送。

如图 2－9 所示，当发动机控制单元、变速器控制单元、组合仪表控制单元三者在同一时刻都想向 CAN 总线发送数据时，则按照优先权的高低来进行仲裁。如果多个控制单元同时向 CAN 总线发送其数据包，为了避免数据碰撞，必须决定谁最先发送。显性电位"0"越多，说明其优先权级别越高。发送隐性电位"1"的控制单元若检测到一个显性电位"0"，那么该控制单元停止发送，转为接收。依照此原理，在图中，ABS/EDL 控制单元优先权级别最高，在数据总线上优先传输，而自动变速器的发送信号第二位"1"遇到 ABS 的第二位"0"，立即改发送为接收，信息发送失败。同理，发动机控制单元发送信息的第三位"1"遇到 ABS 的第三位"0"，同样改发送为接收，信息发送也失败。

4. CAN 总线的连接

1）有分离插头

2003 款 Audi A8 车上有两个 CAN 分离插头，仪表板左、右侧各一个。2010 款 Audi A8 只有一个分离插头（图 2－10），安装在行李舱内右侧的电器模块上（熔断丝和继电器支架之间）。

在这个插头上，CAN 线接头用于四个总线系统：

（1）针脚 1～8 用于舒适 CAN 总线控制单元。

（2）针脚 9～13 用于驱动

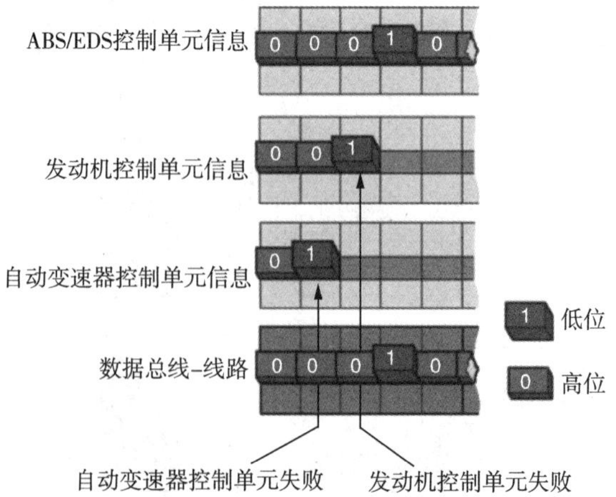

图 2－9 避免数据冲突的仲裁过程

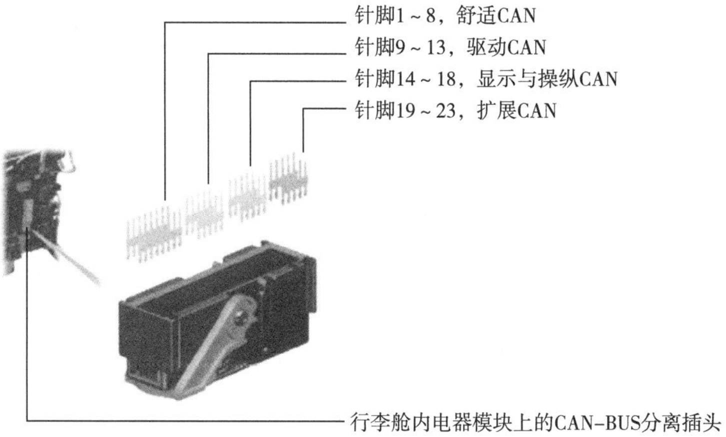

图 2－10　2010 款 Audi A8 分离插头

CAN 总线控制单元。

(3)针脚 14～18 用于操纵和显示 CAN 总线。

(4)针脚 19～23 用于扩展 CAN 总线。

CAN 分离插头可以连接 CAN 总线适配器 VAG 1598/38。拔下这个适配器上的跨接片，就可以将 CAN 总线上的某个分支线断开。这样在工作状态下，就既可以对某个分支线进行测量，也可以对整个 CAN 总线进行测量。通过这种方式，可以系统地来分析 CAN 总线的故障，并找到故障原因。

2)无分离插头

无分离插头导线采用节点进行连接，即所有相同系统的 CAN－H 线集中铰接为一个中心节点，所有相同系统的 CAN－L 线集中铰接为一个中心节点，如图 2－11 所示。

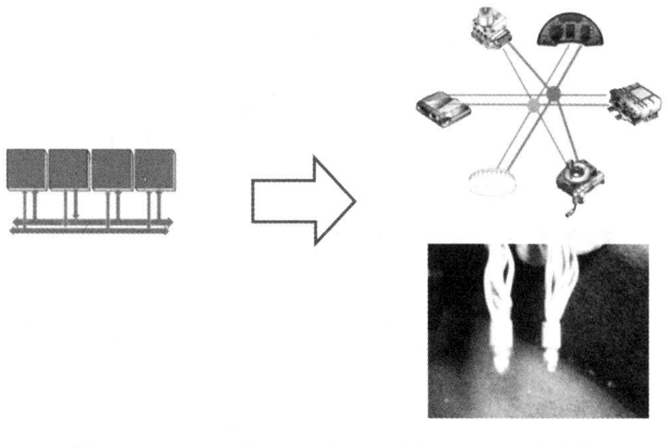

图 2－11　2010 款 Audi 中 A8 车辆 CAN 驱动系统

(二)认知高速 CAN 总线

目前，车辆在动力传输系统、主动和被动安全系统、车辆舒适系统、信息和娱乐系统等方面进行了极大的提升，为了使这些系统发挥出最佳的作用和效果，在车辆上配置了大量的控制单元,并使用多种车载网络进行信息共享。这些车载网络,主要包括:CAN - H 网络、CAN - L 网络、LIN 网络、MOST 网络和 FlexRay 网络。下列总线一般为高速 CAN 总线:驱动 CAN、仪表 CAN、扩展 CAN、诊断 CAN(诊断接口)。如图 2 - 12 所示为 2011 款 Audi 中 A6L 车辆应用的 CAN 驱动系统。这里先介绍 CAN 驱动系统。

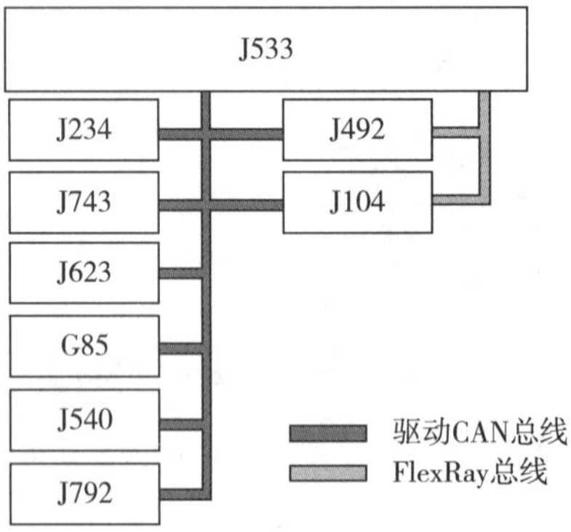

图 2 - 12　2011 款 Audi 中 A6L 车辆 CAN 驱动系统

驱动 CAN 数据总线连接 6 块 ECU,它们是安全气囊控制单元 J234、主动转向控制单元 J792、发动机控制单元 J623、转向角传感器 G85 及电动机械式驻车制动控制单元 J540,另外全轮驱动电子控制单元 J492 和 ABS 控制单元 J104 既连接驱动 CAN 总线也连接 FlexRay 总线。CAN 系统组成图如图 2 - 13 所示。

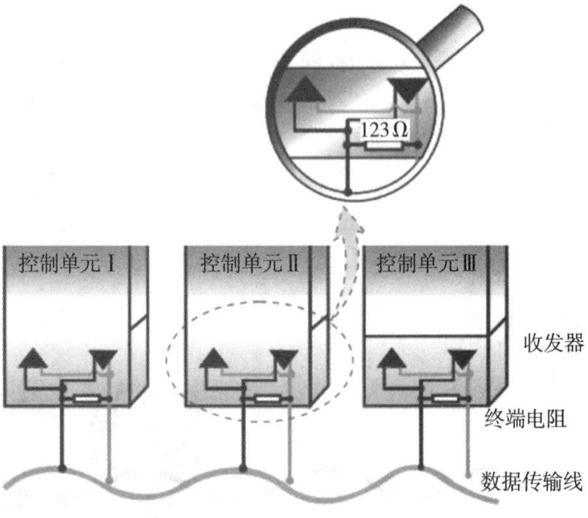

图 2 - 13　CAN 系统组成图

CAN 数据传输系统中每块 ECU 的内部增加了一个 CAN 控制器,一个 CAN 收发器;每个电脑内部还装有一个数据传递终端,如图 2 - 14 所示。

(1)CAN 控制器:作用是接收控制单元中微处理器发出的数据,处理数据并传送给 CAN 收发器。同时 CAN 控制器也接收收发器收到的数据,处理数据并传给微处理器

(ECU 内部数据的接收、处理及传送)。

(2)CAN 收发器:是一个发送器和接收器的组合,它将 CAN 控制器提供的数据转化成电信号并通过数据总线发送出去,同时,它也接收总线数据,并将数据传到 CAN 控制器。在收发器内部的接收器一侧设有差动信号放大器(图 2-15)。差动信号放大器用于处理来自 CAN-H 导线和 CAN-L导线的信号。

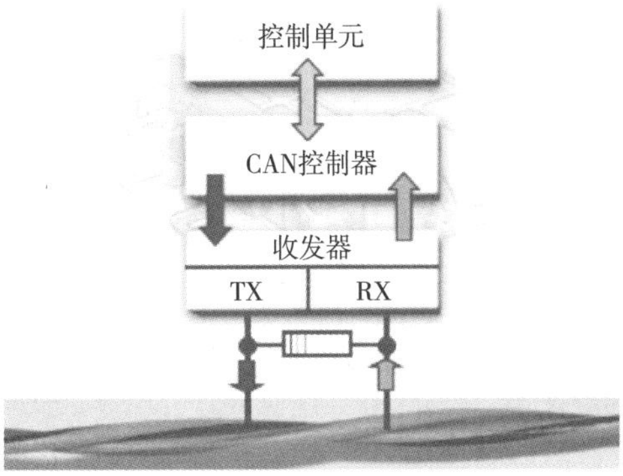

图 2-14　控制单元内部原理图

收发器的差动信号放大器在处理信号时,会用 CAN-H 导线上作用的电压减去 CAN-L 导线上作用的电压,具体的处理过程如图 2-16 所示。

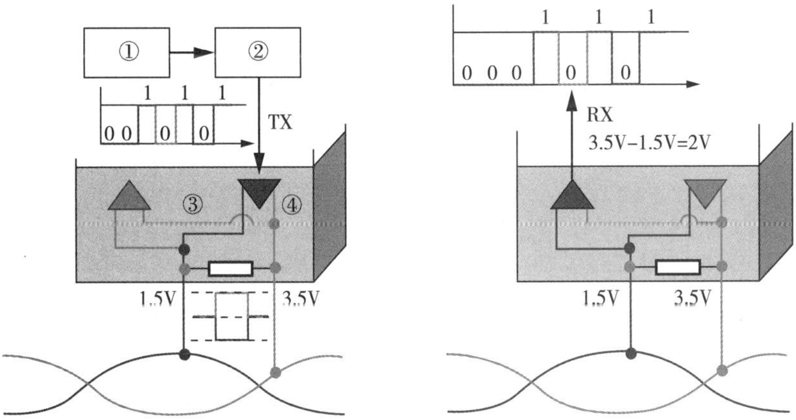

图 2-15　高速 CAN 数据总线的差动信号放大器

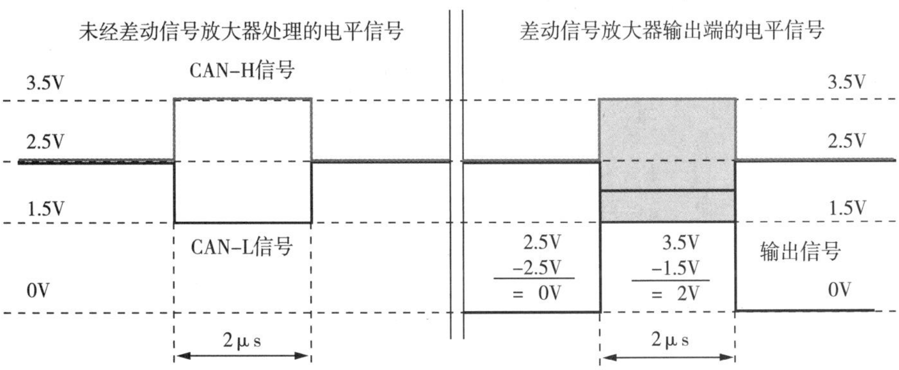

图 2-16　差动信号放大器内的信号处理

(3)数据传递终端:实际是一个电阻器(图 2－17),作用是避免数据传输终了反射回来产生反射波而使数据遭到破坏。

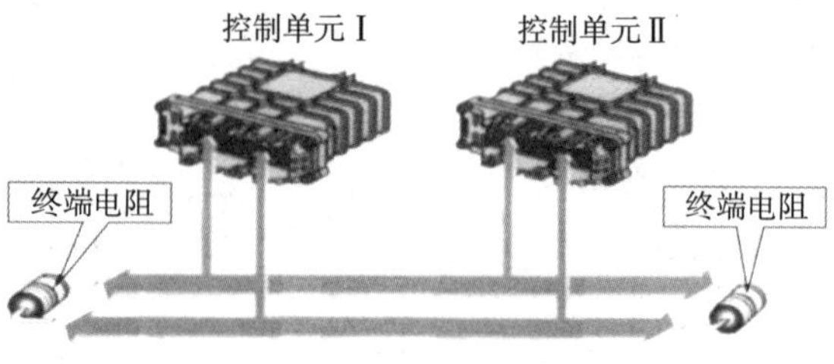

图 2－17　终端电阻布置图

(4)CAN 数据总线:用以传输数据的双向数据线(图 2－18)。

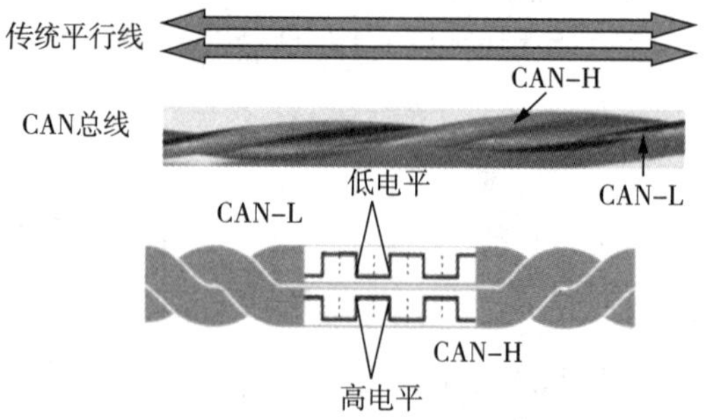

图 2－18　CAN 数据传输总线的形式

① CAN 总线电平。

CAN 总线分为 CAN 高位(CAN－H)和低位(CAN－L)数据线,对搭铁电压分别用 U_{CAN-H} 和 U_{CAN-L} 表示,它们之间的差值称为差分电压 U_{diff},即 $U_{diff}=U_{CAN-H}-U_{CAN-L}$。

满足条件 $0.9V<U_{diff}<5.0V$ 时,代表逻辑数字“0”,当前传送的数据位被称为“显性”位;当 $-0.1V<U_{diff}<0.5V$ 时,代表逻辑数字“1”,当前传送的数据位被称为“隐性”位,电压波形与逻辑电平定义如图 2－19 所示。

控制单元在某一时间段只能进行发送或接收一项功能。

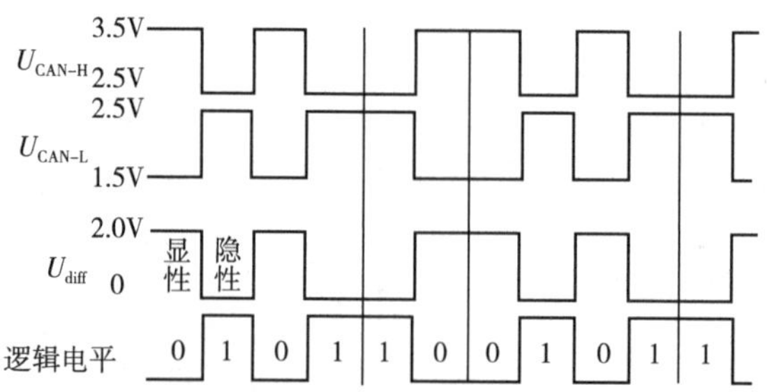

图 2－19　电压波形与逻辑电平定义

逻辑“1”:所有控制器的开关断开;总线电平为 5V 或是 3.5V;CAN 总线未通信。

逻辑“0”：某一控制器闭合；总线电平为 0V；CAN 总线进行通信。

② CAN 数据传输系统差分原理。

如图 2－20 所示，CAN 总线采用两条线缠绕在一起，两线条上的电位是相反的，CAN－H 信号和 CAN－L 信号经过差动信号放大器处理后（就是所谓的差动传输技术），可最大限度地消除干扰的影响。这就大大提高了数据传输的可靠性。通过这种办法，CAN 总线得到保护而免受外界电磁场干扰，同时 CAN 总线向外辐射了保持中性，即无辐射。

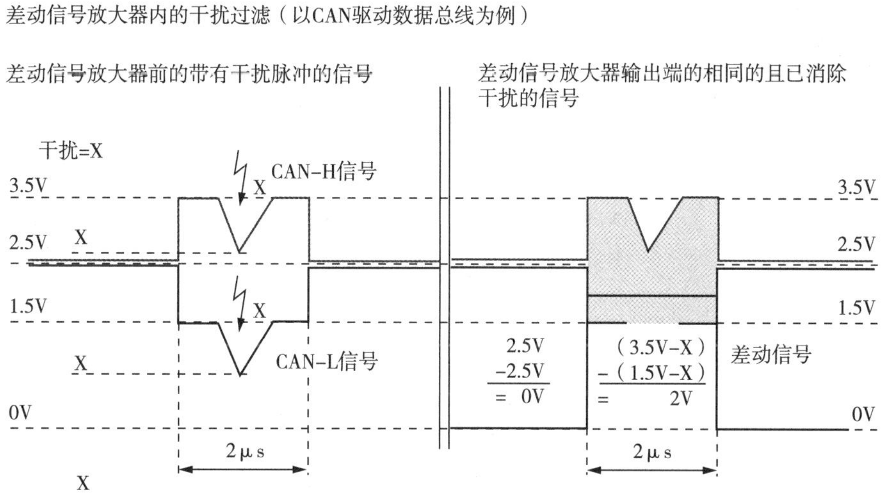

图 2－20　CAN 总线对外界干扰信号的消除过程

③ 高速 CAN 数据总线的主要特点。

数据传输速率 500kb/s，传递 1b 所需时间是 0.002ms。

没有数据传输时的基础电压值约为 2.5V，即 $U_{CAN\text{-}H}=2.5V$、$U_{CAN\text{-}L}=2.5V$。

线色：CAN－H 是橙黑色的，CAN－L 是橙棕色的。

线径是 $0.35mm^2$。

驱动总线永远是双绞线工作模式，没有单线工作模式。

二、高速 CAN 数据总线的检测

（一）高速 CAN 数据总线电阻的检测

丰田卡罗拉 HS－CAN 总线是一种高速通信总线，用于传动系、底盘及某些车身电气通信。HS－CAN 总线被称作“CAN1 号总线”和“CAN2 号总线”。它以大约 500kb/s 的速度工作。CAN1 号总线的终端电阻器位于组合仪表和 ECM 中（图 2－21）。

1. 检查 CAN 总线（主线是否断路，CAN 总线是否短路）

在高速 CAN 总线不工作、系统断电的情况下，如图 2－22 所示，采用数字万用表测量 DLC3 CAN－H 与 CAN－L 线之间的电阻值。相关电阻测量值见表 2－2 所列。

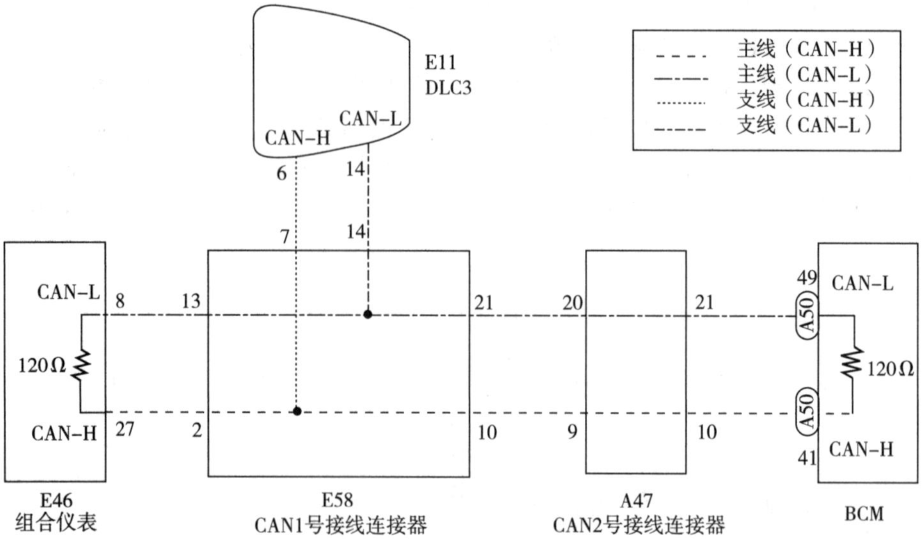

图 2-21　卡罗拉 CAN 总线系统结构

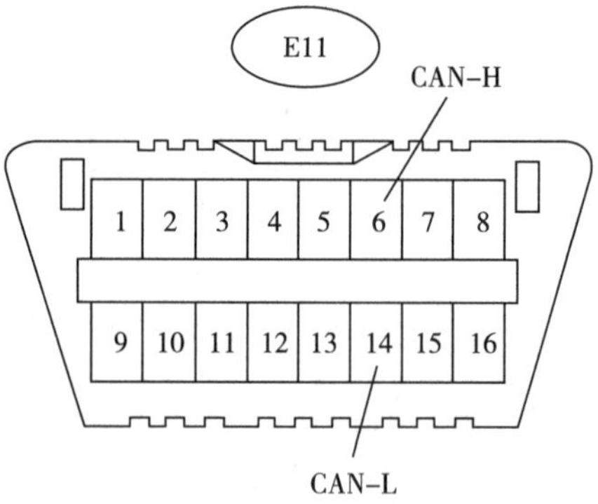

图 2-22　DLC3 端子

表 2-2　测量标准电阻

检测连接	条件	结果	分析
E11-6(CAN-H)-E11-14(CAN-L)	点火开关置于 OFF 位置	54～69Ω	正常
E11-6(CAN-H)-E11-14(CAN-L)	点火开关置于 OFF 位置	69Ω 或更大	检查 CAN 主总线是否断路
E11-6(CAN-H)-E11-14(CAN-L)	点火开关置于 OFF 位置	小于 54Ω	检查 CAN 总线是否短路

2. 检查 CAN 总线是否对 BAT 短路

在高速 CAN 总线不工作、系统断电的情况下，如图 2-23 所示，采用数字万用表分别测量 DLC3 CAN-H、CAN-L 线与 BAT 之间的电阻值。相关电阻测量值见表 2-3 所列。

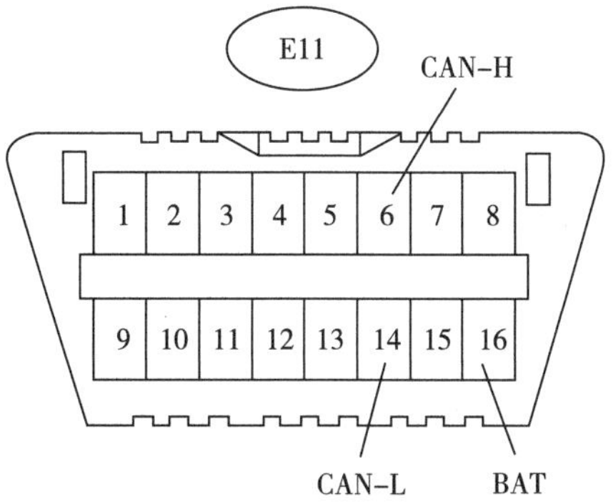

图 2-23　DLC3 端子

表 2-3　测量标准电阻

检测连接	条件	规定状态
E11-6(CAN-H)-E11-16(BAT)	断开蓄电池负极端子	6kΩ 或更高
E11-14(CAN-L)-E11-16(BAT)	断开蓄电池负极端子	6kΩ 或更高

3. 检查 CAN 总线是否对搭铁短路

在高速 CAN 总线不工作、系统断电的情况下，如图 2-24 所示，采用数字万用表分别测量 DLC3 CAN-H、CAN-L 线与 CG 之间的电阻值。相关电阻测量值见表 2-4 所列。

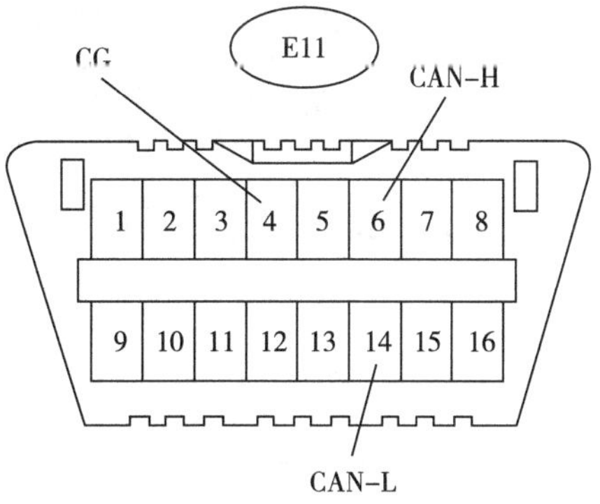

图 2-24　DLC3 端子

表 2-4　测量标准电阻

检测连接	条件	规定状态
E11-6(CAN-H)-E11-16(CG)	点火开关置于 OFF 位置	200Ω 或更高
E11-14(CAN-L)-E11-16(CG)	点火开关置于 OFF 位置	200Ω 或更高

(二)高速 CAN 数据总线电压的检测

高速 CAN 总线可以采用数字万用表进行电压信号测试，大致判断数据总线的信号传输是否存在故障。用数字万用表在测量频率信号时，万用表具有分段采集和有效值运算的工作特性，因此，数字万用表的显示值只能反映被测信号的主体信号电压值，不能显示被测信号的每个细节。

CAN 高线信号在总线空闲时的电压约为 2.5V，总线上有信号传输时总线上的电压值在 2.5V 和 3.5V 之间高频波动，因此，CAN 高线的主体电压应是 2.5V，所以万用表的测量值为 2.5～3.5V，大于 2.5V 但靠近 2.5V。

同理，CAN 低线信号在总线空闲时的电压约为 2.5V，总线上有信号传输时总线上的电压值在 1.5V 和 2.5V 之间高频波动，因此，CAN 低线的主体电压应是 2.5V，所以万用表的测量值为 1.5～2.5V，小于 2.5V 但靠近 2.5V。

（三）高速 CAN 数据总线波形的检测

使用 VAS6150 诊断仪，选择“数字存储示波仪（DSO）”，即可进行波形测量，如图 2－25所示。

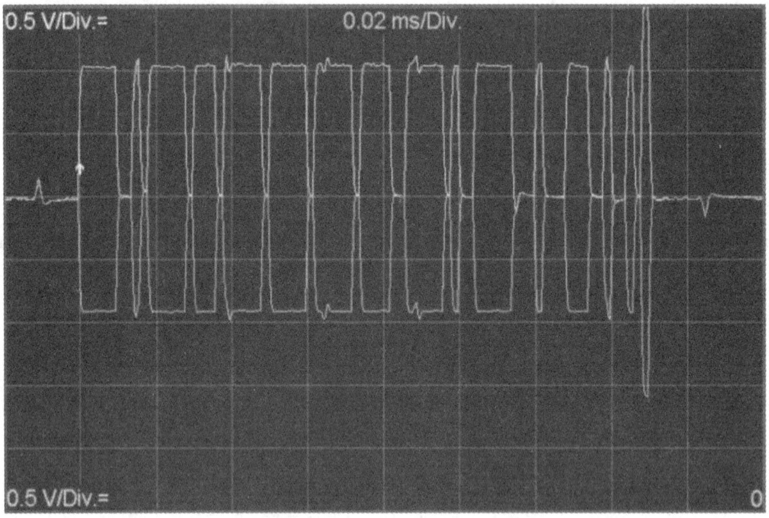

图 2－25　高速 CAN 正常波

信号分析：

（1）信号是在触发器模式的正向沿被触发。

（2）CAN－H 和 CAN－L 的显示应呈倒镜像关系。

（3）由于驱动系统总线的所有控制单元都确认此报文，因此，确认字节的显性电平总是比较高。

（4）CAN－H 和 CAN－L 的初始电压应为 2.5V。

（5）隐性状态下 CAN－H 和 CAN－L 的信号摆幅分别为 1V。

（6）由于控制单元只读取电平差，不读取对搭铁电压，因此，显性电平差应为 2V。

（四）CAN 网络的容错特点

1. CAN 节点故障

如图 2－26 所示，当网络上的任一节点出现故障，包括节点自身故障、节点电源或搭铁损坏等，此节点将无法与 CAN 总线上的其他节点进行通信。其他节点可以继续通信，且会存储关于节点通信丢失的 DTC。

2. CAN 支路断路（不带终端电阻）

如图 2－27 所示，当不带终端电阻的节点的支路断路（CAN－H 或 CAN－L），则此节点无法与其他节点通信。其他节点的通信不受影响。

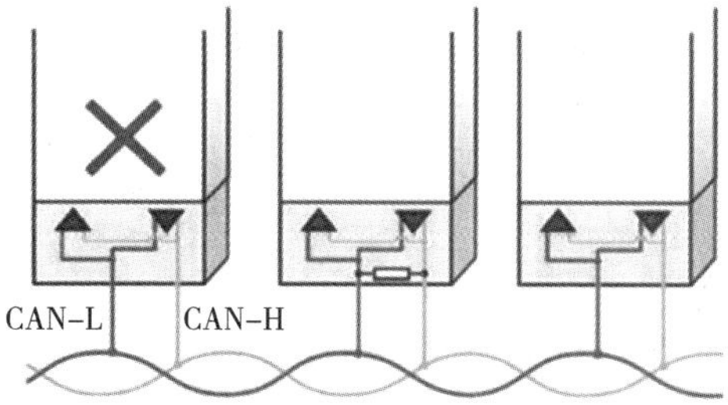

图 2－26　CAN 节点故障

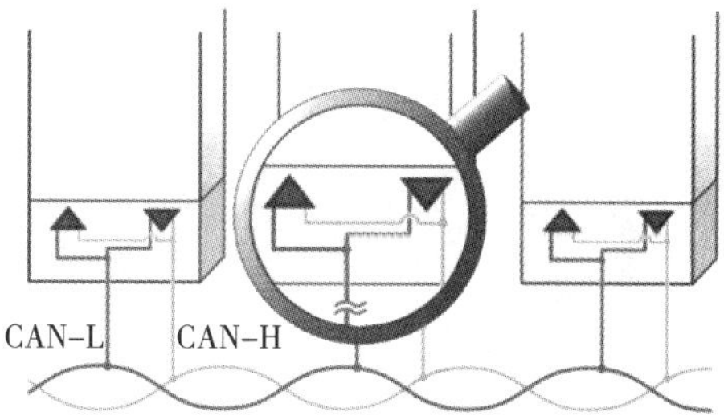

图 2－27　CAN 支路断路（不带终端电阻）

3. CAN 支路断路（带终端电阻）

如图 2－28 所示，当带终端电阻的节点的支路断路，则此节点无法进行通信。

终端电阻失效，所有节点可以继续通信，但是信噪比降低，通信时的错误帧明显增加。受到影响的模块不能通信，其他节点以信噪比降低后的值继续工作，CAN 使通信继续进行。

4. CAN 驱动总线断路

如图 2－29 所示，总线上的 CAN－H 或 CAN－L 断路，则断路对侧的节点之间无法进行通信。

断路同侧的节点之间可以进行通信，但是由于终端电阻的作用下，此时的通信降低了抗扰度。

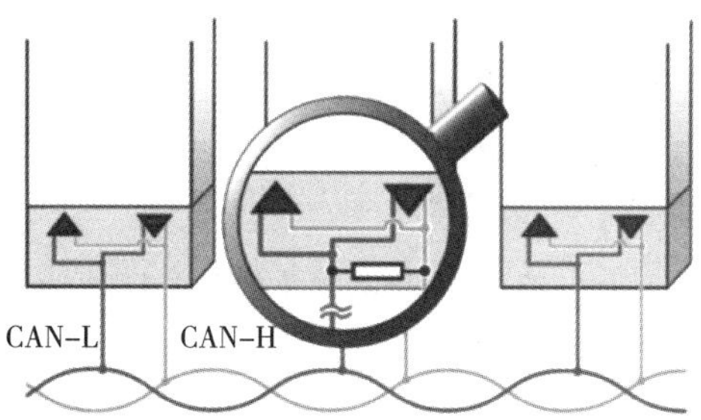

图 2－28　CAN 支路断路（带终端电阻）

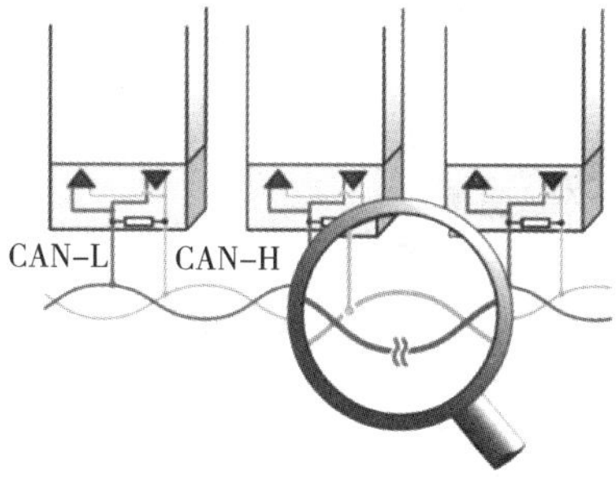

图 2－29　CAN 驱动总线断路

5. CAN－H 驱动总线对搭铁短路

如图 2－30 所示，当 CAN－H 对搭铁短路时，总线整体失效，所有节点之间不能通信。

6. CAN－H 对电源短路

如图 2－31 所示，当 CAN－H 对电源短路时，CAN 总线一般具有继续工作能力(驱动 CAN 除外)。

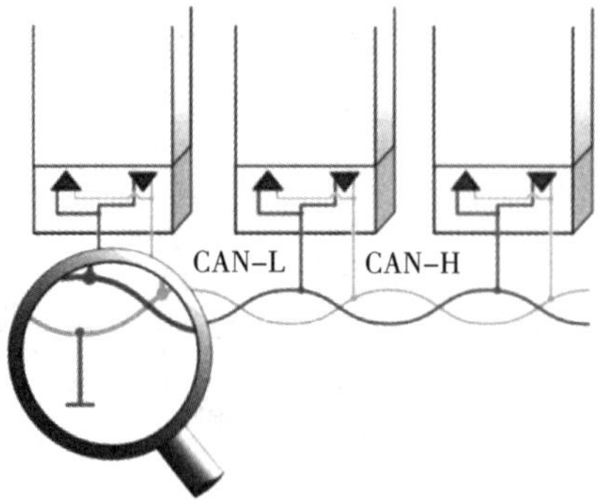

图 2－30　CAN－H 驱动总线对地短路

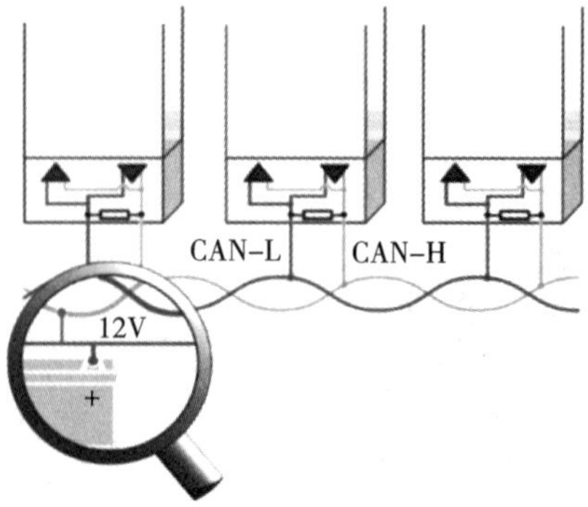

图 2－31　CAN－H 对电源短路

7. CAN－L 驱动总线对电源短路

如图 2－32 所示，当 CAN－L 对电源短路时，总线整体失效，CAN 网络不能工作。

8. CAN－L 驱动总线短路

如图 2－33 所示，当 CAN－L 对搭铁短路时，可以实现网络通信，因为 CAN 总线电压在共模电压范围内。但是总线的抗扰度降低，电磁辐射增加。

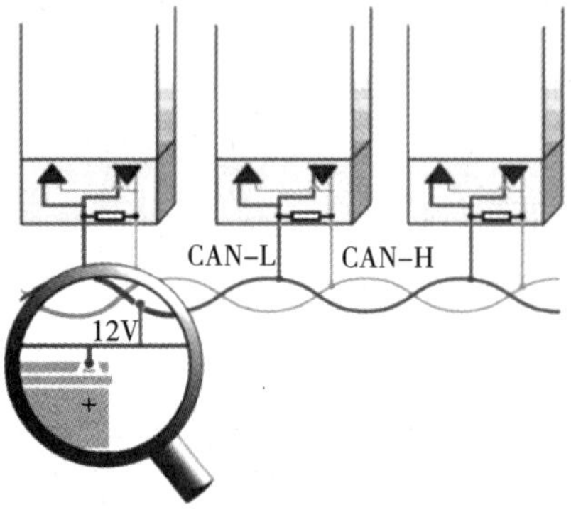

图 2－32　CAN－L 驱动总线对电源短路

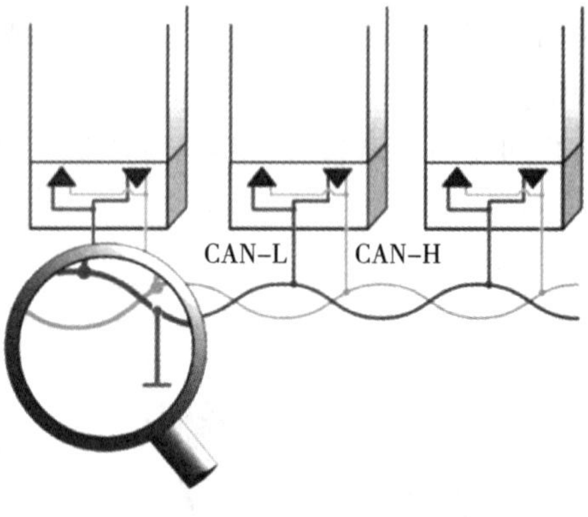

图 2－33　CAN－L 驱动总线对搭铁短路

9. CAN－H 与 CAN－L 短路

如图 2－34 所示，当 CAN－H 与 CAN－L 短路时，总线整体失效，所有节点之间不能通信。

10. CAN－H 与 CAN－L 互接

如图 2－35 所示，当节点的支路 CAN－H 与 CAN－L 互接时，此节点无法与其他节点通信。其他节点的通信不受影响。

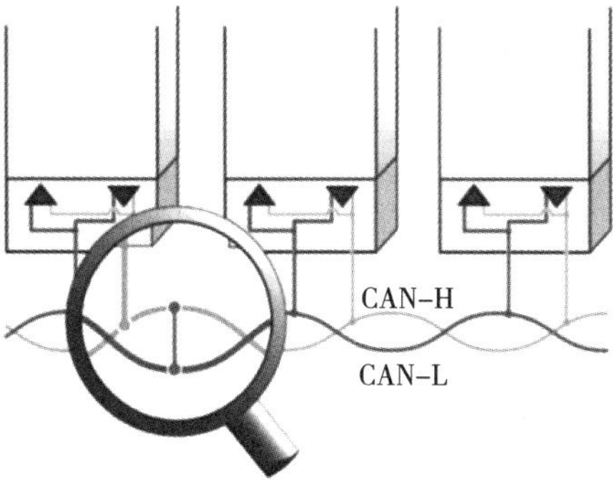

图 2-34　CAN-H 与 CAN-L 短路

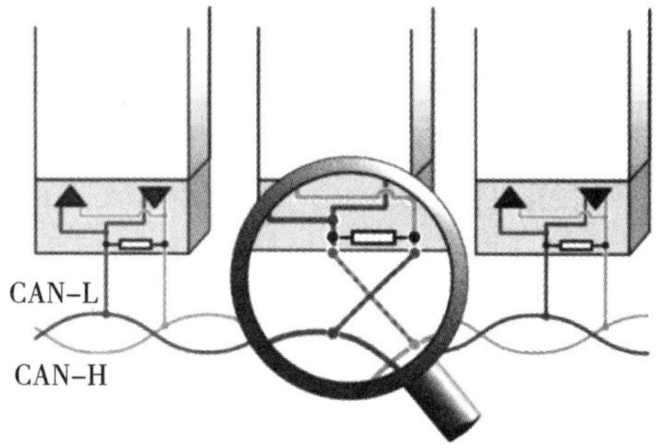

图 2-35　CAN-H 与 CAN-L 互接

三、动力 CAN 总线的故障诊断

（一）动力 CAN 网络的诊断流程

CAN 网络的故障，包括网络部分失效和整体失效。即 CAN 网络的故障，可能表现为部分控制单元无法与其他模块进行通信，或者任一模块之间均失去通信。如果已经判断故障属于 CAN 网络系统，则可以使用 CAN 网络的常用诊断方法执行故障诊断，以便快速、准确地找到故障原因。

对 CAN 网络系统进行诊断时，可以按照以下诊断程序进行：

验证故障→收集信息→分析故障→制订维修计划→排查故障→验证排除。

1. 验证故障

确认客户所提出的故障现象，包括故障表现、发生条件、发生频率等。

CAN 网络部分失效或者整体失效，仪表上一般会出现异常的警告灯信息。

2. 收集信息

对车辆进行进一步的相关操作，以掌握更加全面的与网络通信相关的故障信息。收集信息从三方面进行，客户描述、车辆本身故障信息收集。

3. 分析故障

结合收集到的信息，通过专业知识或者查询相关技术资料（系统工作原理、相应的 SSP、技术培训资料）利用功能图法（部件、系统原理、控制策略、故障模式）推断可能的故障点。分析故障现象以及各种收集到的关联信息，包括自诊断及引导型故障查询的检测结果，并结合车型的网络拓扑图，全面分析网络故障的最可能原因，制定故障诊断流程和方法。

4. 制订维修计划

通过逻辑列举法，依据诊断步骤顺序逻辑原则，故障发生率、拆装便捷性、自己熟悉程度、二分之一原则等，形成故障排查的顺序维修方案。

5. 排查故障

根据此前的分析结果及形成的排查故障方案，借助各种诊断手段（汽车诊断仪使用、电阻测量、电压测量、示波器测量等）通过电气测量技术执行各项测量与诊断。

（1）通过诊断仪执行相应检测测试计划（测量数据流、编码、匹配、升级操作等）。

（2）通过万用表，进行相应的电压、电阻、通断测试。

(3)通过专用工具(比如 VAG 1598/38),配合示波器进行 CAN 网络波形的测量。

(4)在排查故障的过程中会收集到新的信息,通过分析故障信息、再制定方案、逐步找到导致车辆故障的故障点,直至排除并修复故障。

6. 验证排除

在排除故障后进一步分析诱发故障点背后的原因,从根本上排除故障,达到一次性修复目的。

(二)动力 CAN 网络的诊断方法

CAN 网络的故障诊断方法,包括故障存储、电阻测量、电压测量、信号测量等几种方法。

1. 故障存储

CAN 驱动总线故障存储记录。

表 2-5 所列为一汽-大众 B8L 驱动总线可能的故障存储记录类型。

表 2-5 CAN 驱动总线故障存储记录

驱动 CAN 总线	19-网关	01-发动机控制单元
CAN-H、CAN-L 双断	U010000 发动机控制单元无通信	无法进入
CAN-H 单断	U010000 发动机控制单元无通信	无法进入
CAN-L 单断	U010000 发动机控制单元无通信	无法进入
CAN-H、CAN-L 互短	U000100 驱动系数据总线损坏-主动/静态	无法进入
CAN-H 对搭铁短路	U000100 驱动系数据总线损坏-主动/静态	无法进入
CAN-L 对搭铁短路	U000900 驱动系数据总线损坏-主动/静态	P138800 控制单元损坏-主动/静态
CAN-H 对正短路	U000900 驱动系数据总线损坏-主动/静态	P138800 控制单元损坏-主动/静态
CAN-L 对正短路	U000100 驱动系数据总线损坏-主动/静态	无法进入

2. 读取测量数据块

进入 19-网关,读取测量数据块中的数据总线损坏故障和数据总线单线故障(表 2-6)。

表 2-6 CAN 驱动总线测量数据块

驱动 CAN 总线	数据总线损坏故障(驱动数据总线)	数据总线单线故障(驱动数据总线)
CAN-H、CAN-L 双断	正常	正常
CAN-H 单断	正常	正常
CAN-L 单断	正常	正常

（续表）

驱动 CAN 总线	数据总线损坏故障（驱动数据总线）	数据总线单线故障（驱动数据总线）
CAN－H、CAN－L 互短	损坏	正常
CAN－H 对搭铁短路	损坏	正常
CAN－L 对搭铁短路	正常	控制单元单线模式
CAN－H 对正短路	正常	控制单元单线模式
CAN－L 对正短路	损坏	正常

3. 终端电阻测量

终端电阻装在系统（如 CAN 驱动总线）的 2 个控制单元内。终端电阻阻止 CAN 总线信号在 CAN 总线上产生变化电压的反射。当终端电阻出现故障，则因为线路的反射影响，控制单元的信号无效。当用 DSO 进行 CAN 总线信号的测量，该信号与标准信号不相符，则可能为终端电阻损坏。终端电阻测试图如图 2－36 所示。

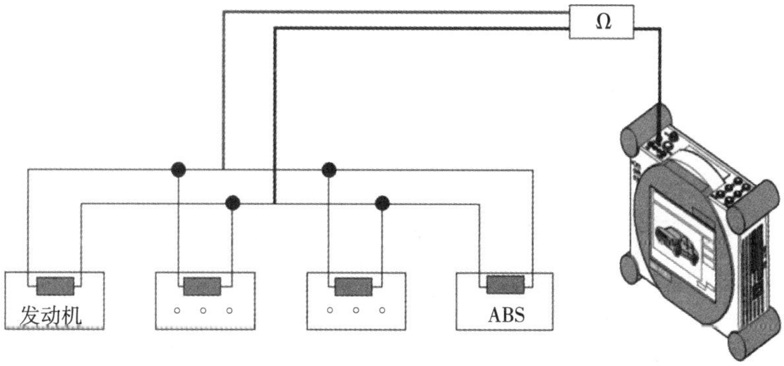

图 2－36　动力 CAN 终端电阻测量

终端电阻的测量步骤：

（1）将蓄电池的电极线拔除。

（2）等待大约 5min，直到所有的电容器都充分放电。

（3）连接测量仪器并测量总阻值。

（4）将一个带高终端电阻控制单元的插头拔下来。

（5）检测总的阻值是否发生变化。

（6）第一个控制单元（带有终端电阻）的插头连接好后，再将第二个控制单元的插头拔下来。

（7）检测总的阻值是否发生变化。

（8）分析测量结果。

4. 电压测量

在进行 2005 款 Audi A6L 总线系统检测时，首先要把检测盒 VAS（VAG）1598/38 连接到仪表台侧面的总线检测插座上，如图 2－37 所示。然后根据电路图确定引脚布置，正确测量电压。

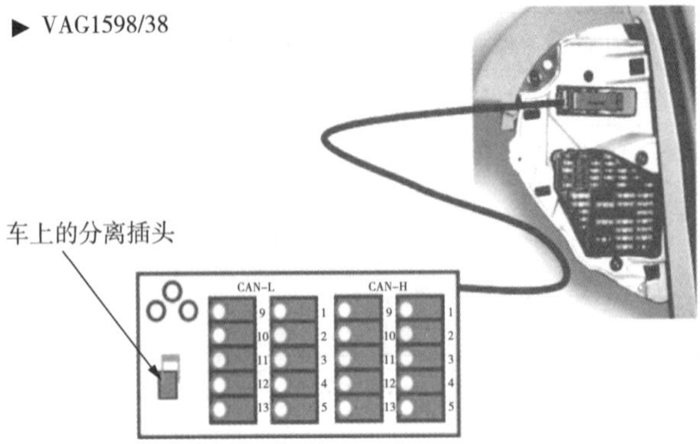

图 2-37　动力 CAN 电压测量

5. 故障波形

(1)故障 1:CAN 高线与 CAN 低线间短路(图 2-38)。

波形说明:电压电位置于隐性电压值(约 2.5V)。

故障原因及判断方法:通过插拔驱动系统 CAN 总线上的控制单元进行判断,是由于控制单元引起的短路还是由于 CAN 高线和 CAN 低线线路连接引起的短路。若为线路引起的短路,需要将 CAN 线组(CAN 高线和 CAN 低线)从线节点处依次拔取,同时注意 DSO 的波形变化。当故障线组被取下后,DSO 的图形恢复正常。

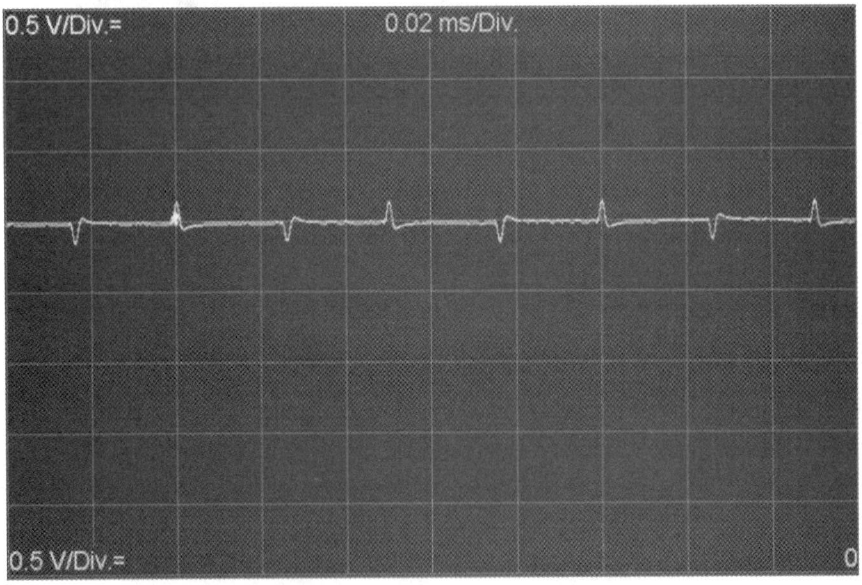

图 2-38　CAN 高线与 CAN 低线间短路

(2)故障 2:CAN 高线对搭铁短路(图 2-39)。

波形说明:CAN 高线的电压为 0V,CAN 低线的电压也为 0V,但在 CAN 低线上还能够看到一小部分的电压变化。该故障的判断方法与故障 1 相同。

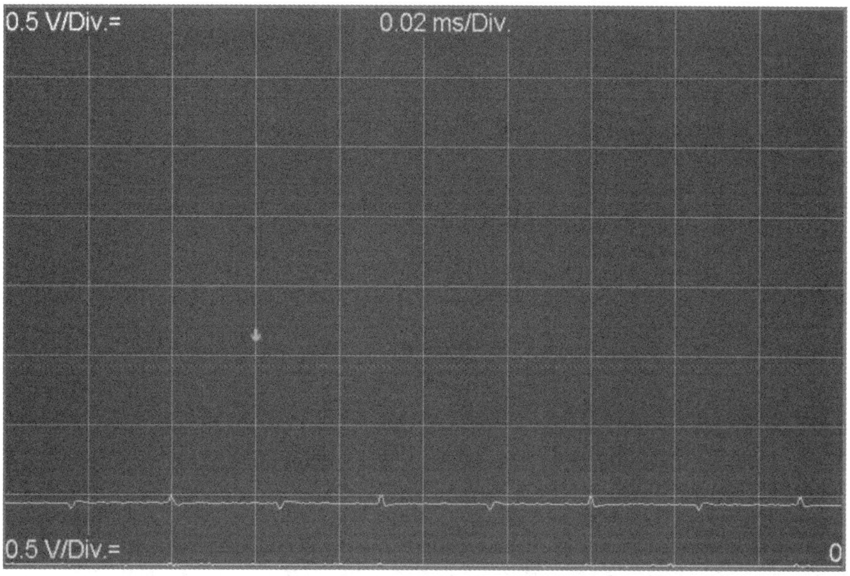

图 2-39　CAN 高线对搭铁短路

(3)故障 3:CAN 高线对正极短路(图 2-40)。

波形说明:CAN 高线的电压电位被置于 12V,CAN 低线的隐性电压被置于大约为 12V。

故障原因及判断方法:这是由于在控制单元的收发器内的 CAN 高线和 CAN 低线的内部错接引起的。该故障的判断方法与故障 1 相同。

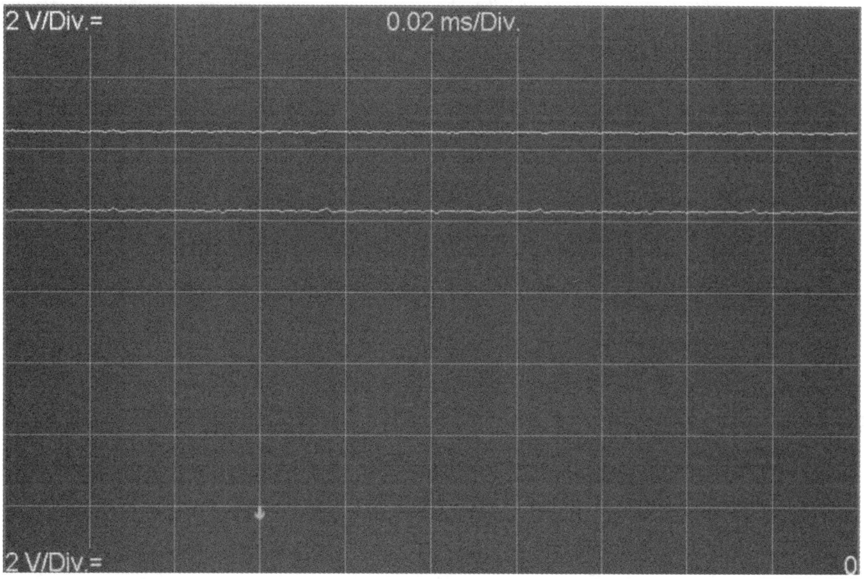

图 2-40　CAN 高线对正极短路

(4)故障 4:CAN 低线对搭铁短路(图 2-41)。

波形说明:CAN 低线的电压大约为 0V,CAN 高线的隐性电压也被降到 0V。该故障的判断方法与故障 1 相同。

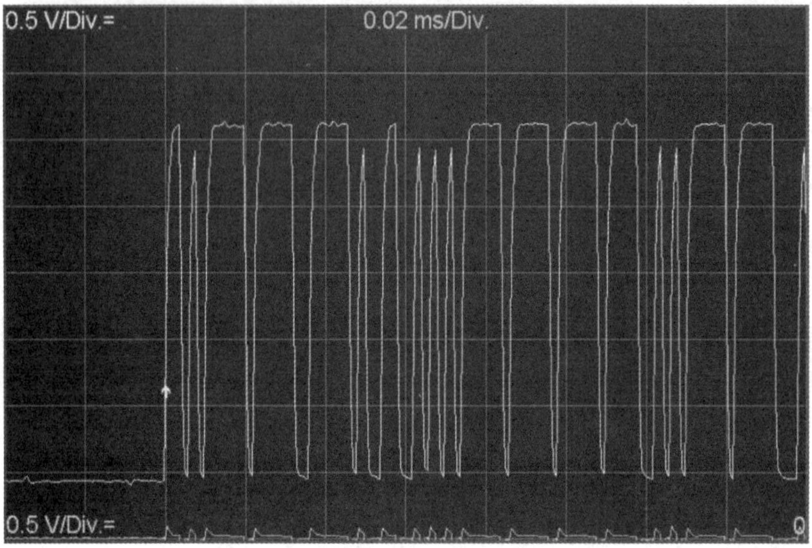

图 2-41 CAN 低线对搭铁短路

(5)故障 5:CAN 低线对正极短路(图 2-42)。

波形说明:两条总线电压大约都为 12V。该故障的判断方法与故障 1 相同。

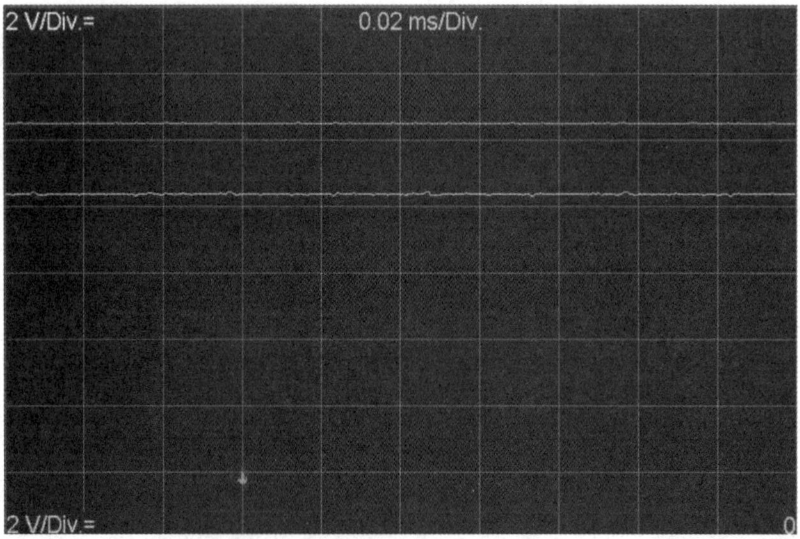

图 2-42 CAN 低线对正极短路

(6)故障 6:CAN 低线断路(图 2-43)。

当 CAN 低线断路时,CAN 系统无法正常工作。

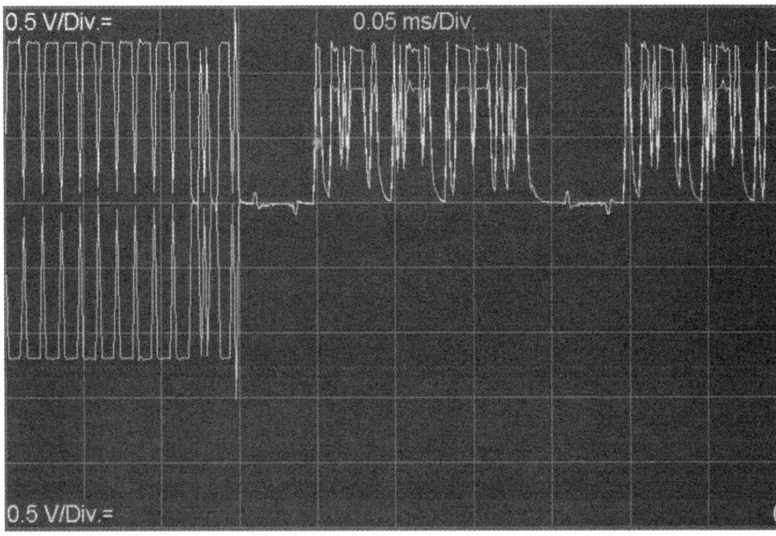

图 2-43　CAN 低线断路

(7)故障 7:CAN 高线断路(图 2-44)。

当 CAN 高线断路时,CAN 系统无法正常工作。

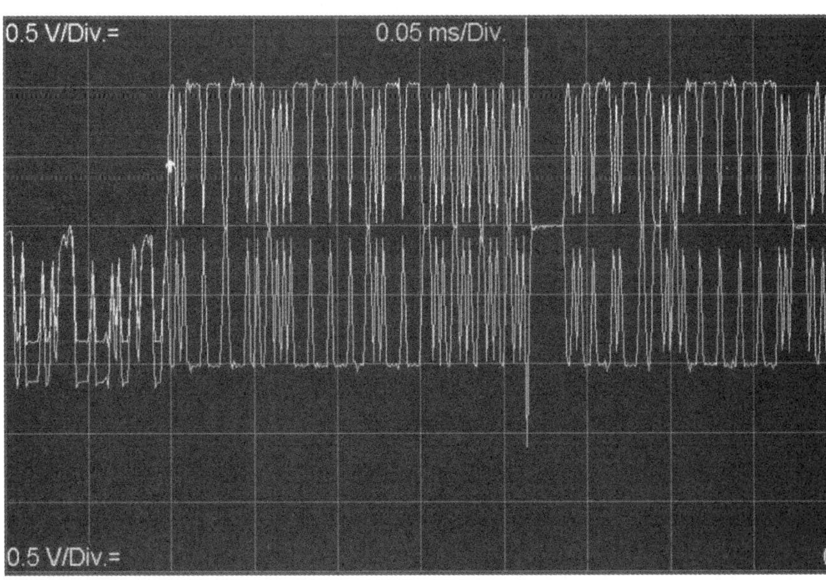

图 2-44　CAN 高线断路

技能实训

(一)项目一　CAN 网络总线系统结构识别

1. 项目目标

识别和掌握 CAN 网络的功能结构。

2. 项目内容

(1)结合奥迪 A6L(C7)车型的网络拓扑图,指出应用了哪些 CAN 数据总线。查询电路图,查找该车型各种 CAN 线缆颜色。

(2)查找奥迪 A6L(C7)车型电路图,确定哪些控制单元连接在高速 CAN 总线上,并画出高速 CAN 总线的拓扑结构图。

(3)查找奥迪 A6L(C7)车型电路图,确定哪些控制单元连接在低速 CAN 总线上,并画出低速 CAN 总线的拓扑结构图。

（二）项目二　CAN 分离插头位置和针脚含义（奥迪 A4L、A6L）

1. 项目目标

学会通过利用专用工具进行 CAN 分离插头的测量，并能够解释各针脚的含义。

2. 项目内容

（1）找出奥迪 A4L(B8)车型和奥迪 A6L(C7)车型 CAN 网络分离插头在车上的位置。连接并使用专用工具 VAS1598/38 并解释该工具的功能作用。

（2）查询相关资料，找出奥迪 A6L(C7)车型各 CAN 网络分离插头针脚的含义。

请填写 CAN 总线分离插头各针脚连接的控制单元。将各针脚按照总线进行分类，并填写所属总线系统（例如，舒适总线）。

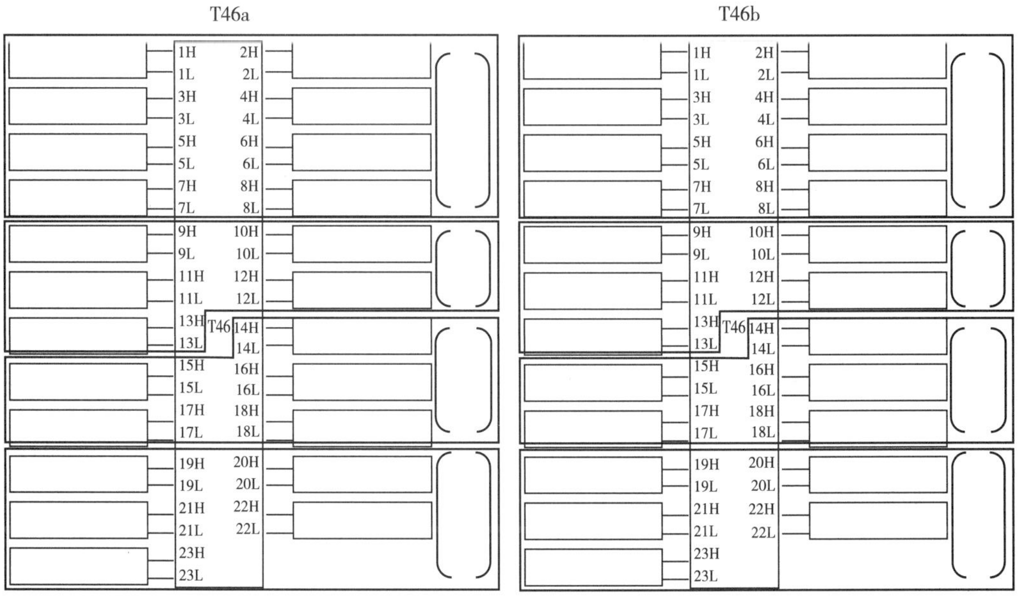

（2）将 1598/38 连接在车辆上，关闭点火开关，测量各总线总电阻及各控制单元内阻，然后在白板纸上绘制表 2-7，填入测量结果。

表 2－7 测量结果

	T46a	T46b
驱动	总电阻：	总电阻：
	J623 120Ω J217 8kΩ ……	
舒适	总电阻：	总电阻：
扩展	总电阻：	总电阻：
显示和操作	总电阻：	总电阻：

(三)项目三 CAN 网络电阻的测量(丰田卡罗拉)

1. 项目目标

能够测量并应用 CAN 网络的电阻测量。

2. 项目内容

(1)在 OBD－II 诊断座上检测(表 2－8)。

表 2－8 检测表

检测对象 CAN－H 与 CAN－L	检测值	检测条件
CAN－H 与 CAN－L		
CAN－H 与 CAN－L		断开蓄电池负极端子 拔下一个含终端电阻控制单元插头
CAN－H 与 CAN－L		断开蓄电池负极端子 接上前面拔下的控制单元插头 拔下另一个含终端电阻控制单元插头
CAN－H 与搭铁		
CAN－H 与搭铁		
CAN－H 与正极		
CAN－H 与正极		

(2)如何确定 CAN 总线是否存在断路故障？

(3)如何确定 CAN 总线是否存在短路故障？

(四)项目四　高速 CAN 网络电压和波形测量

1. 项目目标

能够应用高速 CAN 网络的电压和波形测量。

2. 项目内容

(1)连接专用工具,测出实验车型的高速 CAN 总线的平均电压。

(2)画出高速 CAN 总线的理论波形,标明隐/显性时 CAN 线高线和低线的电压值。

(3)将专用工具连接在车辆上,打开点火开关,测量每种 CAN 总线的波形并绘制在适当位置。标明隐性、显性时高线低线的电压。

关闭点火开关、锁车，车辆休眠后，测量波形，标明高线低线的电压。

(4)将专用工具连接在车辆上，打开点火开关，利用专用工具模拟高速 CAN 总线各种故障情况(CAN－H/L 对搭铁/正短路、互短、断路)(表 2－9)。

① 测出每种故障情况下总线的故障波形，并记录(拍照或截图)。

② 利用万用表测出每种总线故障情况下该总线支路的电压和电阻。

③ 然后读取诊断仪中的故障码以及有故障的控制单元。

④ 指出哪种情况下驱动 CAN 总线可以正常工作。

表 2－9　故障情况

故障 H 类型 L	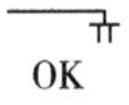	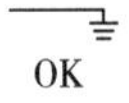	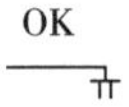	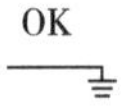				
波形								
电压	H　L	H　L	H　L	H　L	H　L	H　L	H　L	H　L
总线电阻								
无法通信的控制单元								
关于总线的故障代码								

(5)根据测量的故障波形，将所对应的波形图进行排列(表 2－10)。

表 2－10　波形图排列

故障模拟 CAN－L 对正极短路	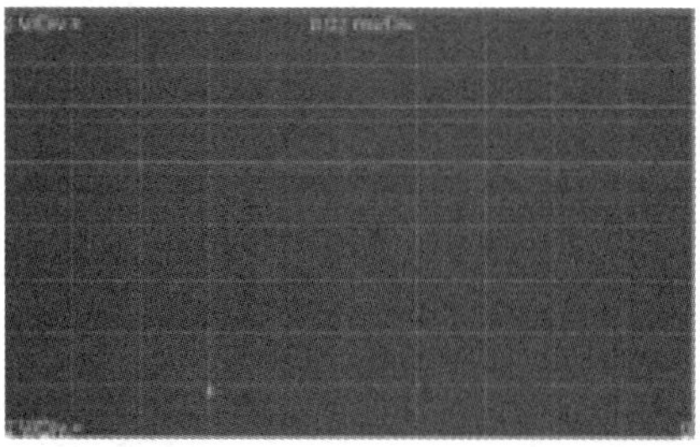
故障模拟 CAN－H 对正极短路	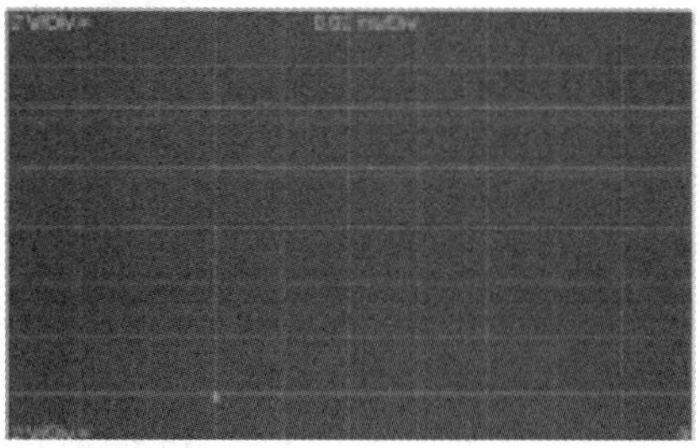
故障模拟 CAN－L 对负极短路	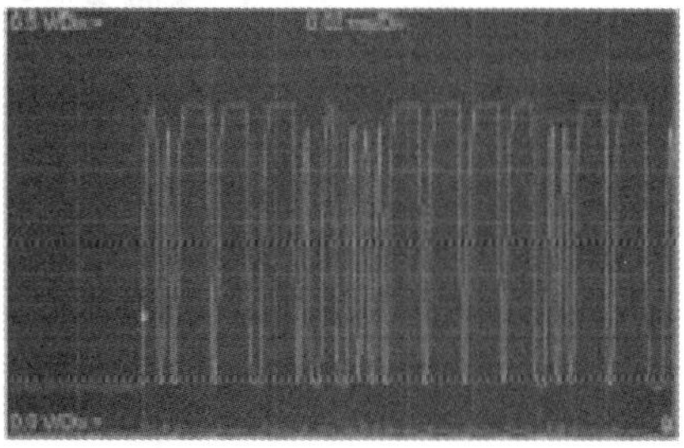
故障模拟 CAN－H 对负极短路	
故障模拟 CAN－L 对 CAN－H 短路	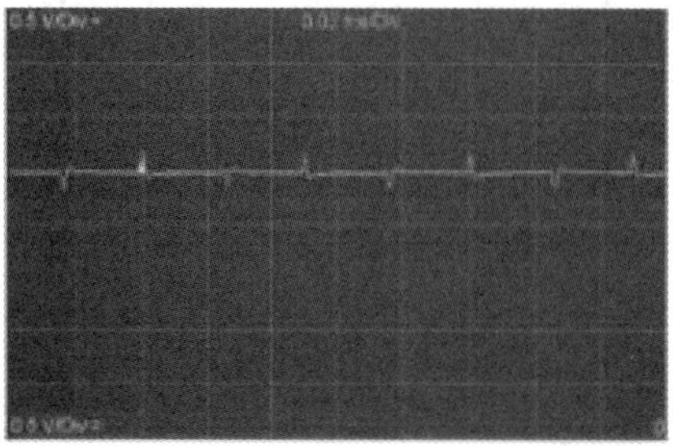

（续表）

故障模拟 CAN－L 某控制单元断路	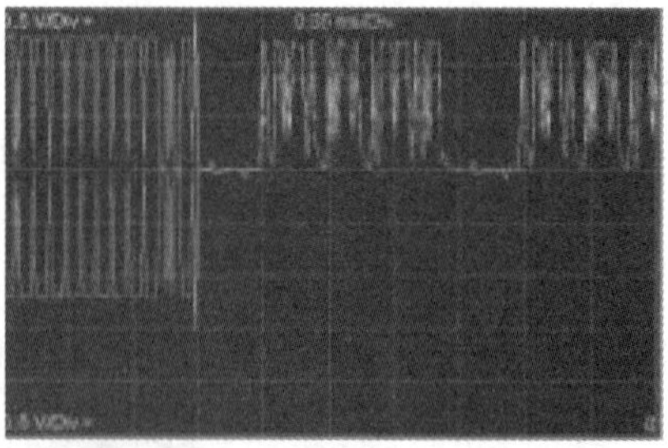
故障模拟_CAN－H 某控制单元断路	
故障模拟_某控制单元 CAN－L 与 CAN－H 接反	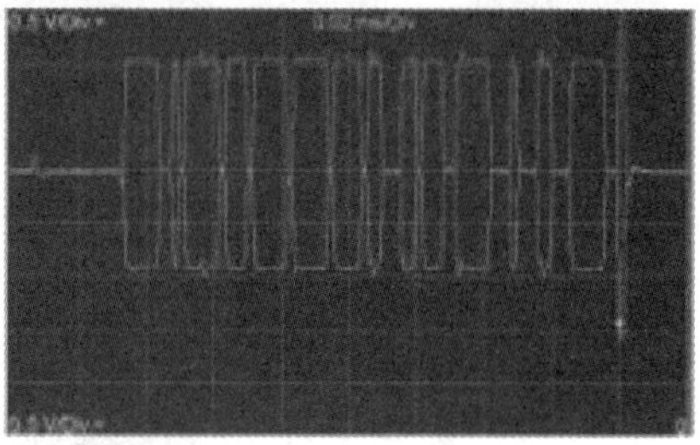

模块小结

（1）CAN 数据总线在发送信息时，每个控制单元均可接收其他控制单元发送出的信息。在通信技术领域，也把该原理称为广播。

（2）驱动 CAN 数据传输系统中每块电脑的内部增加了一个 CAN 控制器、一个 CAN 收发器；每个电脑内部还装有一个数据传递终端。

（3）高速 CAN 数据总线的主要特点：数据传输速率 500kb/s，传递 1b 所需时间是 0.002ms；没有数据传输时的基础电压值约为 2.5V，即 $U_{CAN\text{-}H}=2.5V$，$U_{CAN\text{-}L}=2.5V$；线色：CAN－H 是橙黑色的，CAN－L 是橙棕色的；线径是 $0.35mm^2$；驱动总线永远是双绞线工作模式，没有单线工作模式。

（4）CAN 高线信号在总线空闲时的电压约为 2.5V，总线上有信号传输时总线上的电压值在 2.5V 和 3.5V 之间高频波动，因此 CAN 高线的主体电压应是 2.5V，所以万用表的测量值为 2.5～3.5V，大于 2.5V 但靠近 2.5V。同理，CAN 低线信号在总线空闲时的电压约为 2.5V，总线上有信号传输时总线上的电压值在 1.5V 和 2.5V 之间高频波动，因此 CAN 低线的主体电压应是 2.5V，所以万用表的测量值为 1.5～2.5V，小于 2.5V 但靠近 2.5V。

(5)对 CAN 网络系统进行诊断时，可以按照以下诊断程序进行：验证故障→收集信息→分析故障→制订维修计划→排查故障→验证排除。

(6)动力 CAN 网络的故障诊断方法，包括故障存储、电阻测量、电压测量、信号测量等几种方法。

思考与练习

(一)填空题

1. 驱动系统的高速 CAN，速率达到________kb/s。

2. 数据传输终端是一个________，作用是避免数据终了反射回来，产生反射波使数据遭到破坏。

3. CAN 总线系统硬件主要由________、收发器、终端电阻和传输总线构成。

4. 驱动 CAN 总线 CAN－H 是________色，CAN－L 是________色。

(二)判断题

1. CAN 总线的每根导线都传送相位相反的、数值相同的信息，目的是抗干扰。(　　)

2. 在 CAN 总线上传递信息，状态域中前面的 0 越多越优先。(　　)

3. 高速 CAN 在显性状态时，CAN－H 线上的电压约为 2.5V。(　　)

4. 高速 CAN 无单线工作模式。(　　)

(三)简答题

1. 解释 CAN、多路传输、数据总线的含义。

2. 简要说明 CAN 数据总线系统的结构和工作原理。

3. 画出高速 CAN 总线的正常信号波形，并说明高速 CAN 总线信号特征。

4. 简要说明网关的作用。

考核工单

高速 CAN 系统检测考核工单

序号	考核项目	配分	评分标准(每项累计扣分不超过配分)
1	安全文明否决		造成人身、设备重大事故，或恶意顶撞考官、严重扰乱考场秩序，立即终止考试，此题计 0 分
2	工量具的选择及正确使用	15 分	(1)不能正确选择工量具，每次扣 3 分 (2)不能正确使用工量具，每次扣 5 分
3	高速 CAN 终端电阻检测	15 分	(1)不能正确检测高速 CAN 终端电阻，每次扣 5 分 (2)不能判断检测结果，每次扣 3 分
4	高速 CAN 电压检测	20 分	(1)不能正确检测 CAN－H 线显性与隐性电压，每次扣 5 分 (2)不能正确检测 CAN－L 线显性与隐性电压，每次扣 5 分 (3)不能判断检测结果，每次扣 3 分

（续表）

序号	考核项目	配分	评分标准（每项累计扣分不超过配分）
5	高速 CAN 波形检测	30 分	(1)不能正确检测 CAN－H 线波形，扣 15 分 (2)不能正确检测 CAN－L 线波形，扣 15 分 (3)不能判断检测结果，每次扣 3 分
6	安全文明生产	20 分	(1)不穿工作服扣 1 分、不穿工作鞋扣 1 分，不戴工作帽扣 1 分 (2)不安装车漆表面防护布（罩）扣 1 分，不安装车内座椅防护套、转向盘套、变速杆套、地板衬垫，每项扣 0.5 分 (3)工量具与零件混放或摆放凌乱，每次每处扣 1 分 (4)发动车辆不接尾气排放管，每次扣 1 分 (5)不放置三角木，扣 1 分 (6)工量具或零件随意摆放在地上，每次扣 1 分 (7)垃圾未分类回收，每次扣 1 分 (8)竣工后未清理工量具，每次扣 1 分 (9)竣工后未清理操作过程中手接触过的车漆表面，每处扣 1 分 (10)竣工后未清理考核场地，每次扣 2 分 (11)不服从考官、出言不逊，每次扣 3 分
7	合计	100 分	

模块三　低速 CAN 总线的检测与修复

学习目标

1. 掌握低速 CAN 总线信号波形特点和系统组成；
2. 掌握低速 CAN 数据总线电压的检测方法；
3. 掌握低速 CAN 数据总线波形的检测方法；
4. 掌握低速 CAN 网络的诊断流程；
5. 能说出低速 CAN 与高速 CAN 数据总线的区别；
6. 能用万用表对低速 CAN 数据总线进行测量并进行分析；
7. 能用示波器测量低速 CAN 总线数据波形并进行分析；
8. 能用诊断仪对低速 CAN 网络进行诊断。

学习内容

一、低速 CAN 总线的认知

下列总线一般为低速 CAN 总线：舒适 CAN、信息娱乐 CAN。如图 3－1 所示为 2008 款奥迪 A4L 车辆应用的 CAN 舒适系统。这里先介绍 CAN 舒适系统。

舒适 CAN 数据总线连接 10 块电脑，它们是车载电网控制单元 J519、倒车摄像系统控制单元 J772、挂车识别控制单元 J345、转向柱电子控制单元 J527、驾驶员座椅记忆控制单元 J136、副驾驶员座椅记忆控制单元 J521、驾驶员侧车门控制单元 J386、副驾驶员侧车门控制单元 J387、舒适/便捷系统的中央控制单元 J393 和自动空调控制单元 J255。

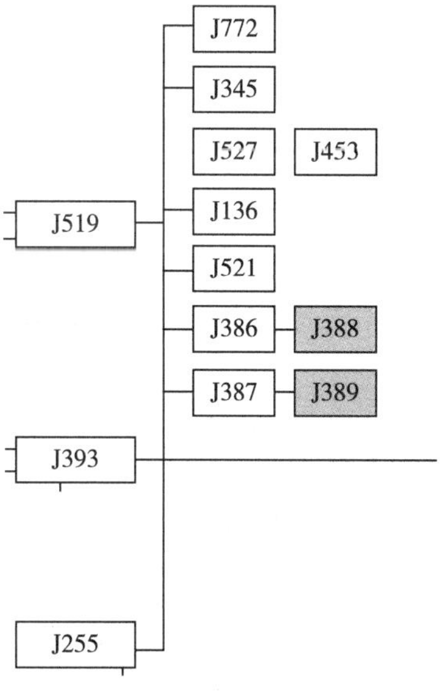

图 3－1　2008 款奥迪 A4L 车辆 CAN 舒适系统

1. 低速 CAN 总线信号波形

低速系统 CAN 总线的速率达到 100kb/s，为了使低速 CAN 总线抗干扰能力强且电流消耗低，与高速 CAN 总线相比做了一些改动。首先，由于使用了单独的驱动器（功率放大器），这两个 CAN 信号就不再有彼此的依赖关系，即任一根 CAN 线断路，CAN 系统不受影响。低速 CAN 总线的 CAN－H 线和 CAN－L 线间没有终端电阻，即高低 CAN 线不再彼此相互影响，而是彼此独立作为电源来工作。在隐性状态（静电平）时，CAN－

H 线信号为 0V，在显性状态时≥3.6V。对于 CAN - L 信号来说，隐性电平为 5V，显性电平≤1.4V，如图 3 - 2 所示。在示波器上显示的低速 CAN 总线波形图（静态）如图 3 - 3 所示。

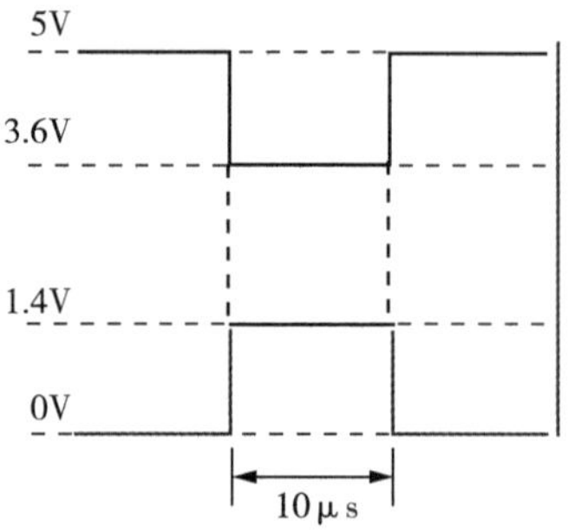

图 3 - 2　低速系统的信号波形图

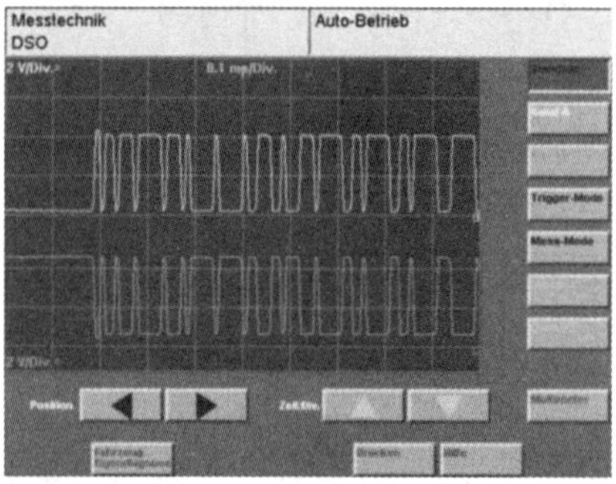

图 3 - 3　示波器上显示的低速 CAN 总线波形

2. 低速 CAN 总线的 CAN 收发器

低速系统 CAN 总线中收发器的结构如图 3 - 4 所示，其工作原理与动力 CAN 总线收发器基本是一样的，只是输出的电压和出现故障时切换到 CAN - H 线或 CAN - L 线（单线工作模式）的方法不同，另外，CAN - H 线和 CAN - L 线之间的短路会被识别出来，并且在出现故障时会关闭 CAN - L 驱动器，在这种情况下，CAN - H 线和 CAN - L 线信号是相同的。

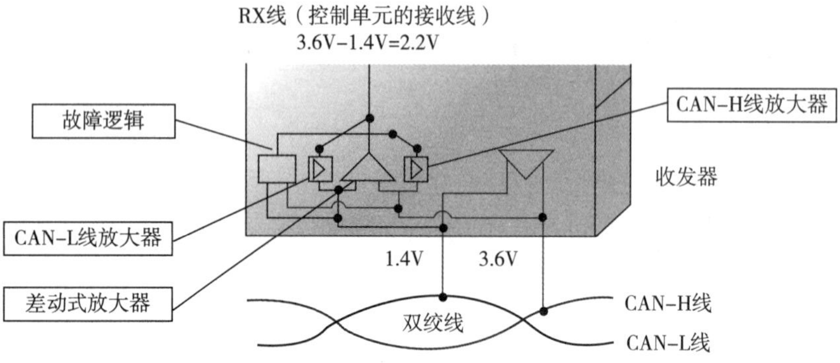

图 3 - 4　低速 CAN 中收发器的结构图

CAN - H 线的高电平为 3.6V，CAN - H 线的低电平为 0V。

CAN - L 线的高电平为 5V，CAN - L 线的低电平为 1.4V。

逻辑“0”：CAN 高线电压为 3.6V，CAN 低线电压为 1.4V。

CAN - H 线和 CAN - L 线上的数据传递由安装在收发器内的故障逻辑电路监控，故障逻辑电路检验两条 CAN 导线上的信号，如果出现故障（如某条 CAN 导线断路），那么故障逻辑电路会识别出该故障，从而使用完好的一条导线（单线工作模式）。

3. 单线工作模式下的低速 CAN 总线

如果因断路、短路或与蓄电池电压相连而导致两条 CAN 导线中的一条不工作了，那么就会切换到单线工作模式。在单线工作模式下，CAN 低速总线仍可工作。控制单元使用 CAN 不受单线工作模式影响，一个专用的故障输出用于通知控制单元，现在收发器是工作在单线模式下。在示波器上显示的低速 CAN 总线工作在单线模式下的波形（静态）如图 3－5 所示。

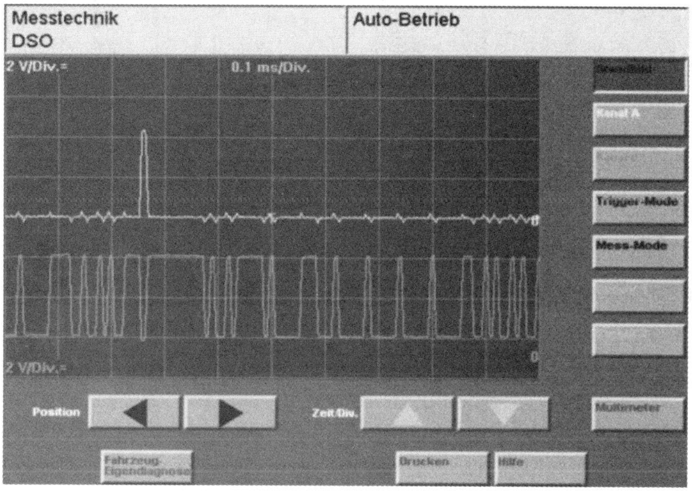

图 3－5 示波器上显示的低速 CAN 总线工作在单线模式下的波形（静态）

二、低速 CAN 数据总线的检测

（一）低速 CAN 数据总线电压的检测

低速 CAN 总线可以采用数字万用表进行电压信号测试，大致判断数据总线的信号传输是否存在故障。用数字万用表在测量频率信号时，万用表具有分段采集和有效值运算的工作特性，因此，数字万用表的显示值只能反映被测信号的主体信号电压值，不能显示被测信号的每个细节。

CAN 高线信号在总线空闲时的电压约为 0V，总线上有信号传输时，总线上的电压值在 0V 和 4V 之间高频波动，因此 CAN 高线的主体电压应是 0V，所以万用表的测量值为 0.35V 左右。

同理，CAN 低线信号在总线空闲时的电压约为 5V，总线上有信号传输时，总线上的电压值在 5V 和 1V 之间高频波动，因此 CAN 低线的主体电压应是 5V，所以万用表的测量值为 4.65V 左右。

（二）低速 CAN 数据总线波形的检测

1. 正常波形

使用 VAS6150 诊断仪，选择测量技术中的“数字存储示波仪（DSO）”，即可进行波形测量，如图 3－6 所示。

信号分析：

（1）信号是在触发器模式的正向沿被触发。

（2）CAN－H 和 CAN－L 的显示呈倒镜像关系。

（3）CAN－H 初始电压应为 0V 和 CAN－L 的初始电压应为 5V。

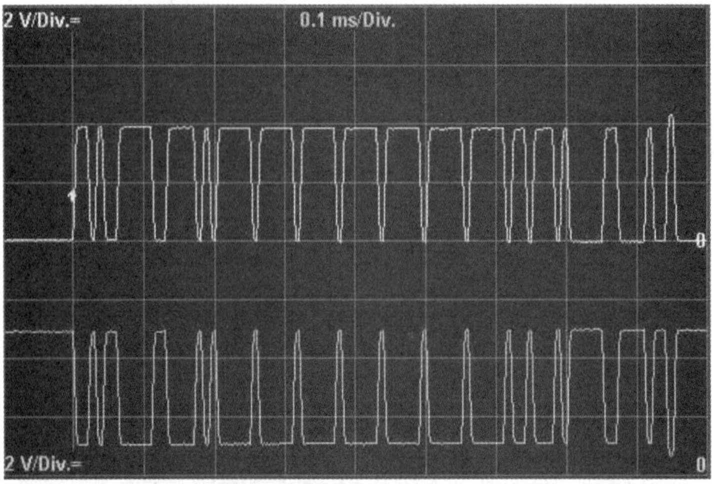

图 3-6 正常波形

(4)CAN-H 的显性电平应至少为 3.6～4V，CAN-L 的显性电平应至少为1～1.4V。

2. 故障波形

1)CAN 低线断路故障

用示波器测出波形如图 3-7 所示。

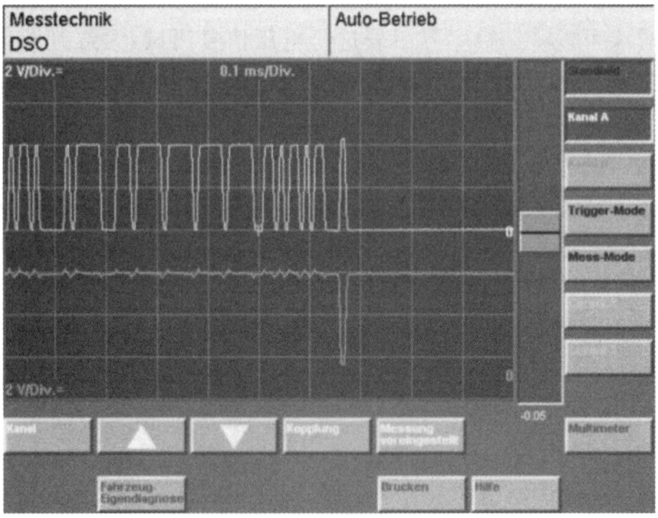

图 3-7 CAN 低线断路示波仪判断图

2)CAN 高线断路故障

用示波器测出波形如图 3-8 所示。

3)CAN 低线与蓄电池短接故障

用示波器测出波形如图 3-9 所示。

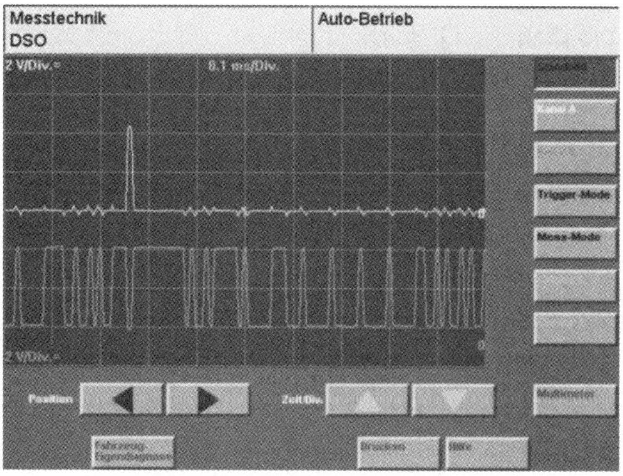

图 3－8　CAN 高线断路示波仪判断图

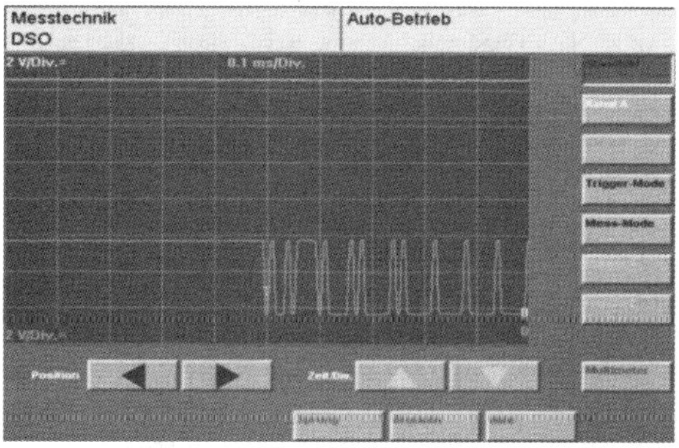

图 3－9　CAN 低线与蓄电池短接示波仪判断图

4)CAN 低线与搭铁短接故障

用示波器测出波形如图 3－10 所示。

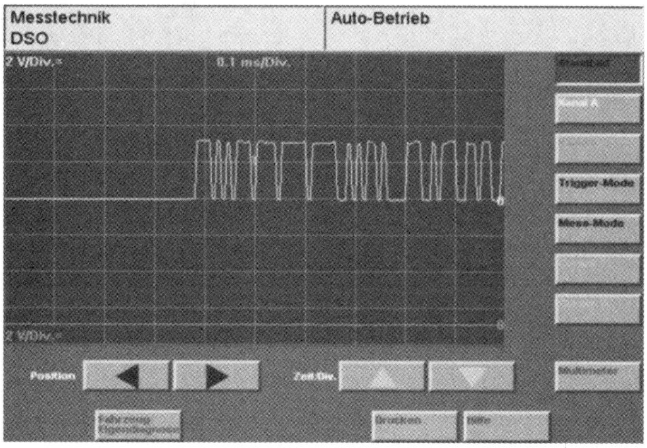

图 3－10　CAN 低线与搭铁短接示波仪判断图

5)CAN 低线与 CAN 高线短接故障

用示波器测出波形如图 3-11 所示。

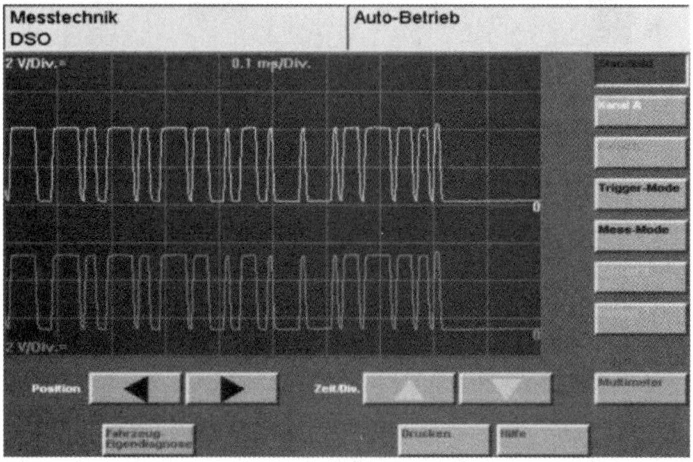

图 3-11　CAN 低线与 CAN 高线短接示波仪判断图

6)CAN 低线与 CAN 高线交叉连接故障

用示波器测出波形如图 3-12 所示。

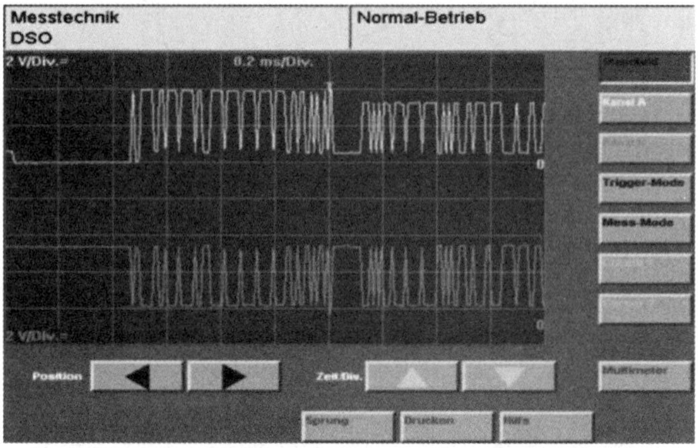

图 3-12　CAN 低线与 CAN 高线交叉连接示波仪判断图

三、低速 CAN 总线的故障诊断

(一)故障现象

迈腾 B7L 轿车操作左前车门上的右后车窗升降器按钮 E714 和右前车窗升降器按钮 E715 时,右侧两车窗玻璃都不能升降;但是操作右边两车门上的车窗升降器开关 E716 和 E713 时,右侧前后两车窗玻璃能正常升降,其他车窗按钮操控情况正常。

(二)故障分析

(1)该轿车舒适 CAN 总线系统采用双绞线的线性的网络拓扑结构,主要有车门升降机控制功能、车门闭锁器控制功能、汽车转向盘解锁控制功能、J519 电源控制功能、油泵控制功能、后视镜调节控制功能及儿童锁控制功能等。在以上控制功能实现过程中，舒适 CAN 总线系统起到控制单元激活功能和相关信息传递的功能。舒适系统 CAN 总线通过 2 根相互绞合的信号线同时传递数据，一根为 CAN－H(橙/绿色)，一根为 CAN－L(橙/棕色)。舒适系统所有的控制单元挂接在 2 根线路上进行数据交换和信号传递，如图 3－13 所示。

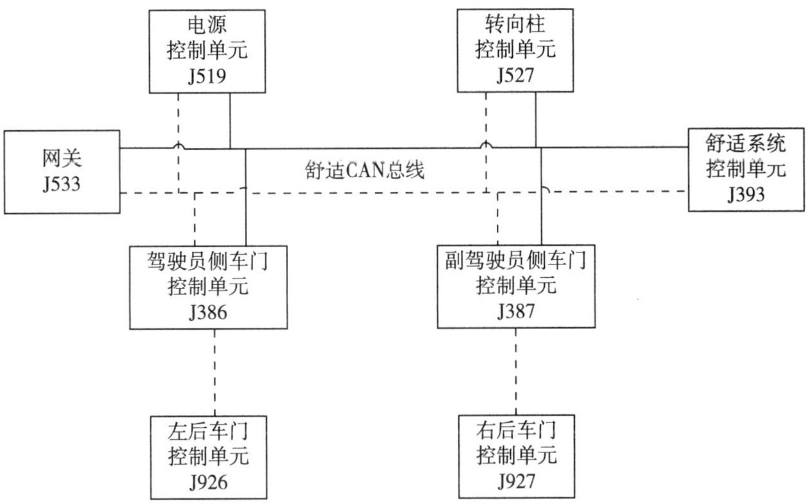

图 3－13　迈腾 B7 轿车舒适 CAN 总线系统网络结构

(2)根据 2012 款迈腾 B7L 的电路图可知，该车的右前窗和右后窗的控制原理如图 3－14所示。根据图分析可得出 2012 款迈腾 B7L 的右侧两门窗玻璃的左前车门上的右后车窗丿降器按钮 E714 和右前车窗丿降器按钮 E715 发出的电压信号，由左前车窗控制单元 J386 通过 CAN 到达右侧前部车窗控制单元 J387，再由 LIN 线控制右侧后部车窗控制单元 J927 单独操作右侧车门上的车窗升降器按钮 E713 或 E716 时，玻璃能正常升降，

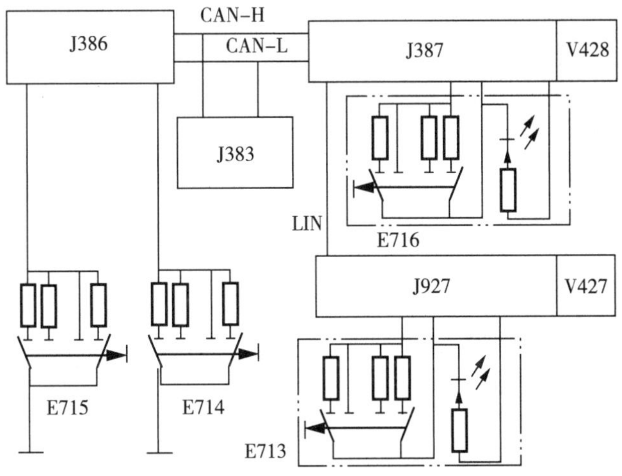

图 3－14　2012 款迈腾 B7L 右侧门窗控制电路原理图

说明右侧车窗控制单元。J387 和 J927 及其供电电路、右侧两车窗升降器电动机 V148 和 V472、搭铁电路、右边两个车窗升降器按钮(E713、E716)及电源线路均没有故障;而且左侧两车窗控制完好,基本排除左侧车窗控制单元 J386 引起故障的可能性。

(三)查找故障原因

(1)基于舒适总线系统的控制原理和实际工作情况,说明 J386(驾驶员侧车门控制的单元)与 J533、J519 之间的通信正常。由于右侧车门所有功能完全失效,而右后车门的唤醒及多数功能均受控于右车门。所以右前车门控制模块或其电路出现故障的概率较高,J387 自身故障,J387 电源电路故障,J387 与舒适总线之间通信故障。

(2)用 VAS6150D 诊断仪进行自诊断测试,诊断无法与 J387 控制单元通信,与其他控制模块通信正常,说明故障主要在 J387 及相关电路上。用万用表测量 J387 的供电与搭铁,测供电 T20a/19 对搭铁电压+B,测供电 T20a/20 对搭铁电压小于 0.1V,说明 J387 供电无异常。

(3)用数字示波器测量 J387CAN 线、T20a/14 和 T20a/15 的波形,根据波形表明 CAN-H 与 CAN-L 互相影响,CAN-L 通信异常,但 CAN-H 基本正常,测试点到 J387 以及 J387 内总线未见异常、故障在测试点到总线节点之间的 CAN-L 上,故障性为断路或电阻过大,节点到 TTVR(右前门连接位置)线路异常。由于节点到 TTVR 之间的线束隐藏在车内,TTVR 插针不便于测量,基于测量方便,优先检查 TTVR 到 J387 线路。检查 TTVR 插头,发现 CAN-L 线断开。

(四)解决办法

故障原因可能为,此车在交通事故后维修装配线束时或车门的开关磨损,使线路受到损伤,最终导致线束断开。连接断点后,右侧车门功能恢复正常。

技能实训

(一)项目一　低速 CAN 网络电压和波形测量

1. 项目目标

能够测量并应用低速 CAN 网络的电压和波形测量。

2. 项目内容

(1)连接专用工具,测出实验车型的低速 CAN 总线的平均电压,并记录。

(2)画出低速 CAN 总线的理论波形,标明隐/显性时 CAN 线高线和低线的电压值。

(3)将专用工具连接在车辆上,打开点火开关,测量低速 CAN 总线的波形并绘制在适当位置。标明隐性、显性时高线、低线的电压。

关闭点火开关、锁车,车辆休眠后,测量波形,标明高线、低线的电压。

(4)将专用工具连接在车辆上,打开点火开关,利用专用工具模拟低速 CAN 总线各种故障情况(CAN-H/L 对搭铁/正短路、互短、断路)(表 3-1)。

① 测出每种故障情况下总线的故障波形,并记录(拍照或截图)。

② 利用万用表测出每种总线故障情况下该总线支路的电压和电阻。

③ 然后读取诊断仪中的故障代码以及有故障的控制单元。

④ 指出哪种情况下低速 CAN 总线可以正常工作。

表 3-1 故障情况

故障 H 类型 L	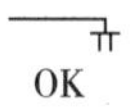	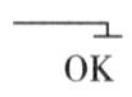	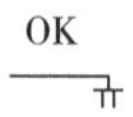	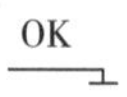				
波形								
波形								
电压	H L	H L	H L	H L	H L	H L	H L	H L
总线电阻								
无法通信的控制单元								
关于总线的故障代码								

(5)根据测量的故障波形,将所对应的波形图进行排列(表 3-2)。

表 3-2 波形图排列

故障模拟 CAN-L 对正极短路	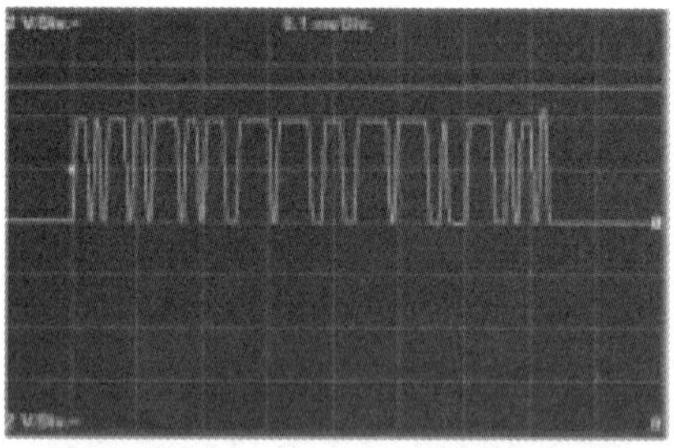
故障模拟 CAN-H 对正极短路	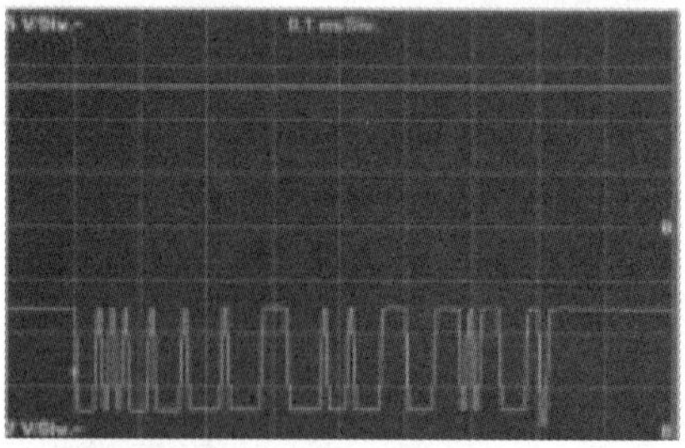
故障模拟 CAN-L 对负极短路	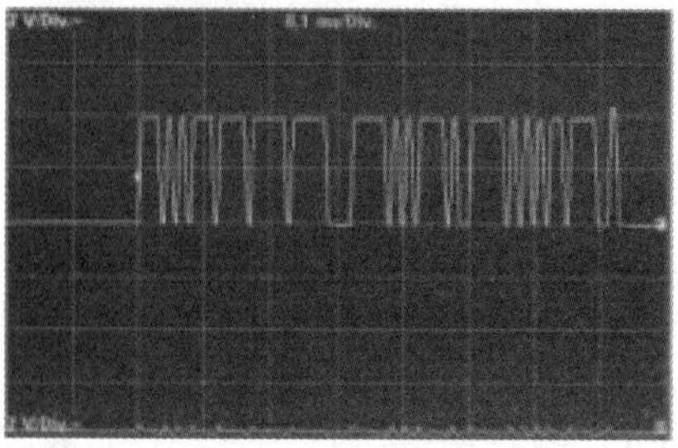

（续表）

故障模拟 CAN - H 对负极短路	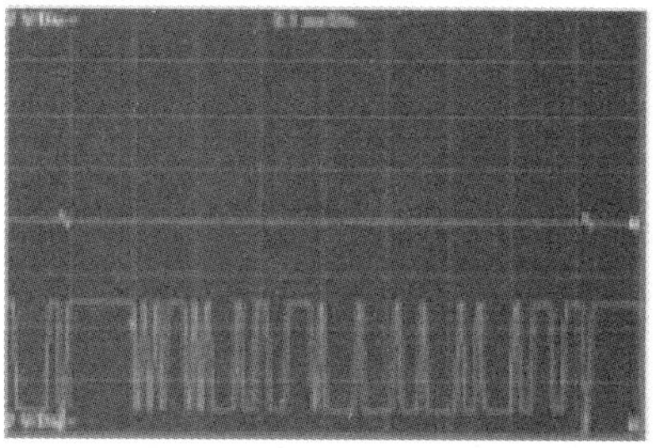
故障模拟 CAN - L 对 CAN - H 短路	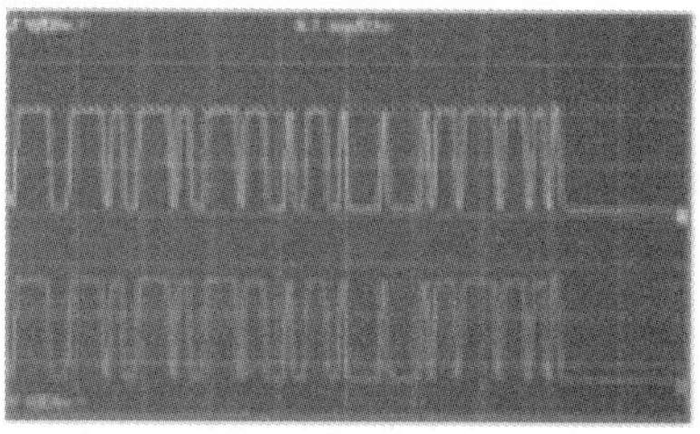
故障模拟 CAN - L 某控制单元断路	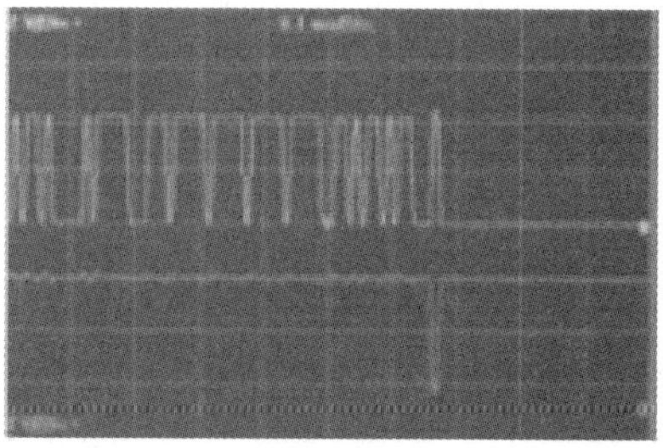
故障模拟 CAN - H 某控制单元断路	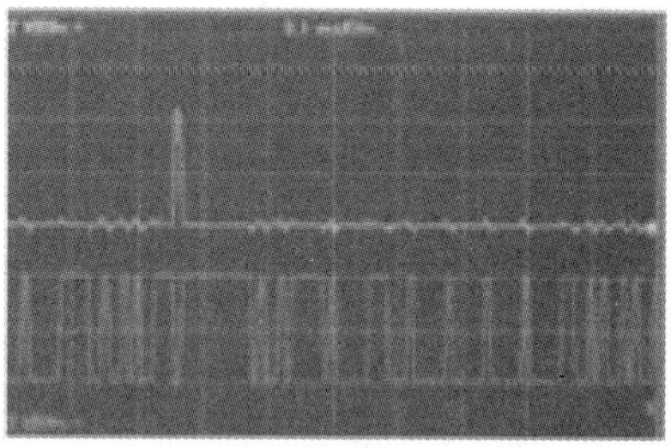
故障模拟某控制单元 CAN - L 与 CAN - H 接反	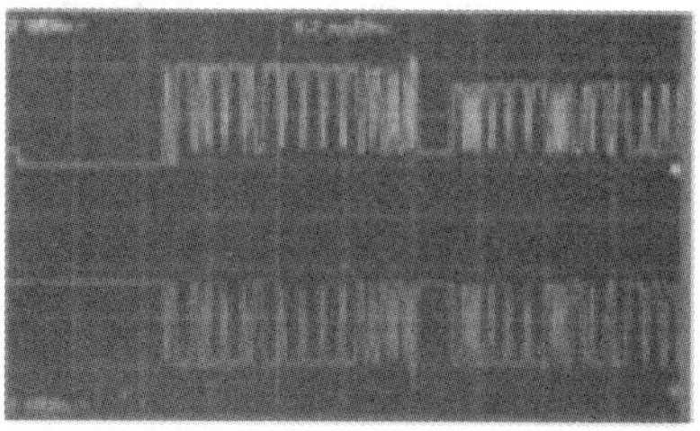

（二）项目二　CAN 网络诊断仪操作和 CAN 网络综合故障诊断（奥迪 A4L、A6L）

1. 项目目标

能够通过诊断仪进行 CAN 网络数据总线的诊断、维修和 CAN 网络综合故障诊断。

2. 项目内容

(1)通过引导型故障查询和自诊断分别在 J533 中读取,打开点火开关时各 CAN 网络上控制单元的数据状态,关闭点火开始时各 CAN 网络上控制单元的数据状态,并记录。

(2)查询维修手册找出并记录 A6L(C7)车型 CAN 网络总线的维修注意事项。运用专用工具 VAS1978B,修复一小段 CAN 数据线。

(3)以小组为单位讨论当网络拓扑图上指定的控制单元或总线出现故障时,车辆会出现的故障现象。

对应网络拓扑图的故障点,利用 1598/38 或者拔除相应电器元件模拟故障,观察故障现象是否与讨论结果一致(表 3-3)。

表 3-3 故障现象

故障	现象	A6L(C7)	A4L(B8)
拔掉 J533 15 号熔断丝	打开车门		
	打开点火开关		
	起动发动机		
	组合仪表亮		
	MMI 正常使用		
J104 CAN 线高低互短	起动发动机		
J285 CAN 线断路	组合仪表亮		
	MMI 正常使用		

(4)CAN 总线故障查找,使用两种方法解决当前车辆的总线故障:

① 不使用示波器,只用万用表和诊断仪来找到总线故障。

② 使用示波器和诊断仪来找到总线故障。

模块小结

(1)低速 CAN 总线的 CAN－H 线和 CAN－L 线间没有终端电阻,即高低 CAN 线不再彼此相互影响,而是彼此独立作为电源来工作。在隐性状态(静电平)时,CAN－H 线信号为 0V,在显性状态时≥3.6V。对于 CAN－L 信号来说,隐性电平为 5V,显性电平≤1.4V。

(2)低速系统 CAN 总线中收发器的结构工作原理与动力 CAN 总线收发器基本是一样的,只是输出的电压和出现故障时切换到 CAN－H 线或 CAN－L 线(单线工作模式)的方法不同,另外,CAN－H 线和 CAN－L 线之间的短路会被识别出来,并且,在出现故障时会关闭 CAN－L 驱动器,在这种情况下,CAN－H 线和 CAN－L 线信号是相同的;CAN－H 线的高电平为 3.6V,CAN－H 线的低电平为 0V;CAN－L 线的高电平为 5V,CAN－L 线的低电平为 1.4V;逻辑“0”:CAN 高线电压为 3.6V,CAN 低线电压为 1.4V。

(3)低速 CAN 总线 CAN 高线信号在总线空闲时的电压约为 0V,总线上有信号传输时,总线上的电压值在 0V 和 4V 之间高频波动,因此 CAN 高线的主体电压应是 0V,所以万用表的测量值为 0.35V 左右。同理,CAN 低线信号在总线空闲时的电压约为 5V,总线上有信号传输时,总线上的电压值在 5V 和 1V 之间高频波动,因此 CAN 低线的主体电压应是 5V,所以万用表的测量值为 4.65 左右。

思考与练习

(一)填空题

1. 舒适系统的低速 CAN,速率是________kb/s,主要是针对车身控制的,如车灯、车门、车窗等信号的采集以及反馈,其特征是信号多但实时性要求________,因此成本低。

2. 如果因断路、短路或与蓄电池电压相连而导致两条 CAN 导线中的一条不工作,那么就会切换到________。

3. 低速 CAN 收发器内的________检验两条 CAN 导线上的信号,如果出现故障(如某条 CAN 导线断路),就会识别出该故障。

4. 舒适 CAN 总线 CAN－H 是________色,CAN－L 是________色。

(二)判断题

1. 迈腾 B8L CAN 舒适系统的速率为 100kb/s。(　　)
2. 低速 CAN 在隐性状态时,CAN－L 线上的电压约为 0V。(　　)
3. 低速 CAN 在显性状态时,CAN－H 线上的电压约为 0V。(　　)
4. 低速 CAN 无单线工作模式。(　　)

(三)简答题

1. 什么是单线工作模式?
2. 简述舒适系统 CAN 总线和驱动系统 CAN 总线的区别。
3. 简要说明低速 CAN 数据总线系统的结构和工作原理。
4. 画出低速 CAN 总线的正常信号波形,并说明低速 CAN 总线信号特征。

考核工单

低速 CAN 系统检测考核工单

序号	考核项目	配分	评分标准(每项累计扣分不超过配分)
1	安全文明否决		造成人身、设备重大事故,或恶意顶撞考官、严重扰乱考场秩序,立即终止考试,此题计 0 分
2	工量具的选择及正确使用	15 分	(1)不能正确选择工量具,每次扣 3 分 (2)不能正确使用工量具,每次扣 3 分
3	低速 CAN 电压检测	20 分	(1)不能正确检测 CAN－H 线显性与隐性电压,每次扣 5 分 (2)不能正确检测 CAN－L 线显性与隐性电压,每次扣 5 分 不能判断检测结果,每次扣 3 分
4	低速 CAN 波形检测	45 分	(1)不能正确检测 CAN－H 线波形,扣 15 分 (2)不能正确检测 CAN－L 线波形,扣 15 分 (3)不能判断检测结果,每项扣 5 分
5	安全文明生产	20 分	(1)不穿工作服扣 1 分、不穿工作鞋扣 1 分,不戴工作帽扣 1 分 (2)不安装车漆表面防护布(罩)扣 1 分,不安装车内座椅防护套、转向盘套、变速杆套、地板衬垫,每项扣 0.5 分 (3)工量具与零件混放或摆放凌乱,每次每处扣 1 分 (4)发动车辆不接尾气排放管,每次扣 1 分 (5)不放置三角木,扣 1 分 (6)工量具或零件随意摆放在地上,每次扣 1 分 (7)垃圾未分类回收,每次扣 1 分 (8)竣工后未清理工量具,每次扣 1 分 (9)竣工后未清理操作过程中手接触过的车漆表面,每处扣 1 分 (10)竣工后未清理考核场地,每次扣 2 分 (11)不服从考官、出言不逊,每次扣 3 分
7	合计	100 分	

模块四　LIN 总线系统的检测与修复

学习目标

1. 掌握 LIN 总线信号的波形特点；
2. 掌握 LIN 数据总线的组成与工作原理；
3. 掌握 LIN 数据总线电压和波形的检测方法；
4. 掌握 LIN 网络的诊断流程；
5. 能说出 LIN 与 CAN 数据总线的区别；
6. 能用万用表对 LIN 数据总线进行测量并进行分析；
7. 能用示波器测量 LIN 总线数据波形并进行分析；
8. 能用诊断仪对 LIN 网络进行诊断。

学习内容

一、LIN 总线系统的认知

(一)LIN 总线简介

如图 4－1 所示为 2011 款奥迪 A6L 车辆车载电网控制单元 J519 应用的 LIN 总线系统。这里介绍 LIN 总线系统。

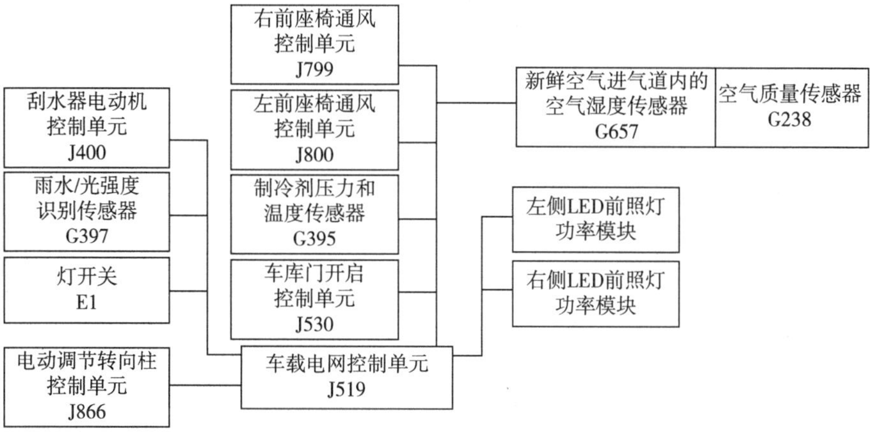

图 4－1　2011 款奥迪 A6L 车辆 LIN 总线系统

该 LIN 总线系统连接 12 块电脑，它们连接的是执行元件、传感器或控制单元。车载电网控制单元 J519 通过 LIN 线连接：刮水器电动机控制单元 J400、雨水/光强度识别传感器 G397、灯开关 E1、电动调节转向柱控制单元 J866、右前座椅通风控制单元 J799、左前座椅通风控制单元 J800、制冷剂压力和温度传感器 G395、车库门开启控制单元 J530、新鲜空气进气道内的空气温度传感器 G657、空气质量传感器 G238、左侧 LED 前照灯功率模块和右侧 LED 前照灯功率模块。

1. LIN 总线的含义

局部连接网络 LIN(Local Interconnect Network)是一个汽车底层网络协议。LIN 的目标是为现有汽车网络(例如 CAN 总线)提供辅助功能,因此,LIN 总线是一种辅助的串行通信总线网络,多用于不需要 CAN 总线的带宽和多功能的场合。LIN 典型的应用是车上传感器和执行器的联网。按 SAE 的车上网络等级标准,LIN 属于汽车上的 A 级网络。

自从 1998 年奥迪、宝马、克莱斯勒、摩托罗拉、博世等公司提出 LIN 总线通信协议以来。从某种意义上来讲,LIN 就是 CAN 的经济版通信网络,其可定位于低于 CAN 的通信层,其示意图如图 4-2 所示。

2. LIN 总线的特点

LIN 协议是以广泛应用的 SCI(UART)为基础定义的。它支持与这类产品的连接。LIN 采用单主/多从带信息标识的广播式信息传输方式,网络节点根据在通信中的地位分为主节点和从节点。从节点的同步不需要固定的时间基准。LIN 物理层是根据汽车故障诊断系统标准 ISO 9141 拟定的 12V 单总线(Single－Wire 12V Bus),满足汽车环境的 EMC、ESD 和抗噪声干扰要求。

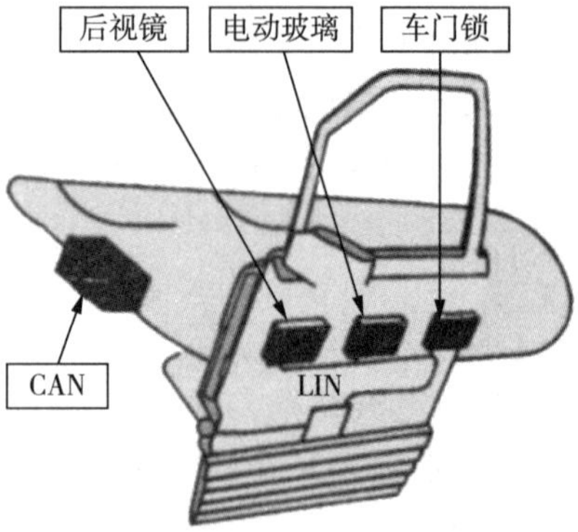

图 4-2　车门模块

LIN 总线的传输速率可达 20kb/s,通常一个 LIN 网络上节点数目小于 12 个,共有 64 个标识符。

LIN 系统的特点如下:

(1)单主/多从结构。

(2)基于 UART/SCI 接口的廉价硬件实现。

(3)从节点无振荡器的自同步功能。

(4)保证延时和信号传输的正确性。

(5)廉价的单总线结构。

(6)数据传输速度 20kb/s。

(7)一帧信息中数据长度为 2、4 或 8B。

(8)系统配置灵活。

(9)带同步的广播式发送/接收方式。

(10)数据累加和校验(Data-Checksum)及错误检测功能。

(11)故障节点的检测功能。

(12)廉价的单片元器件。传送途径(按 ISO 9141)为廉价的单线传送方式,最长可达 40m。

3. LIN 总线与 CAN 总线的比较

LIN 线与 CAN 总线关系密切,主要有以下两层关系:

1)CAN 总线负责各个 LIN 总线局域网之间的信息共享与资源控制调配

LIN 总线作为一种子总线系统,必须挂靠在主总线即 CAN 总线之下,受其支配,即 LIN 总线里的主控单元 ECU 只是 CAN 总线里的一个普通节点,CAN 总线负责各个 LIN 总线局域网之间的信息共享与资源控制调配,LIN 总线则负责管理具体的本局域网内部的几个智能执行器,可以理解为:CAN 总线为管理层,LIN 总线为执行层。

2)LIN 总线自诊断信息通过 CAN 总线传递

现在汽车都采用复杂的多 ECU 节点网络系统,汽车故障代码一般由网关读取。LIN 总线内某个执行器发生故障时,因不能和网关直接相连,执行器的故障码先发送给 LIN 主控单元,再由 CAN 总线转发该故障码,传送至网关,由诊断仪读取,因此,LIN 总线故障诊断离不开 CAN 总线。

4. LIN 总线的结构

LIN 的网络结构如图 4-3 所示,网络由一个主节点和多个从节点构成,主节点可以执行主任务也可以执行从任务,从节点只能执行从任务。总线上的信息传送由主节点控制。

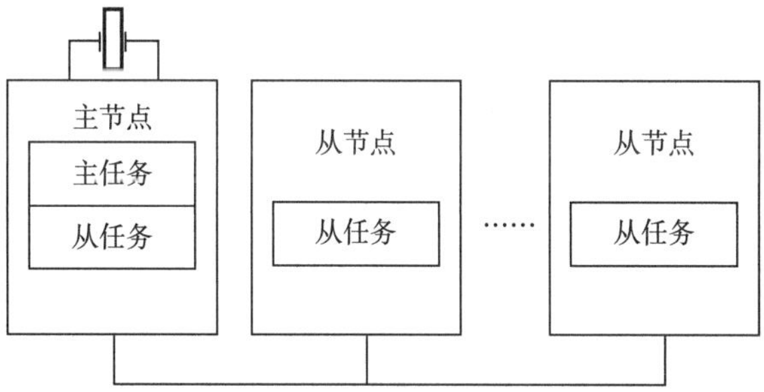

图 4-3　LIN 网络结构

5. LIN 总线的协议

一个 LIN 网络由一个主节点,一个或多个从节点组成。该通信任务分为发送任务和接收任务;主节点则有一个主发送任务。一个 LIN 网络上的通信总是由主节点的主发送任务所发起的,主控制单元发送一个起始报文,该起始报文由同步断点、同步字节、消息标识符所组成。相应地接受并且滤除消息标识符后,一个从任务被激活并且开始本消息的应答传输。该应答由 2(或 4 和 8)个字节数据和一个校验码所组成,起始报文和应答部分构成一个完整的报文帧。

LIN 系统中可以采用多种方式进行数据交换,主要有以下三种:

(1)由主节点到一个或多个从节点。

(2)由一个从节点到主节点或其他的从节点。

(3)通信信号可以在从节点之间传播，而不经过主节点或者通过主节点广播消息到网络中的所有的从节点。

在 LIN 系统中，加入新节点时，不需要其他从节点做任何软件或硬件的改动。LIN 和 CAN 一样，传送的信息带有一个标识符，它给出的是这个信息的意义或特征，而不是这个信息传送的地址。LIN 系统总线的电气性能对网络结构有很大的影响。网络节点数不仅受标识符长度的限制，而且受总线物理特性的限制。在 LIN 系统中，建议节点数不要超过 16 个，否则网络阻抗降低，在最坏工作情况下会发生通信故障。LIN 系统每增加一个节点大约使网络阻抗降低 3%。

每个节点与总线的接口如图 4－4 所示。电源与 LIN 总线间二极管的作用是：当 VBAT 为低时(本地节点断电或断路等)防止 LIN 总线驱动该节点的电源线(这将大大增加总线负载)。

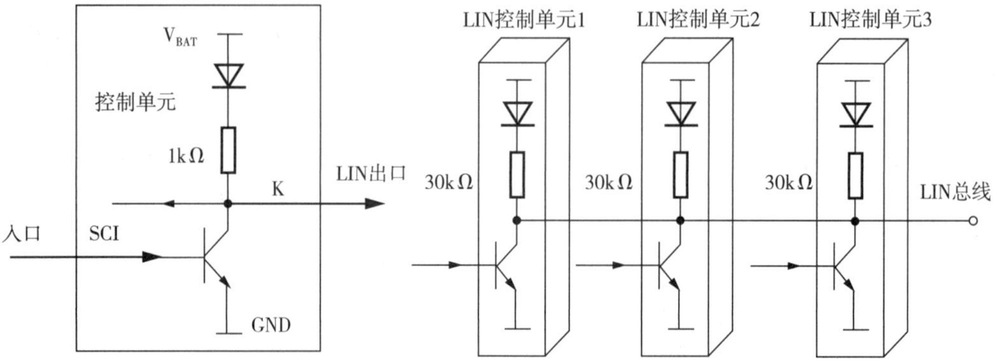

图 4－4　LIN 总线的接口

在示波器上看到的 LIN 网络线路电压记录如图 4－5 所示。

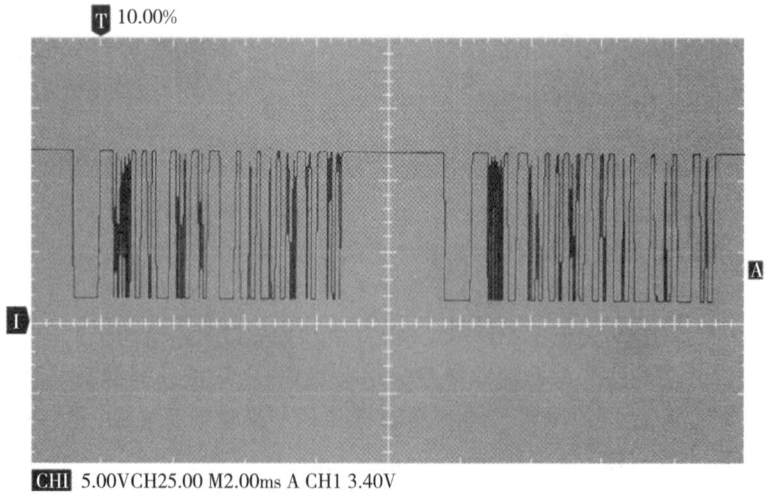

图 4－5　示波器上的 LIN 网络线路电压记录

LIN 系统支持休眠工作模式。当主节点向网络上发送一个休眠命令时，所有节点进入休眠状态，直到被唤醒之前总线上不会有任何活动。这时总线处于隐性状态，节点没有内部活动，驱动器处于接收状态。

(二)LIN 总线组成与工作原理

LIN 总线系统是单线式总线，底色是紫色，有标志色，该线的横截面面积为 $0.35mm^2$，无须屏蔽。该系统可让一个 LIN 主控制单元与最多 16 个 LIN 从控制单元进行数据交换。

1. LIN 总线主控制单元

LIN 总线主控制单元连接在 CAN 数据总线上，它执行 LIN 的主功能。其作用有：

(1)LIN 总线主控单元监控数据传递及其速率，发送信息标题。

(2)主控制单元的软件内已设定了一个周期，这个周期用于决定何时将哪些信息发送到 LIN 数据总线上多少次。

(3)该控制单元在 LIN 数据总线与 CAN 总线之间起沟通作用，它是 LIN 总线系统中唯一与 CAN 数据总线相连的控制单元。

(4)通过 LIN 主控制单元进行与之相连的 LIN 从控制单元的自诊断。

奥迪 A6L 轿车 LIN 总线内部组成示意图如图 4-6 所示。其中，有两个主控制单元，一个用于空调控制，另一个用于前部车顶模块。

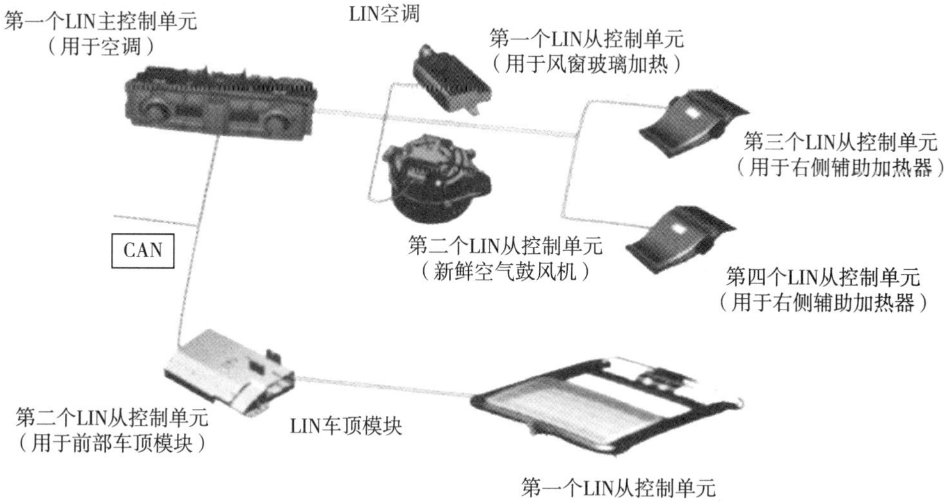

图 4-6　A6L 轿车 LIN 总线内部组成示意图

风窗玻璃加热器、新鲜空气鼓风机和两个辅助加热器是空调控制单元中的从控制单元；太阳车顶电动机是车顶模块中的从控制单元。

每个 LIN 总线最多可以连接 16 个从控制器，从控制器主要是接收或传送与主控制器的查询或指定有关的数据，图 4-7 所示为奥迪 A6L 轿车 CAN、LIN 总线与从控制器示意图。

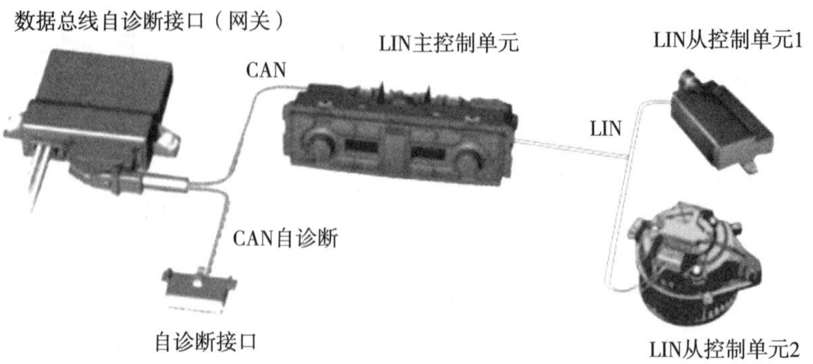

图 4-7　奥迪 A6L 轿车 CAN、LIN 总线与从控制器示意图

2. LIN 总线从控制单元

在 LIN 数据总线系统内，单个的控制单元(如新鲜空气鼓风机的)或传感器及执行元件(如水平传感器及防盗警报蜂鸣器)都可看作 LIN 从控制单元，如图 4-8 所示。注意，只有当 LIN 主控单元发送出标题后，传感器和执行元件才会反应。

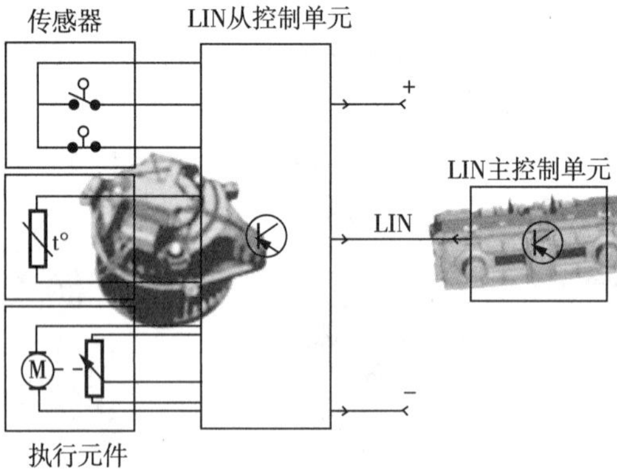

图 4-8　LIN 总线从控制器

传感器内集成有一个电子装置，该装置对测量值进行分析。数值是作为数字信号通过 LIN 总线传递的。有些传感器和执行元件只使用 LIN 主控制单元插口上的一个针脚。

LIN 执行元件都是智能型的电子或机电部件，这些部件通过 LIN 主控制单元的 LIN 数字信号接受任务。LIN 主控制单元通过集成的传感器来获知执行元件的实际状态，然后就可以进行规定状态和实际状态的对比了。

3. LIN 总线系统的数据传递与波形分析

数据传递速率为 1～20kb/s，在 LIN 控制单元的软件内已设定完毕，该速率最大能达到舒适 CAN 数据传递速率的五分之一，如图 4-9 所示。

1)信号

信号波形如图 4-10 所示。

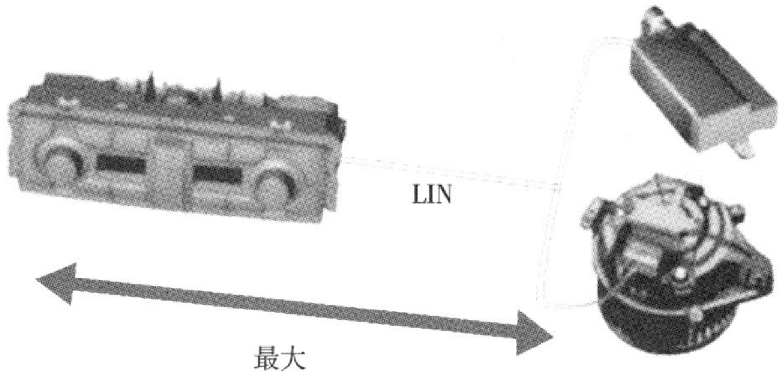

图 4－9　LIN 总线系统的数据传递

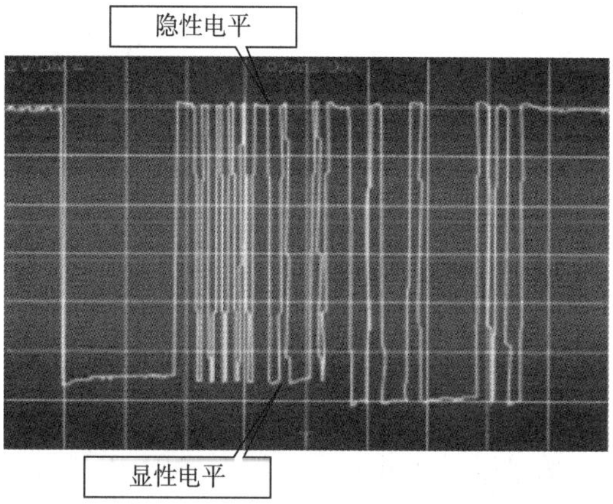

图 4－10　信号波形

隐性电平：如果无信息发送到 LIN 数据总线上或者发送到 LIN 数据总线上的是一个隐性位，那么数据总线导线上的电压就是蓄电池电压。

显性电平：为了将显性位传到 LIN 数据总线上，发送控制单元内的收发报机数据总线导线搭铁。

注意，由于控制单元内的收发报机有不同的型号，所以表现出的显性电平是不一样的。

2）传递安全性

在隐性电平和显性电平的收发时，通过预先设定公差来保证数据传输的稳定性，如图 4－11 所示。

为了能在有干扰辐射的情况下仍能收到有效的信号，接收的允许电压值要稍高一些，如图 4－12 所示。

3）信息

信息波形如图 4－13 所示。带有从控制单元回应的信息：LIN 主控制单元要求 LIN 从控制单元发送的信息标题内包含这样一些信息，如开关状态或测量值。该回应由 LIN 从控制单元来发送。

带有主控制单元命令的信息:LIN 主控制单元通过标题内的标志符要求 LIN 从控制单元使用包含在回应内的数据。该回应由 LIN 主控制单元来发送。

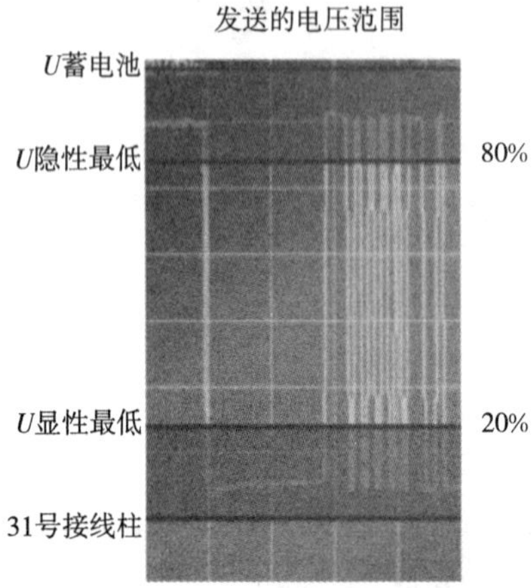

图 4 - 11　发送的允许电压范围

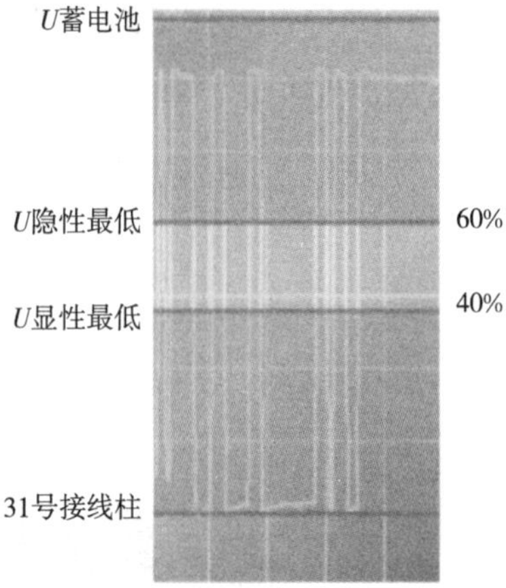

图 4 - 12　接收的允许电压范围

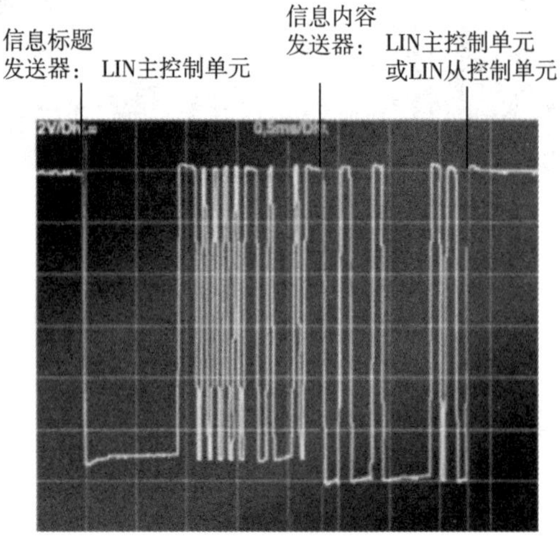

图 4 - 13　信息波形

4)信息标题

信息标题由 LIN 主控制单元按周期发送,信息标题分为四部分:同步暂停区、同步分界区、同步区、识别区,如图 4 - 14 所示。

同步暂停区:同步暂停区的长度至少为 13 位(二进制),它以显电平发送。这样才能准确地通知所有的 LIN 从控制单元有关信息的起始点的情况。其他的信息是以最长为 9 位(二进制)显位来一个接一个传递的。

同步分界区:至少为一位(二进制)长,且为隐性。

同步区:由 0101010101 这个二进制位序构成,所有的 LIN 从控制单元通过这个二进制位序来与 LIN 主控制单元进行匹配(同步)。所有控制单元同步对于保证正确的数据

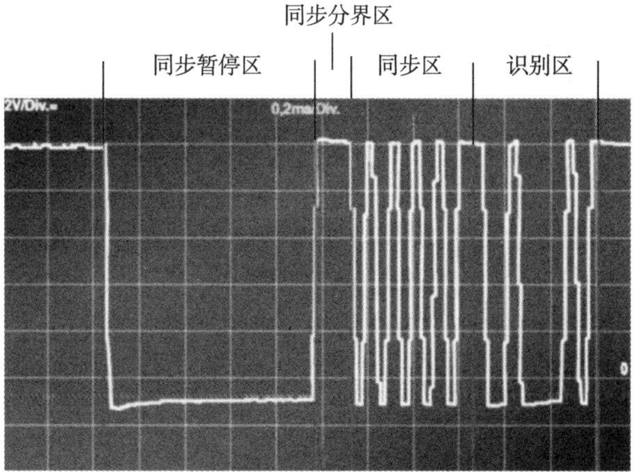

图 4－14　信息标题波形

交换是非常必要的。如果失去了同步性，那么按受到的信息中的某一数位值就会发生错误，该错误会导致数据传递错误。

识别区：识别区的长度为 8 位（二进制），头 6 位是回应信息识别码和数据区的个数。回应数据区的个数在 0～8。后两位是校验位，用于检查数据传递是否有错误。当出现识别码传递错误时，校验可防止与错误的信息适配。

5）信息内容（回应）

对于带有从控制单元回应的信息，LIN 从控制单元会根据识别码给这个回应提供信息，如图 4－15 所示。

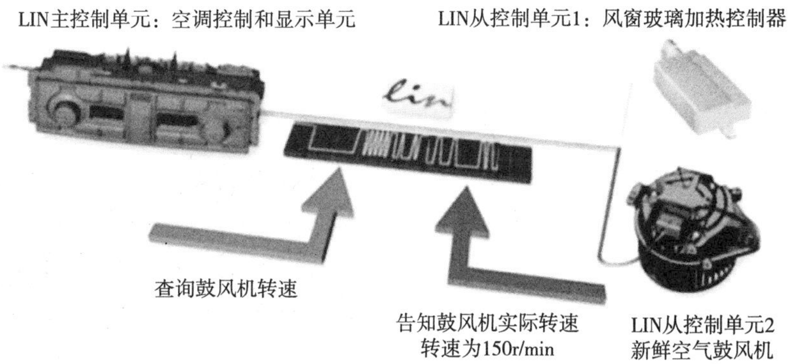

图 4－15　从控制单元给回应提供信息

对于主控制单元带有数据请求的信息，LIN 主控制单元会提供回应。根据识别码的情况，相应的 LIN 从控制单元会使用这些数据去执行各种功能，如图 4－16 所示。

这个回应由 1～8 个数据区构成，每个数据区是 10 个二进制位，其中一位是显性起始位，一个是包含信息的字节和一个隐性停止位。起始位和停止位是用于再同步，从而避免传递错误。波形如图 4－17 所示。

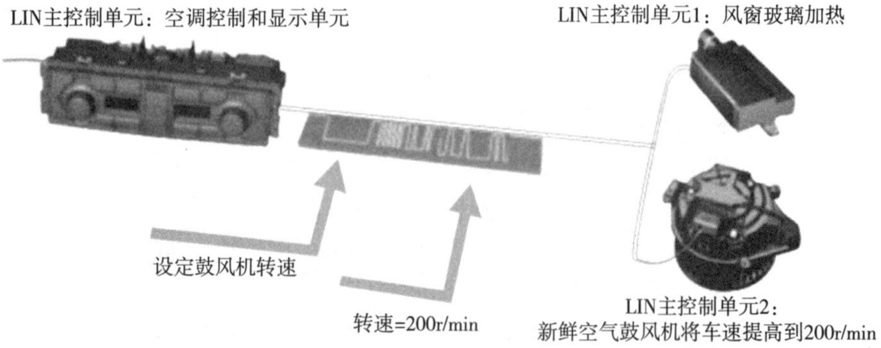

图 4－16　从控制单元使用数据执行各种功能

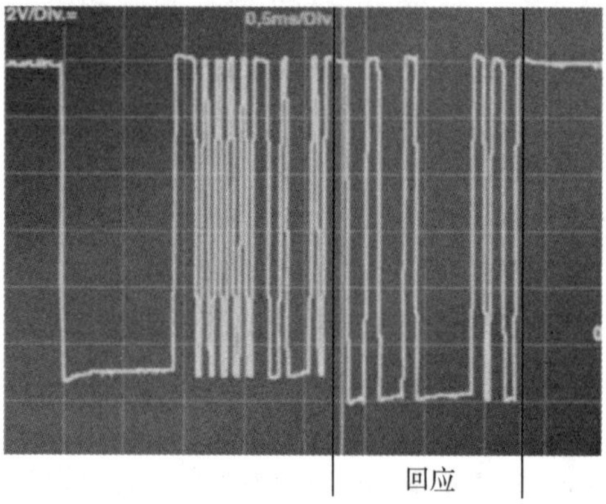

图 4－17　有回应的信息波形

6)信息的顺序

LIN 主控制单元的软件内已设定了一个顺序，LIN 主控制单元就按这个顺序将信息标题发送至 LIN 总线上(如是主信息，发送的是回应)。常用的信息会多次传递。

LIN 主控制单元的环境条件可能会改变信息的顺序。如：点火开关接通/关闭；自诊断已激活/未激活；停车灯接通/关闭。

为了减少 LIN 主控制单元部件的种类，主控制单元将装备车控制单元的信息标题发送到 LIN 总线上。如果没有安装专用设备控制单元，那么在示波器屏幕会出现没有回应的信息标题。但这并不影响系统的功能，如图 4－18 所示。

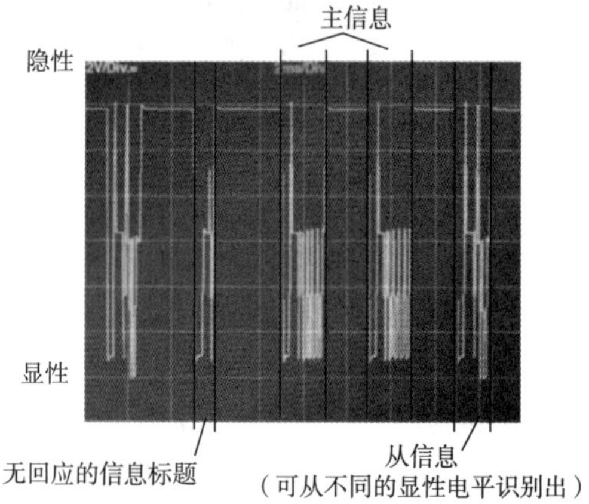

图 4－18　没有回应的信息波形

二、LIN 数据总线的检测

(一)LIN 数据总线电压的检测

LIN 总线可以采用数字万用表进行电压信号测试,大致判断数据总线的信号传输是否存在故障。用数字万用表在测量频率信号时,万用表具有分段采集和有效值运算的工作特性,因此,数字万用表的显示值只能反映被测信号的主体信号电压值,不能显示被测信号的每个细节。

LIN 线传输电压是 0～12V 的方波信号,使用万用表实际测量时,万用表测量的值一般是平均电压值,而且不同的 LIN 总线通信系统中,由于传输的数据通信方波信号数据格式存在差异,显性与隐性之间的比例也不一定相同,所以万用表显示在 0～12V 的一个电压数值都属于正常情况。

(二)LIN 数据总线波形的检测

1. 正常波形

使用 VAS6150 诊断仪,选择测量技术中的"数字存储示波仪(DSO)",即可进行波形测量,如图 4-19 所示。

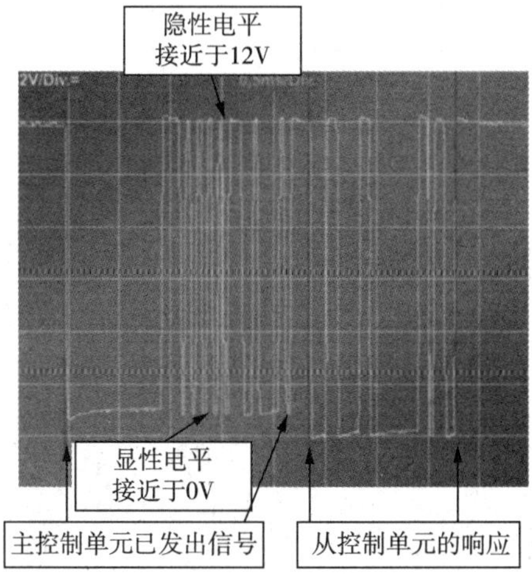

图 4-19　波形测量

信号分析:

(1)为了获得较清晰的波形,建议将电压轴和时间轴分别设置为 2V 左右和 500μs 左右。

(2)隐性电平:如果无信息发送到 LIN 数据总线上或者发送到 LIN 数据总线上的是一个隐性位,那么数据总线导线上的电压就是蓄电池电压。

(3)显性电平:为了将显性位传到 LIN 数据总线上,发送控制单元内的收发报机数据总线导线搭铁。

2. 故障波形

1)LIN 线对正短路故障

用示波器测出波形如图 4-20 所示。

2)LIN 线对搭铁短路故障

用示波器测出波形如图 4-21 所示。

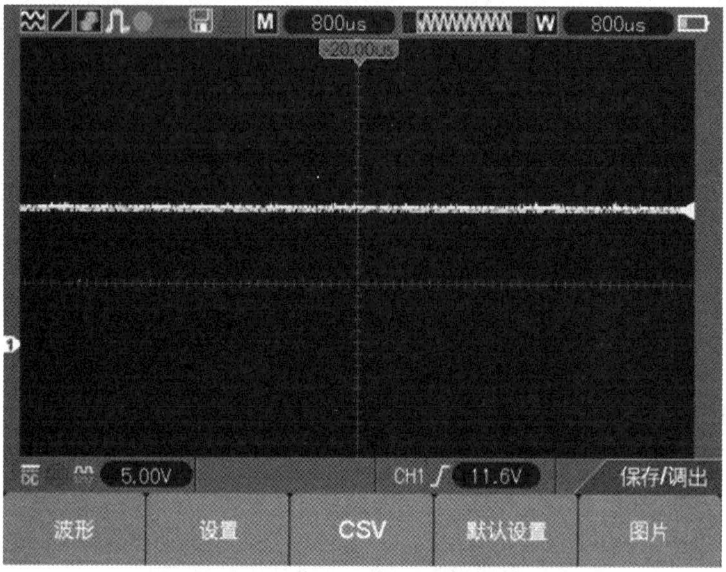

图 4-20　LIN 信号对正短路波形

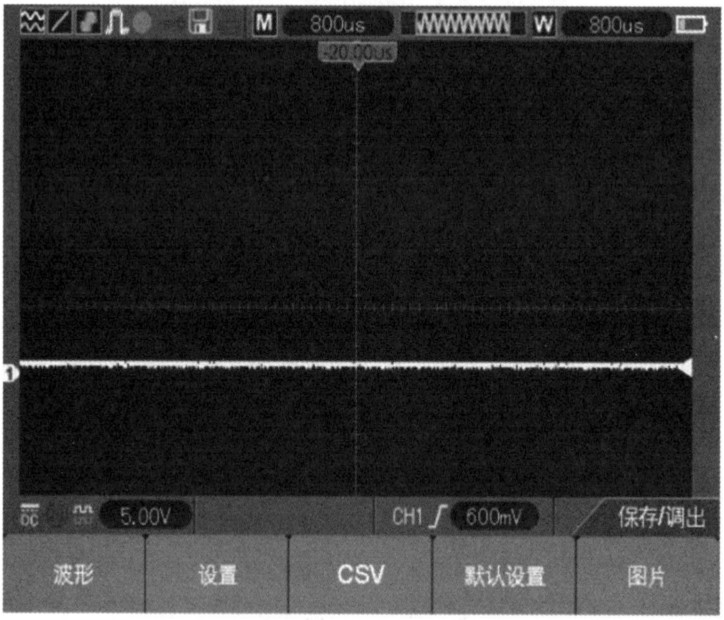

图 4-21　LIN 信号对搭铁短路波形

三、LIN 总线的故障诊断

(一)LIN 网络的故障

因为 LIN 网络没有容错功能,所以当 LIN 网络出现故障后相关的功能会失效。但如果是从节点故障或支路断路，则不会影响主节点与其他节点的通讯。

一般而言，引起 LIN 网络故障的原因有：

(1)节点的供电或搭铁故障。

(2)节点本身硬件故障。

(3)总线短路或断路故障。

LIN 总线短路故障现象较简单，易判断，不管是正极短路还是负极短路都会导致整个 LIN 总线局域网瘫痪，所有该 LIN 总线局域网电器都不可用；LIN 总线断路故障现象也较为简单，如图 4-22 所示，A 点干路故障将导致从控单元 1 风窗玻璃加热装置和从控单元 2 鼓风机都不可用，断在 B 点与 C 点支路则导致相关支路电器不可用。

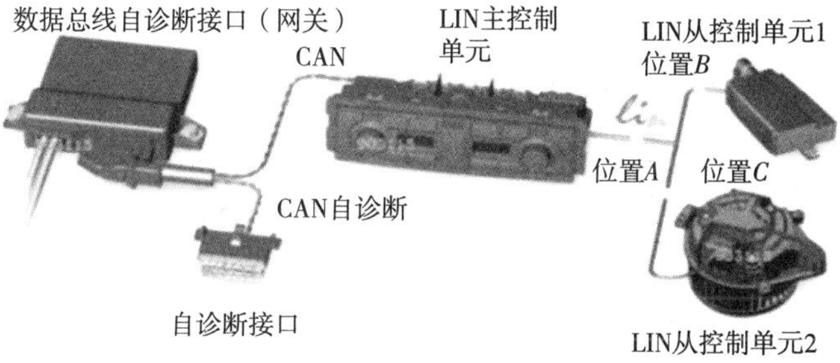

图 4-22　LIN 总线断路故障

对 LIN 总线系统的诊断是通过 LIN 主控制单元的地址字进行的。LIN 总线将诊断数据从 LIN 从属控制单元传送到 LIN 主控制单元，所有 LIN 从属控制单元都可以执行自诊断功能。LIN 总线故障原因主要有搭铁或电源短路、线路断路。

(二)LIN 网络的诊断流程

对 LIN 网络系统进行诊断时，也应按照确认故障、收集信息、分析故障信息、形成方案、排查故障、确认故障修复的“故障诊断六步法”进行。

1)确认故障

一部 2007 款奥迪 A6L、4.2L、BVJ 发动机，行驶 5 万 km，事故修复后前风窗玻璃刮水器不工作。

2)收集信息：连接诊断仪 VAS5053

读取故障代码：①进入 J527 转向柱开关控制单元读取故障代码，显示没有故障代码；②再进入 J519 车载电网控制单元读取故障代码，也没有故障代码显示。

选择数据流：①进入 J527 转向柱控制单元选取刮水器开关，查看数据流，当拨动刮水器开关时，数据显示刮水器信号：ON；②继续进入 J519 车载电网控制单元，读取数据流，刮水器功能信号显示：ON，说明车载网络单元也收到了刮水器的信号。

部件功能测试：进入 J519 车载电网控制单元，进行功能测试，当输入刮水器开关信号，刮水器电动机工作。

3)分析故障信息

(1)J527 和 J519 都未存有故障代码，说明可控制单元是正常的。

(2)J527 和 J519 数据流看，说明开关和控制单元正常。

(3)J519 功能测试刮水器电动机正常工作,由此说明 J400 刮水器电动机单元没有问题。

问题可能出在车载电网控制单元 J519。由于车载网络控制单元 J519 并没有故障代码储存,说明是 J519 检测到某一个不良的禁止信号,然后关闭了刮水器工作功能。

因此,刮水器的开关信号到达 J519,J519 切断了刮水器电动机工作信号的输出。

是什么信号促使 J519 切断刮水器工作信号呢?

4)形成方案

此车在事故前刮水器工作正常,只是事故碰撞后,刮水器就不工作了,事故并没有撞到刮水器,维修过程中也没有拆过刮水器,说明与事故无关,事故只是将发动机舱盖碰撞,那么发动机舱盖是否会影响到刮水器的功能呢?

5)排查故障

查看电路图,发现 J519 有发动机舱盖接触开关信号输入,检查发动机舱盖内,发现发动机舱盖位置开关由于碰撞已经变形。(由于车载网络设置有刮水器保护功能,当发动机舱盖没有关闭,或发动机舱盖故障引起发动机舱盖位置不正确,将关闭刮水器功能)

6)确认故障修复

修复发动机舱盖位置开关,拨动刮水器开关,刮水器电动机工作,刮水器正常,故障排除。

技能实训

(一)项目一 LIN 网络的测量

1. 项目目标

能够掌握 LIN 网络的测量及结果的分析。

2. 项目内容

(1)参考自学手册,画出 LIN 线波形,标明隐/显性电压。

(2)找到一个适合测量 LIN 总线的节点,分别测量在正常状态、对正极短路、对负极短路及断路时的波形、电压及 LIN 从控制单元的通信情况(表 4-1)。

表 4-1　通信情况

项目	正常状态	对正极短路	对负极短路	断路
波形				
电压				
LIN 从控制单元通信情况				

(二)项目二　LIN 网络的综合故障检测

1. 项目目标

能够分析和应用 LIN 网络的故障。

2. 项目内容

LIN 总线故障查找,使用 2 种方法解决当前车辆的总线故障:

① 不使用示波器,只用万用表和诊断仪来找到总线故障,并写出故障排除步骤。

② 使用示波器和诊断仪来找到总线故障,并写出故障排除步骤。

模块小结

(1)LIN 线与 CAN 总线关系密切,主要有以下两层关系:①CAN 总线负责各个 LIN 总线局域网之间的信息共享与资源控制调配;②LIN 总线自诊断信息通过 CAN 总线传递。

(2)LIN 的网络由一个主节点和多个从节点构成,主节点可以执行主任务也可以执行从任务,从节点只能执行从任务。总线上的信息传送由主节点控制。

(3)LIN 的信号波形。隐性电平:如果无信息发送到 LIN 数据总线上或者发送到 LIN 数据总线上的是一个隐性位,那么数据总线导线上的电压就是蓄电池电压。显性电平:为了将显性位传到 LIN 数据总线上,发送控制单元内的收发报机数据总线导线搭铁。

(4)LIN 信息。带有从控制单元回应的信息:LIN 主控制单元要求 LIN 从控制单元发送的信息标题内包含这样一些信息,如开关状态或测量值。带有主控制单元命令的信息:LIN 主控制单元通过标题内的标志符要求 LIN 从控制单元使用包含在回应内的数据。

(5)LIN 网络故障的原因有:节点的供电或搭铁故障;节点本身硬件故障;总线短路或断路故障。

思考与练习

(一)填空题

1. LIN 总线速率达到________kb/s,它被称为是________系统的子网。

2. 每个 LIN 总线最多可以连接________个从控制器。

3. LIN 总线的显性电平是________,表示逻辑________;隐性电平是________,表示逻辑________。

4. LIN 总线的一个信息帧由________和________两部分构成。

5. LIN 信息内容有两种:一是由主控制单元发出的________;二是从控制单元根据识别码给主控制单元回应提供的________。

(二)判断题

1. LIN 总线主控制单元连接在 CAN 数据总线上,它执行 LIN 的主功能。(　　)

2. LIN 从控制单元是 LIN 总线系统中唯一与 CAN 总线相连的控制单元。(　　)

3. LIN 从控制单元有自诊断功能。(　　)

4. LIN 总线通过预先设定信号电压公差来保证数据传输的稳定性。(　　)

(三)简答题

1. 简述 LIN 总线系统的特点及应用。

2. 简述 CAN 总线系统和 LIN 总线系统的区别。

3. 简述 LIN 信息标题的四部分组成及作用。

4. 画出 LIN 总线的正常信号波形,并说明 LIN 总线信号特征。

考核工单

LIN 总线检测考核工单

序号	考核项目	配分	评分标准(每项累计扣分不超过配分)
1	安全文明否决		造成人身、设备重大事故,或恶意顶撞考官、严重扰乱考场秩序,立即终止考试,此题计 0 分
2	工量具的选择及正确使用	15 分	(1)不能正确选择工量具,每次扣 3 分 (2)不能正确使用工量具,每次扣 3 分
3	LIN 总线电压检测	20 分	(1)不能正确检测 LIN 线显性与隐性电压,每项扣 5 分 (2)不能判断检测结果,每次扣 3 分
4	LIN 总线波形检测	45 分	(1)不能正确检测 LIN 线波形,扣 15 分 (2)不能判断检测结果,每项扣 5 分

（续表）

序号	考核项目	配分	评分标准(每项累计扣分不超过配分)
5	安全文明生产	20 分	(1)不穿工作服扣 1 分、不穿工作鞋扣 1 分,不戴工作帽扣 1 分 (2)不安装车漆表面防护布(罩)扣 1 分,不安装车内座椅防护套、转向盘套、变速杆套、地板衬垫,每项扣 0.5 分 (3)工量具与零件混放或摆放凌乱,每次每处扣 1 分 (4)发动车辆不接尾气排放管,每次扣 1 分 (5)不放置三角木,扣 1 分 (6)工量具或零件随意摆放在地上,每次扣 1 分 (7)垃圾未分类回收,每次扣 1 分 (8)竣工后未清理工量具,每次扣 1 分 (9)竣工后未清理操作过程中手接触过的车漆表面,每处扣 1 分 (10)竣工后未清理考核场地,每次扣 2 分 (11)不服从考官、出言不逊,每次扣 3 分
7	合计	100 分	

模块五　MOST 总线系统的检测与修复

学习目标

1. 掌握 MOST 网络系统的应用范围及类型；
2. 掌握 MOST 网络系统的拓扑结构、组成及工作原理；
3. 掌握 MOST 总线系统的诊断流程；
4. 能够借助车型电路图绘制 MOST 网络拓扑结构图；
5. 能结合实车说出 MOST 网络系统的部件及连接关系；
6. 能用诊断仪对 MOST 总线系统进行诊断；
7. 能诊断并排除 MOST 总线系统的典型故障。

学习内容

一、MOST 总线的认知

(一)光纤式 MOST 总线系统

1. MOST 总线系统的定义与类型

多媒体定向系统传输(Media Oriented Systems Transport,MOST)。它是媒体信息传送的网络标准,可高效传输音频、视频、数据包和控制数据。凭借 MOST 的超快速网络启动功能,终端用户可以即时访问车载信息娱乐系统。大部分车型的 MOST 网络通常使用光纤传输数据,也有部分车型如通用和丰田采用 Microchip MOST50 INIC 产品,该产品使用 UTP(非屏蔽双绞线)铜线硬件架构,该架构与高速 GMLAN 的相同,最高速度可达 50Mb/s,同时可大幅降低生产成本。

2. 光纤式 MOST 总线系统特征

光纤式 MOST 网络系统采用塑料光缆(POF)进行信息传输的 MOST 网络,将音响装置、电视、全球定位系统以及电话等视频、音频和多媒体设备相互连接起来。具有以下基本特征:

(1)按照速度的不同有 MOST25、MOST50、MOST150 三种规格,分别对应25Mb/s、50Mb/s、150Mb/s 三种不同的传输速率,早期的车型使用 MOST25 网络构架,最高速率为 25Mb/s,大众、沃尔沃、奥迪、奔驰等最新车型使用 MOST150 构架,最高速率可达 150Mb/s。

(2)无论是否有主控计算机都可以工作。

(3)使用 POF(Plastic Optical Fiber)优化信息传送质量。

(4)支持声音和压缩图像的实时处理。

(5)支持数据的同步和异步传输。

(6)发送/接收器嵌有虚拟网络管理系统。

(7)支持多种网络连接方式。

(8)不受电磁干扰。

采用光学 MOST 进行数据传输与采用导线进行数据传输的区别见图 5-1。首先各控制元件将电磁脉冲信号转化为光脉冲信号,传送到光纤上,而后相应的接收电脑又将光脉冲信号转换回电磁脉冲信号,完成数据传输和控制功能。

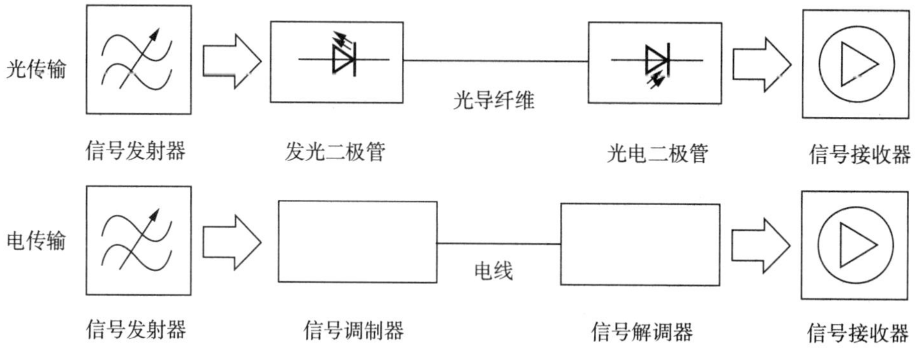

图 5-1　光传输与电传输的区别

3. 光纤式 MOST 基本结构及工作状态

1)MOST 总线的拓扑结构

如图 5-2 所示,MOST 总线系统采用环形拓扑结构。控制单元通过光导纤维沿环形方向将数据发送到下一个控制单元。这个过程一直在持续进行,直至首先发出数据的

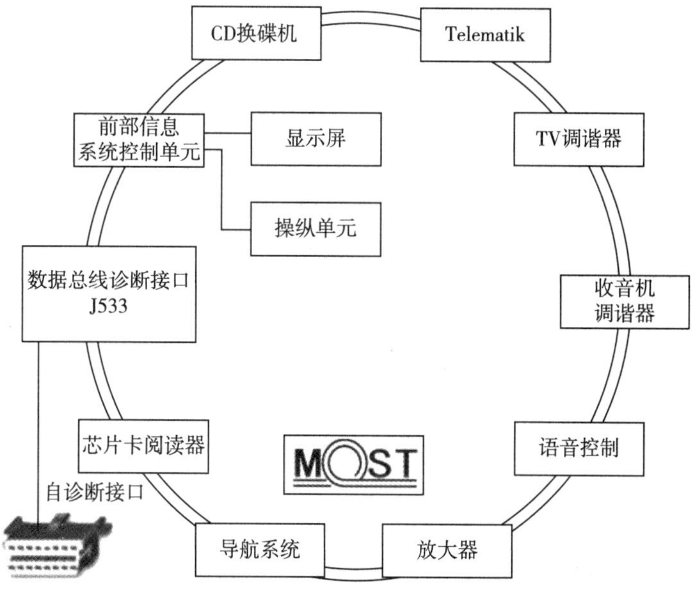

图 5-2　MOST 总线拓扑结构

控制单元又接收到这些数据为止。可以通过数据总线自诊断接口和诊断 CAN 总线来对 MOST 系统进行故障诊断。

在 MOST 总线中，一个控制单元拥有两根光导纤维，一根光导纤维用于发射器，一根光导纤维用于接收器。在 MOST 控制单元中进行纯粹的光导纤维连接。每个终端设备（节点、控制单元）在一个具有环形结构的网络中通过光导纤维相互连接，如图 5-3 所示。音频、视频、控制等数据信息在环形总线上循环。

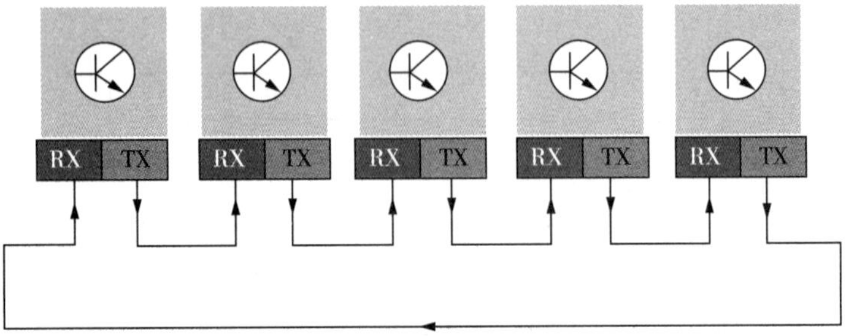

图 5-3　信息在 MOST 环形网络中的传输

RX—接收器；TX—发射器

2）光纤式 MOST 总线的结构组成

基本的 MOST 由光学控制单元和光导纤维组成，如图 5-4 所示。光学传输控制单元由内部供电装置、收发单元——光导发射器（FOT）、光波收发器、标准微控制器（CPU）、专用部件等组成，其中收发单元由一个光电二极管和一个发光二极管构成。

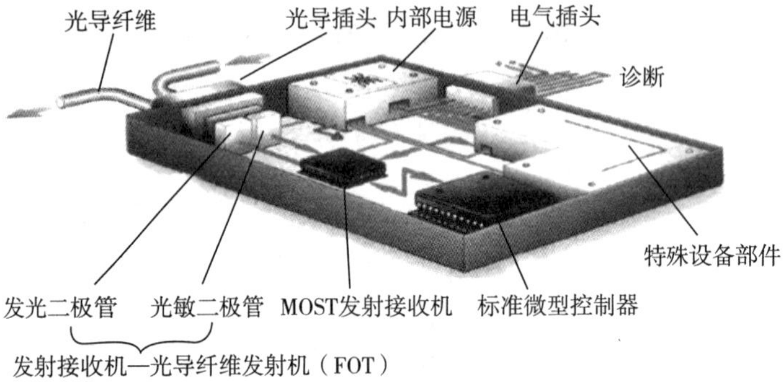

图 5-4　光学控制单元内部结构

（1）光导发射器 FOT。光导发射器由一个光电二极管和一个发光二极管组成，发光二极管可以把 MOST 发射接收机中的电压信号转化为光信号发送出去。光电二极管可以将接收到的光信号转化为电压信号后传递给 MOST 发射接收机。实现光—电信号之间的转化。

（2）MOST 发射接收机。MOST 发射接收机由发射器和接收器两个部件组成。发射器将需要被发送的信息以电压信号传输到光线导体。接收器从光纤发射机接收电压信号并将需要的数据继续导向控制单元的标准微型控制单元（CPU）。

（3）电气插头。电气插头用于供电、环断路自诊断和输入/输出信号。

(4)光导纤维。光导纤维(亦称光缆)的作用是将在某一控制单元发射器内产生的光波传送到另一控制单元的接收器,如图 5-5 所示。

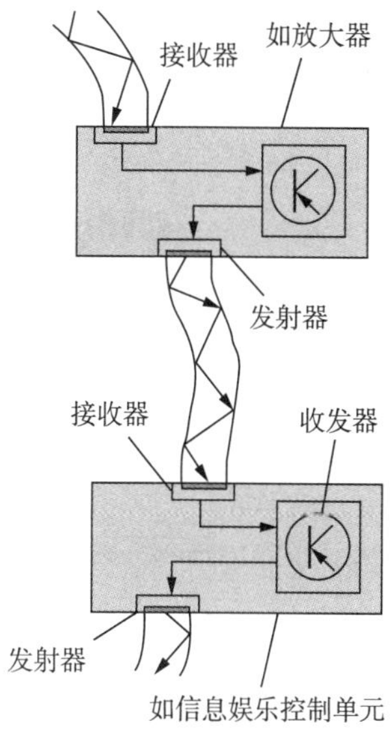

图 5-5　光导纤维传输光信号的过程

光导纤维由几层构成,其结构如图 5-6 所示。纤芯是光导纤维的核心部分,是光波的传输介质,也可以称为光波导线。纤芯一般用有机玻璃或塑料制成,纤芯内的光波根据全反射原理几乎无损失地传输。

光波利用全反射原理在光导纤维中传输,在直的光导纤维中,光波是按全反射原理在纤芯表面以 Z 字形曲线传输的。全发射原理如图 5-7 所示。光纤的折弯半径必须小于 25mm,如果折弯过度就会造成信号损失。

3)MOST 网络工作状态和启用过程

(1)休眠模式。当系统处于休眠状态时,MOST 总线内没有数据交换,静态电流降至最小值,系统处于待命状态,只能由系统管理器发出的光波启动脉冲来激活,如图 5-8 所示。

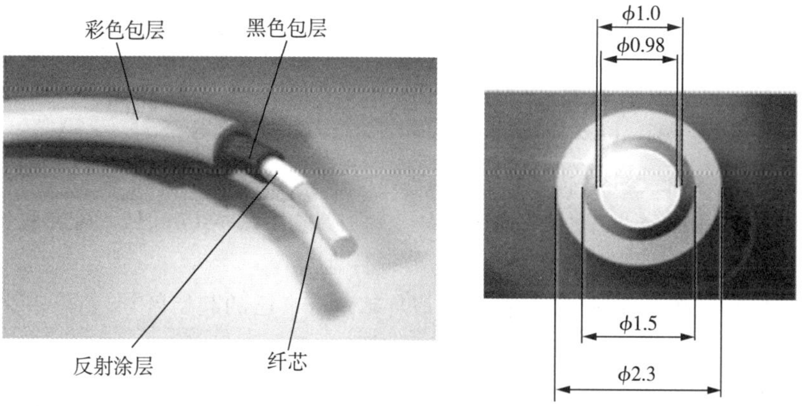

图 5-6　光导纤维的结构

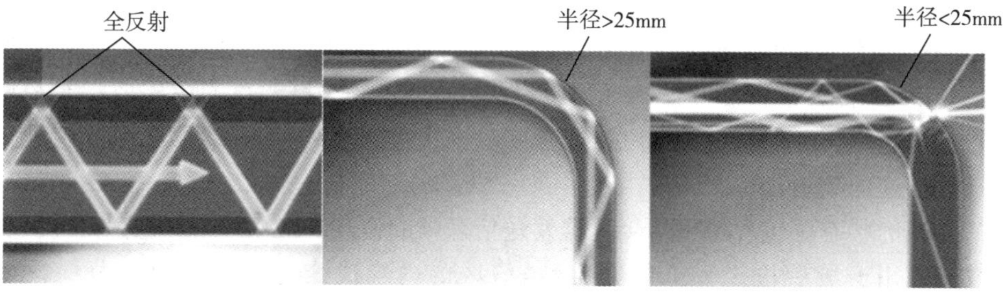

图 5-7　光波全发射原理

(2)备用模式。当 MOST 总线系统处于备用模式时,无法为用户提供任何服务,不显示图像也不发出声音,但这时 MOST 总线系统仍在后台运行,如图 5-9 所示。

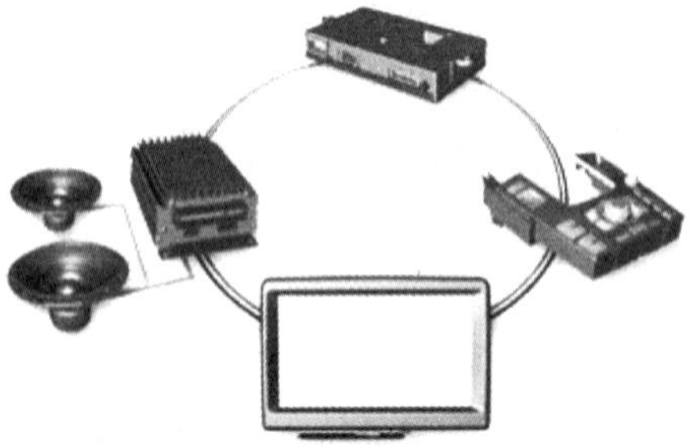

图 5-8　MOST 系统的休眠模式

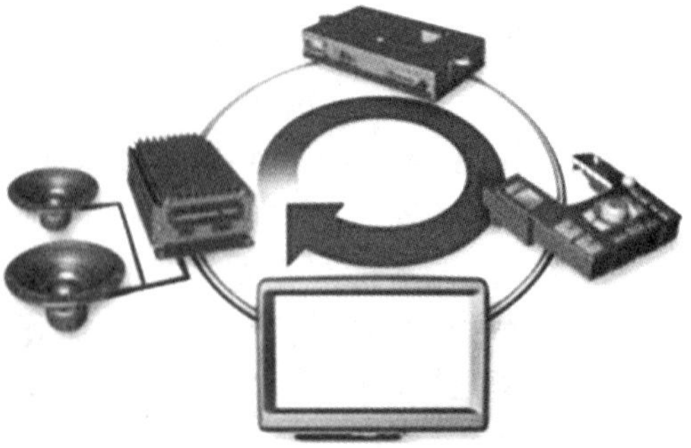

图 5-9　MOST 系统的备用模式

(3)通电工作模式。当 MOST 总线系统处于通电工作模式时,控制单元完全接通,MOST 总线上有数据交换,用户可使用影音娱乐、通信、导航等所有功能,如图 5-10 所示。

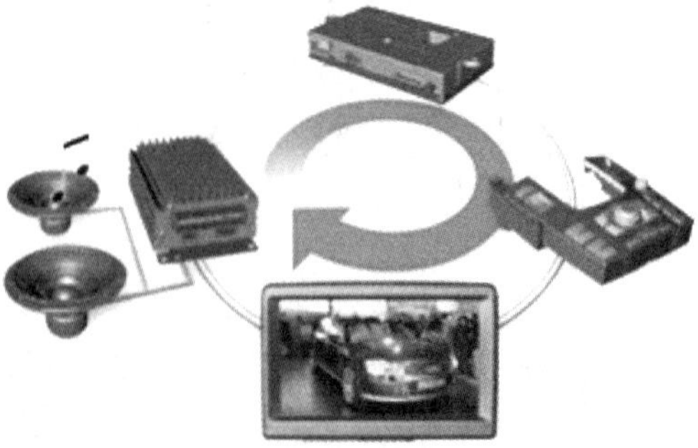

图 5-10　MOST 系统的工作模式

4. 光学 MOST 系统数据传输

1)MOST 数据结构

在 MOST25 系统的数据中,一个信息帧的大小为 64B,可分成起始区、分界区、数据区、校验区、状态区、奇偶校验器等几个部分,如图 5-11(a)所示。而在最新的 MOST150 系统数据中,一个信息帧的大小为 388B,能提供更加快速的数据传递。

起始区表示一个信息帧的开始,每段信息帧都有自己的起始区,起始区占用 4b。

分界区用于区分起始区和即将到来的数据区。

一个数据区最多可以传递 60B,用来传输同步数据和异步数据。数据的分配是可变的,同步数据主要包含声音和视频信息,数据为 24～60B,同步数据传递具有优先权。异步数据一般为 0～36B,主要用于传递图片、文字和计算信息。数据区的结构见图 5-12。

第一校验字节和第二校验字节用来传递发射器和接收区的地址标识符和接收器的控制指令(如声音大小调节)。一个信息组中的校验字节在控制单元内汇成一个校验信息帧,校验信息帧含有控制和诊断数据,这些数据由发射器传递至接收器,是根据地址标识符进行传递的数据。

信息帧的状态区包含用于给接收器发送信息帧的信息。

校验区用于最后检查数据的完整性,该区的内容决定是否需要再重复一次发送信息。

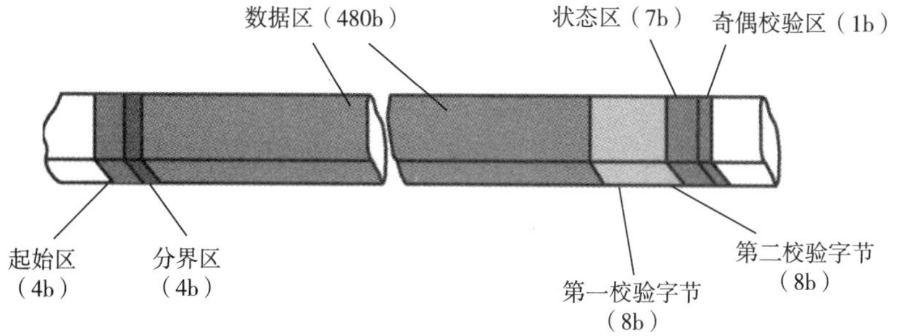

（a）MOST25的数据结构

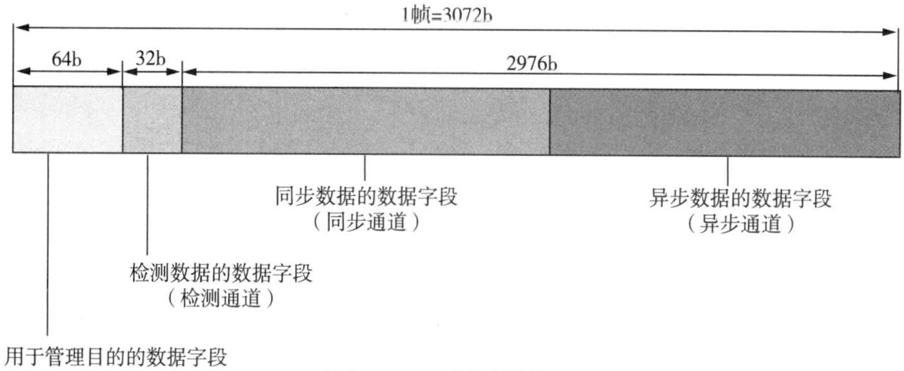

（b）MOST150的数据结构

图 5-11 MOST 数据结构

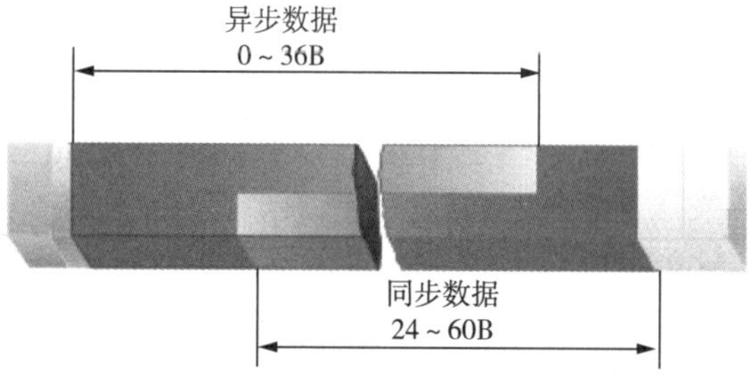

图 5-12 数据区的结构

2)MOST 数据传输

(1)MOST 系统的唤醒。

MOST 系统的工作过程分为启动(唤醒)和数据传输两个阶段。如果 MOST 总线处于休眠模式，首先须通过唤醒过程将系统切换到备用模式。如图 5-13(a)所示，如果某一控制单元(系统管理器除外)唤醒了 MOST 总线，那么该控制单元就会向下一个控制单元发射一种专门调制的光信号。该唤醒过程一直进行到系统管理器为止，系统管理器根据传来的伺服光来识别是否有系统启动的请求。

接下来系统管理器将向下一个控制单元发送一种专门调制的主光，这个主光由所有控制单元继续传递，光导发射器(FOT)接收到主光后，系统管理器就可以识别出环形总

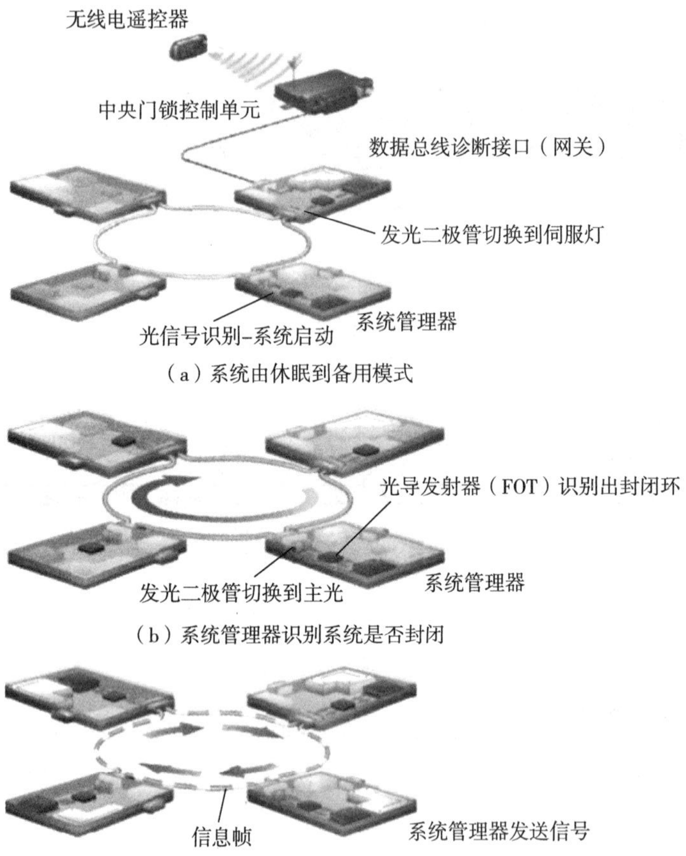

（a）系统由休眠到备用模式

（b）系统管理器识别系统是否封闭

（c）系统传递信息

图 5－13　MOST 系统的唤醒过程

线已经形成闭环，可以发送信息帧。

首批信息帧要求 MOST 总线上的控制单元提供标识符，系统管理器可以根据标识符向环形总线上所有控制单元发送实时顺序，并依据地址进行数据传递。诊断管理器将报告上来的控制单元与所安装的控制单元存储表进行对比，如果实际配置与规定配置不相符，诊断管理器就会存储相应的故障。整个唤醒过程到此结束，系统开始传递数据。

(2)MOST 总线的数据传输。

数据传输过程中，音频和视频作为同步数据的传递，如图 5－14 所示。首先，用户通过多媒体操纵单元 E380 和信息显示单元 J685(图中未示出)来选择 CD 上的曲目。操纵单元 E380 通过一根数据导线将控制信号传给前部信息控制单元 J523(系统管理器)。然后系统管理器在不断发送的信息帧内加入一个带有以下校验数据的信息组。

① 发射器地址——前部信息控制单元 J523。

② 数据源的接收器地址——CD 机。

③ 控制指令——播放第 10 个曲目。

④ 分配传送通道——CD 机(数据源)确定数据区中有哪些字节可以用于传送数据，

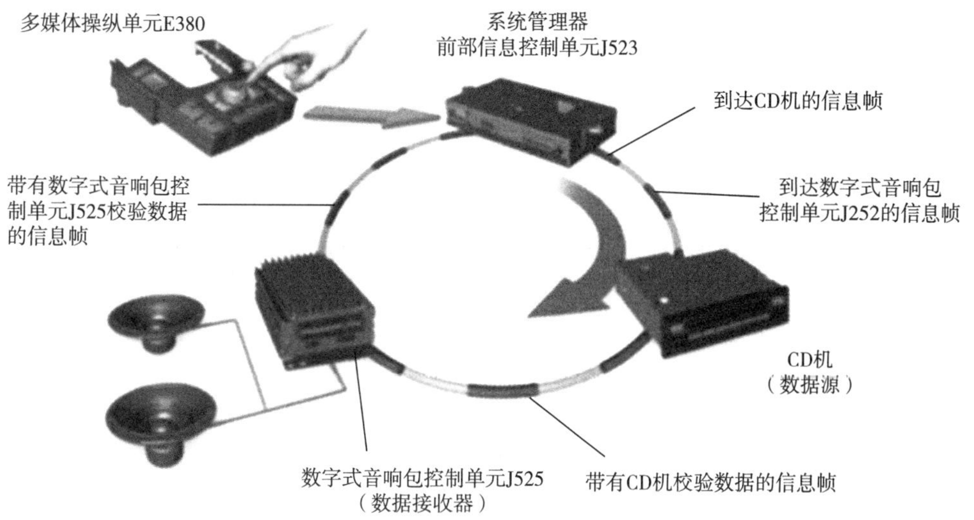

图 5-14 MOST 同步数据传输

然后加入带有以下校验数据的信息组。

⑤ 信息源发射器地址——CD 机环形位置(取决于装备情况)。

⑥ 系统管理器的接收器地址——前部信息控制单元 J523。

⑦ 控制指令——CD 的数据传送到通道 01、02、03、04(立体声)。

之后,数字式音响控制单元 J525 就可以按照用户的指令要求播放相应的曲目。

在 MOST 系统中,导航系统的地图显示、导航计算、互联网网页和 E-mail 等图片、文本信息是作为异步数据传输的,如图 5-15 所示。

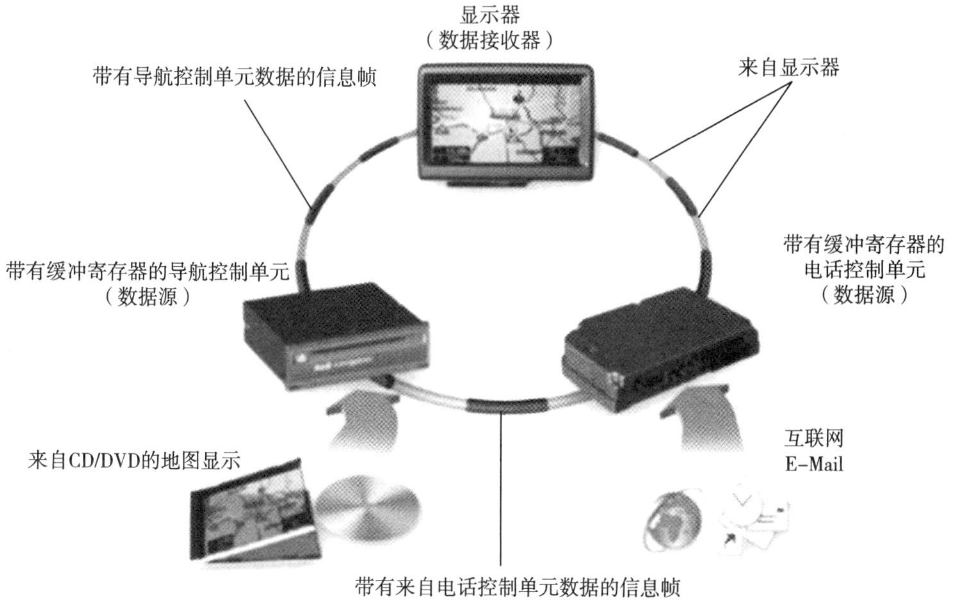

图 5-15 MOST 异步数据传输

异步数据源是以不规则的时间间隔来发送这些数据的。每个数据源将其异步数据存储到缓冲寄存器内。然后数据源开始等待，直至接收到带有接收器地址的信息组。

(二)双绞线式 MOST 网络系统

1. 双绞线式 MOST 总线系统组成及原理

使用双绞线的 MOST 系统(MOST50)与光纤式 MOST 总线(MOST25 和 MOST150)均采用媒体定向信息传输方式，但在传输介质方面 MOST50 采用了成本较低的"无屏蔽双绞铜线"硬件架构，使车辆各媒体设备之间传输速率可达 50Mb/s。

1)双绞线式 MOST 总线系统的组成

该系统主要由控制模块和双绞线组成，如图 5-16 所示为 2016 款别克君越的信息娱乐系统组成图。此系统中共有 6 个模块，其中收音机模块是 MOST 网络的主控模块，除自身基本功能外，还能连接低速 GMLAN 网络、唤醒 MOST 网络其他模块、监测总线上的车辆配置、对 MOST 网络进行诊断等功能。人机交互模块是 MOST 网络的另一个主要模块，在诊断仪无法与收音机模块通信时，可以通过人机交互模块读取 MOST 网络的故障代码。

媒体导向系统传输(MOST)总线上的每个设备都需要有双绞铜线(2 条 TX 发送线路、2 条 RX 接收线路)和 1 条 12V 唤醒信号线路。

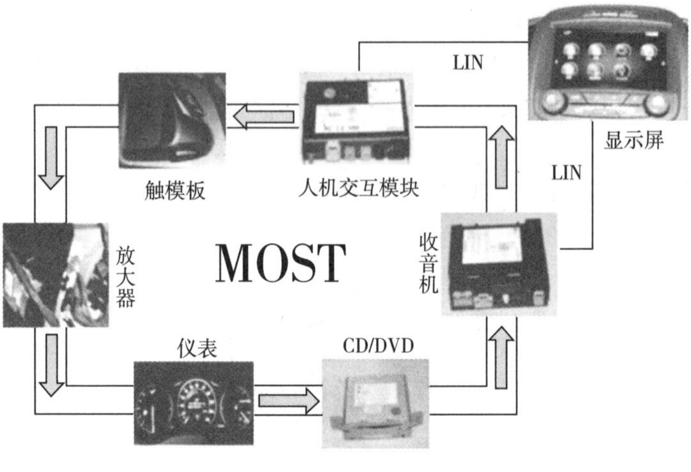

图 5-16　2016 款别克君越 MOST 总线

2)双绞线式 MOST 总线工作原理

(1)信息传输原则。此种 MOST 网络仍然遵循信息单向传输的原则，各个控制模块作为网络中的节点，连接在一个环形网络上。如图 5-17 所示，数据在网络中按固定的方向传输，例如节点 A 的信息要传给节点 C，必须通过节点 B 传输。若节点 B 处堵塞，信号无法从节点 F 侧传给节点 C。

此外，MOST 双绞线在每个模块内部并不直接相连。在每个模块内部都有一个接收器和发送器，如图 5-18 所示。线路在模块内部并不是直接相连的。数据传输须通过接收器与收发器后才能传输到下一级控制模块，如果模块不能正常工作时，会导致 MOST 网络失效。

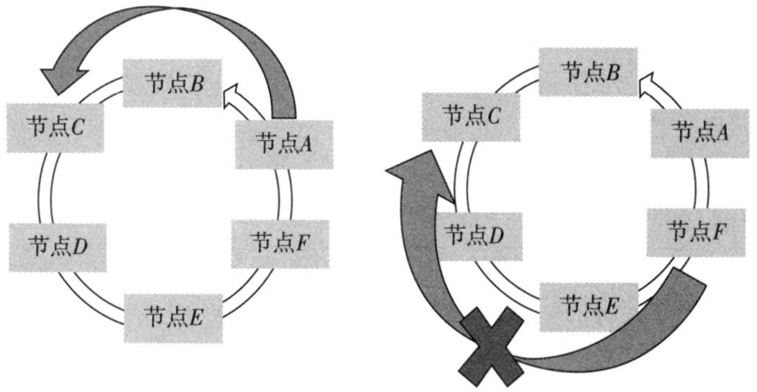

图 5－17　MOST 网络中信息单向传输

（2）MOST 总线唤醒。MOST 网络的唤醒线路在不工作时保持 12V 电位。如图 5－19所示，需要唤醒时，收音机通过唤醒线输出一个 100ms 的低电压脉冲信号，唤醒 MOST 网络。总线唤醒过程如图 5－20 所示。

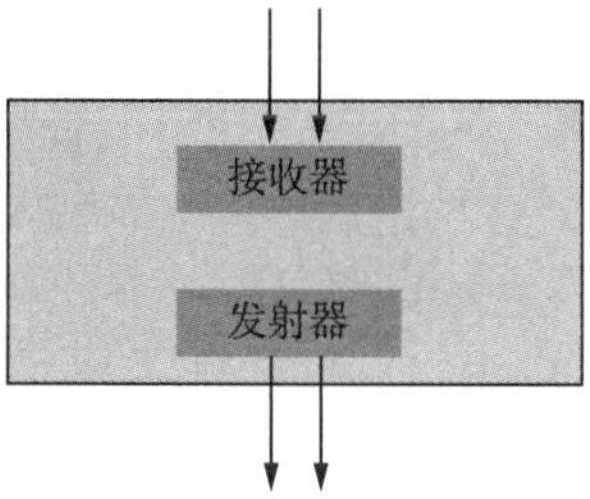

图 5－18　MOST 模块内部

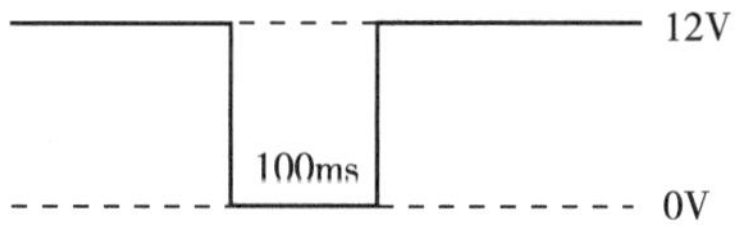

图 5－19　总线唤醒信号

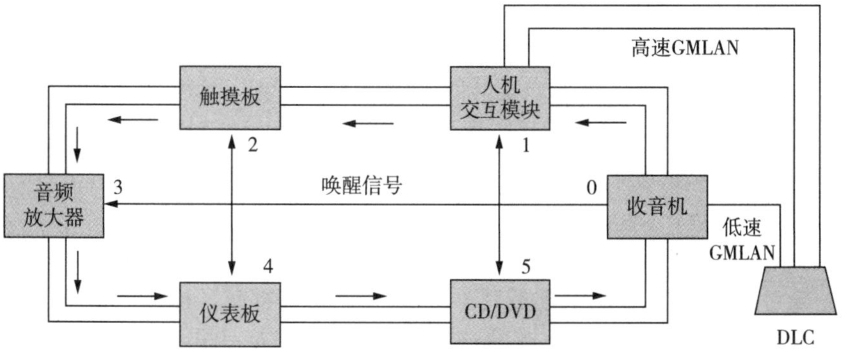

图 5－20　总线唤醒过程

（3）MOST 总线自检。如图 5－21 所示，当 MOST 网络启用后，收音机模块需要按照信息传递方向逐一学习每个模块的地址码（ID），这些地址用 0～5 表示。每个模块正常的地址码与传输方向保持一致，当学习信息再次回到收音机模块后，系统确认工作正常，进入工作模式。

二、MOST 总线的检测及故障诊断

(一)大众迈腾 MOST 总线系统故障诊断

在使用 MOST25 的奥迪和大众车型上，网关 J533 作为诊断管理器使用，负责对 MOST 系统进行网络诊断，诊断导线通过中央导线连接器与 MOST 总线上的各个控制单元相连。

1. MOST 断路诊断

如果在 MOST 总线上发生数据传输中断，就无法完成正常的数据传输任务。由于 MOST 总线是环形结构，因此将这种数据传输中断称为环路断开，即总线断路，如图 5－22所示。

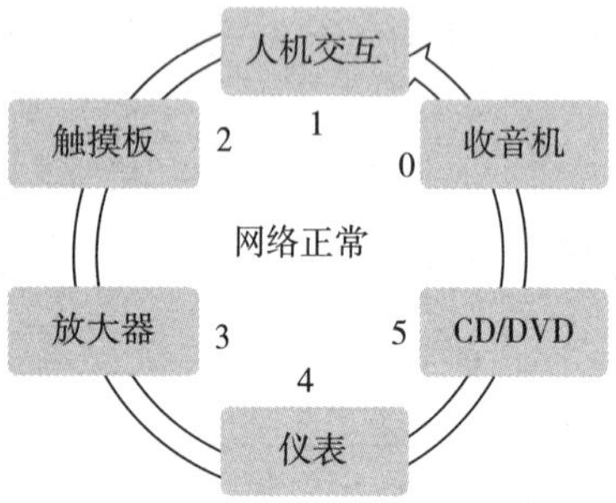

图 5－21 MOST 总线自检过程

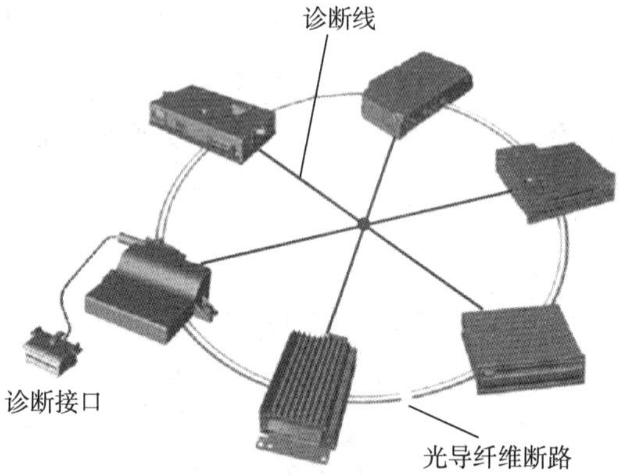

图 5－22 MOST 诊断导线的连接

环形中断诊断开始后，诊断管理器通过诊断线向各控制单元发送一个脉冲。这个脉冲使得所有控制单元用光导发射器(FOT)内的发射单元发出光信号。在此过程中，所有控制单元从环形总线上的前一个控制单元接收光信号，检查自身的供电及其内部的电控功能。

MOST 总线上的控制单元在一定时间内会应答，环形中断诊断开始后到控制单元作出应答有一段时间间隔，诊断管理器根据这段时间的长短就可判断出哪一个控制单元已经作出了应答。并据此判断系统是否有电气故障(供电故障)以及哪两个控制单元之间的光导数据传递中断。

若要确定断路故障是不是由于某个控制单元造成的，可利用备用的控制单元 VAS6186 来替换可疑控制单元，然后观察 MOST 系统是否恢复正常。若替换后，系统恢复正常，则可确认故障确系可疑控制单元损坏所致。如图 5－23 所示，该专用工具实际相当于一根跳线，即通用标准插接器用一根光纤将接收端和发射端连接起来，光信号可以直接传递至下一个控制单元。

(1)环中断导致系统不工作的原因如下：

① 模块内无电压供给或搭铁断路。

② 环断路，主要是由于光缆挤压、偏转或者插头未插导致的。

③ 光缆老化，信号传递效率下降。

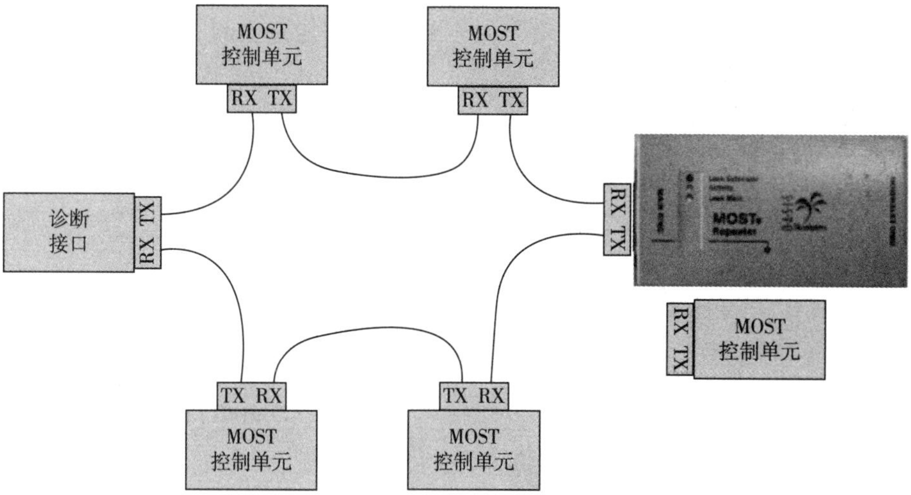

图 5－23　使用备用控制单元 VAS6186 进行替换诊断

④ 发射器二极管或接收器二极管损坏。

(2)环形中断产生的影响如下：

① 音频和视频播放终止。

② 通过多媒体操纵单元无法控制和调整。

③ 诊断管理器的故障存储器中存有故障“光纤数据总线断路”。

(3)为确定在什么位置发生环断裂，需要下列数据。

① 安装列表

② 环断裂诊断答复

如图 5－24 所示，若收音机和放大器之间出现光纤断路，通过系统内部诊断可以确定断路的范围以及该断路是由光学故障引起的还是由电气故障引起的。

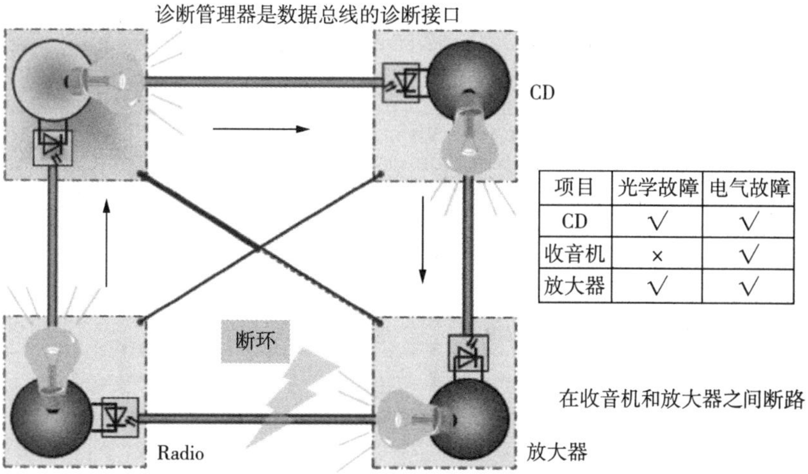

图 5－24　环断路诊断原理

2. 信号衰减幅度增加故障诊断

诊断管理器还有信号衰减幅度增大的诊断功能，即通过监测 MOST 系统传输光波功率的降低来判断光学系统在信号传输过程中是否存在信号衰减幅度过大的故障。如果光导纤维的信号衰减增加，那么到达接收器的光信号就会非常弱，接收器就会报告“光学故障”。诊断管理器就会识别出故障点，在使用故障检测仪查询故障时会给出相应的帮助信息，如图 5－25 所示。

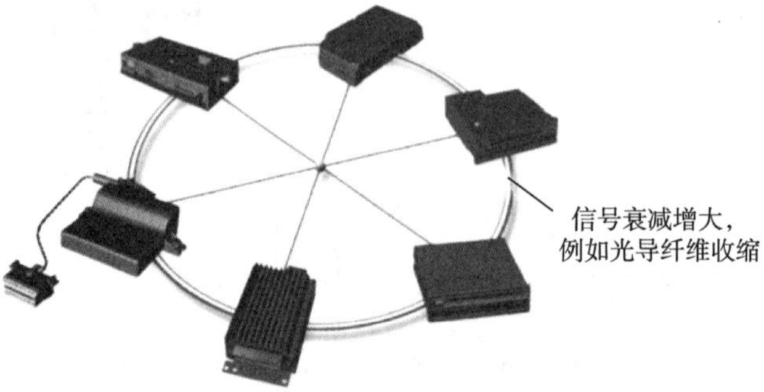

图 5－25 信号衰减增加故障诊断

3. MOST150 故障诊断

在奥迪和大众新型车辆的信息娱乐系统中采用 MOST150 系统。该系统采用信息娱乐系统平台模块(MIB)来处理更加清晰的图像、音频和视频信息。如图 5－26 所示为 2016 款奥迪 Q7 车型上的信息娱乐系统诊断管理示意图。

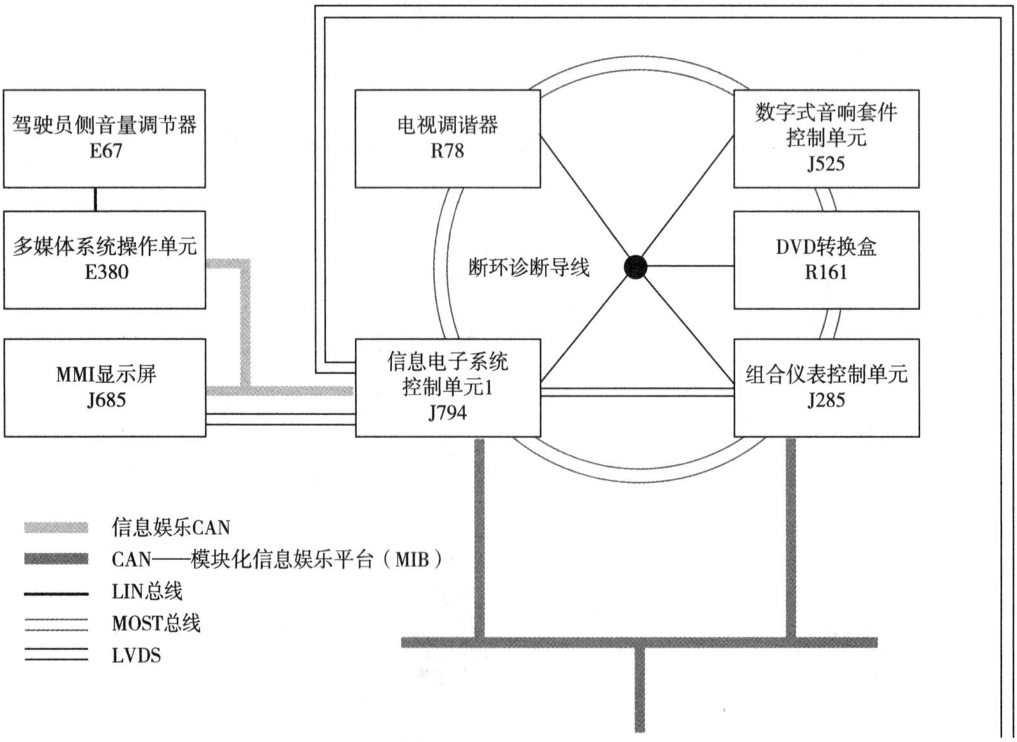

图 5－26 2016 款奥迪 Q7 MOST 诊断管理原理图

MMI 显示屏 J685 和操作单元 E380 通过一根专用的 CAN 总线与信息电子系统 1 控制单元 J794 相连，这根 CAN 总线的速率为 500kB/s。有了 MOST150 总线，可以通过光学数据总线直接传输电视调谐器 R78 或 DVD 转换盒 R161 的视频图像，不再像之前使用 MOST25 的车型上那样在 J794 上单独安装 FBAS 接口。

信息电子系统 1 控制单元 J794 除承担 MOST 总线主控制器的任务外，还替代原 J533 负责的诊断功能。使用新型的 MOST 系统诊断地址码都是"5F -信息电子系统"。断路诊断的流程与前述前的 MOST 总线相同。但在诊断总线的光学故障时，必须使用专用工具——光学替换控制单元 VAS6778 来进行，如图 5 - 27 所示。

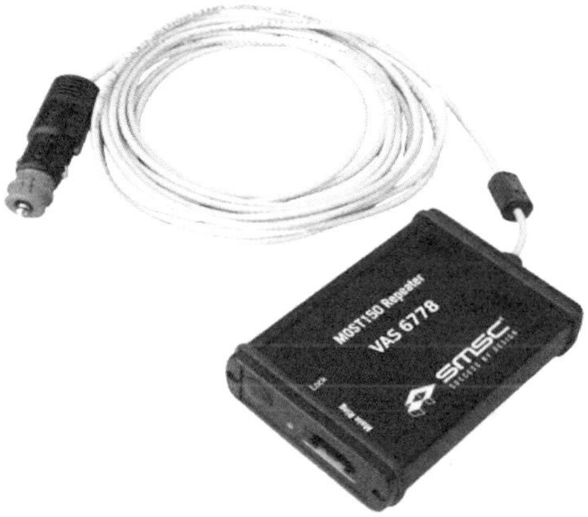

图 5 - 27　光学替换控制单元 VAS6778

4. 光纤常见的故障及维修

1）光纤常见的故障

如图 5 - 28 所示为光纤常见的故障。

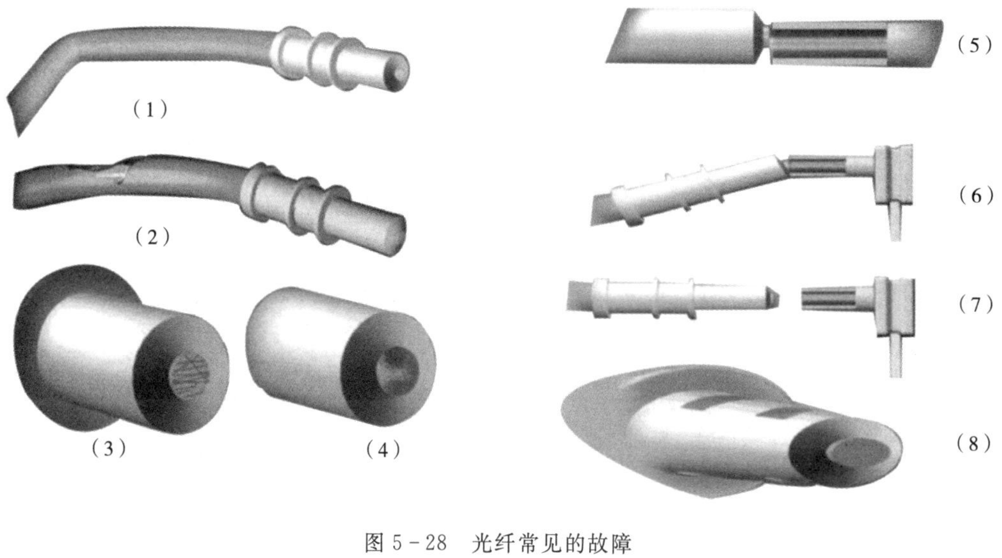

图 5 - 28　光纤常见的故障

(1)光导纤维弯曲半径太小。光导纤维的弯曲半径小于5mm(扭绞)使得内芯线在弯曲点产生出阴影(与弯曲的有机玻璃相比较)。必须更换光导纤维。

(2)光导纤维的覆盖层损坏。

(3)端面刮伤。

(4)端面变脏。

(5)端面移位(插头外壳破裂)。

(6)端面不成直线(角度误差)。

(7)光导纤维的端面和控制单元的接触面之间有缝隙(插头外壳破裂或未啮合)。

(8)套圈未正确地压接。

2)光纤的维修

对于损坏的光纤线或光纤接头,需要使用专用的维修工具进行重新修理,表5-1所示为使用专用工具维修光纤的过程。

表5-1 使用专用工具维修光纤

<table>
<tr><td>光纤钳的结构</td><td>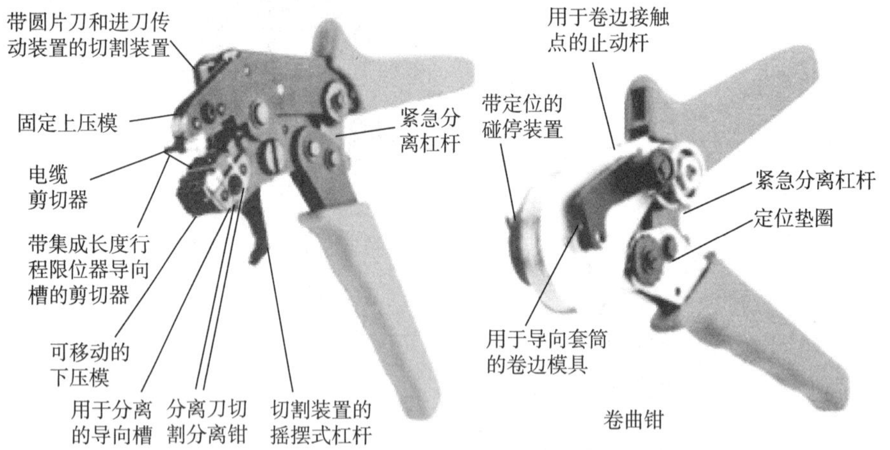
</td></tr>
<tr><td>光纤修理套件 VAS6223</td><td>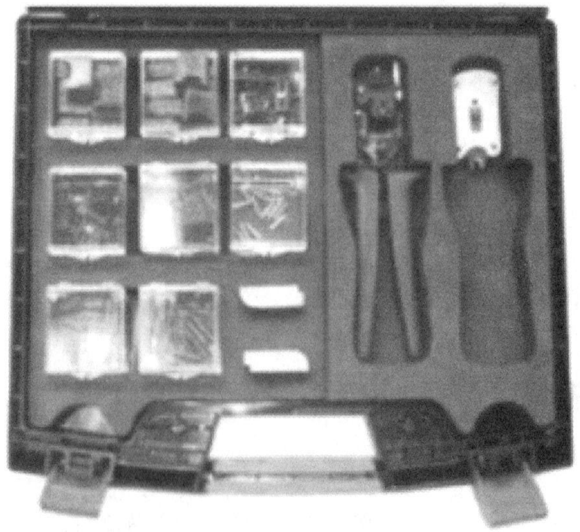</td></tr>
</table>

（续表）

预切割光纤并剥除橙色的外壳	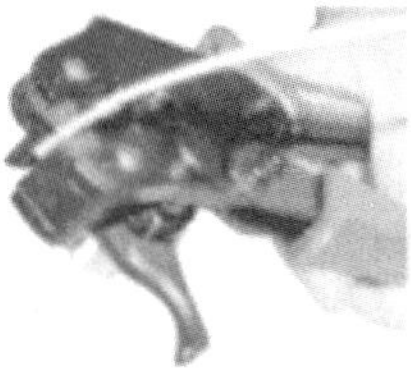 粗略预切割光纤电缆（侧边切割功能），为切割面的后续（精度切割）工作而备用	 将光纤电缆放在剥除绝缘外壳器的缺口里并且剥除绝缘外壳（橙色外壳），严禁弯折或夹住光纤电缆
将光纤放入夹钳，用切割轮慢速切割光纤	 将光纤电缆放入夹钳（注意适用于外部外壳的缺口，参见箭头）并闭合夹钳	 粗略预切割光纤电缆（侧边切割功能），为切割面的后续（精度切割）工作而备用
放入黄铜插接套件，将剪切好的光纤套入套件	 用第一个夹钳加工结果：干净定长的、带光滑切割面的光纤电缆	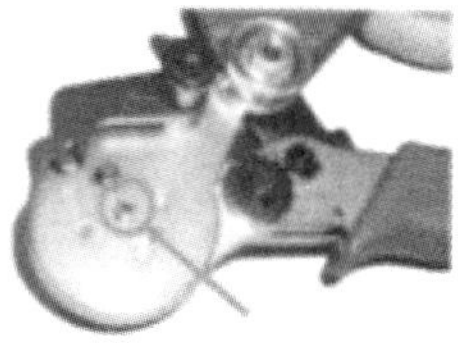 黄铜质压紧套件放到第二个夹钳里 注意：压紧套件不可以歪斜
压紧套件和光线插头，注意不要用力过大	 放到压紧锁止件	 将已剥除绝缘外壳的光纤电缆插入在压紧套件中，直到感受到很小的弹力为止。
压好后对插头的轴套进行检查，确认黄铜轴套应在光纤端面前 0.01—01m	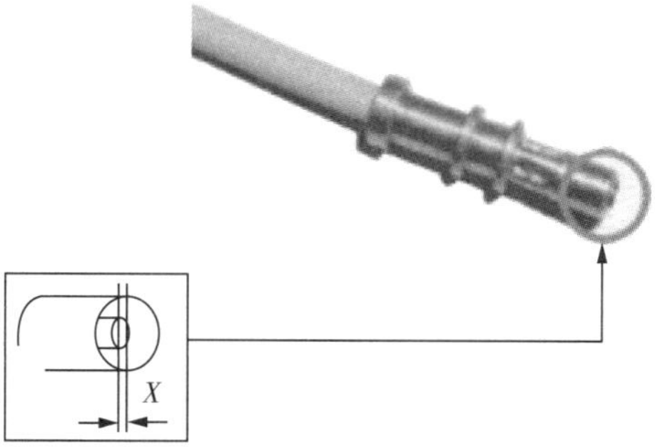 	

(二)双绞线式 MOST 总线系统故障诊断

1)故障代码的读取

上汽通用别克君越使用双绞线式 MOST 总线,由于 MOST 网络没有连接在诊断接口(DLC)上,诊断时可以在低速 GMLAN 中的收音机模块读出故障代码"U0028 - MOST 总线",或者在高速 GMLAN 中人机交互模块读出故障代码"U0029 - MOST 总线性能",如图 5 - 29 所示。

2)利用地址码(ID)诊断

当 MOST 网络出现断点时,收音机模块通过唤醒线路发送一个 300ms 的搭铁脉冲,将收音机模块反方向(MOST 的传输方向为正方向)最远的模块激活为替代的主控模块。

如图 5 - 30 所示,如断点处于仪表和放大器模块之间时,仪表会被替换为主控模块;如断点处于放大器模块和触摸板之间时,放大器模块会被替换为主控模块。

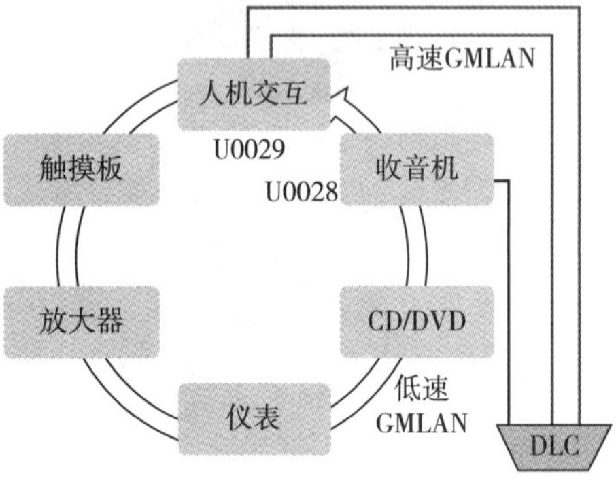

图 5 - 29 MOST 网络故障代码的读取

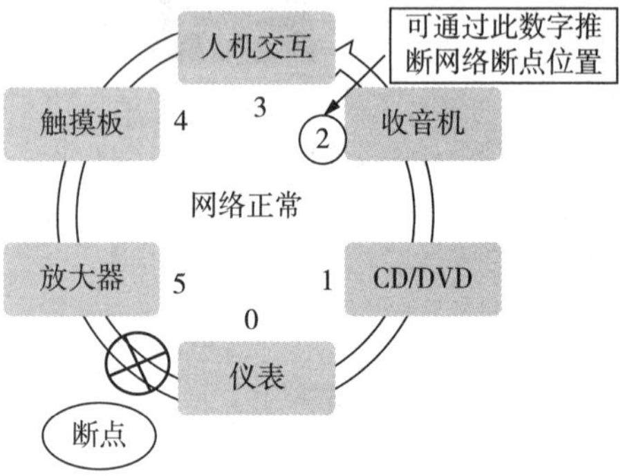

图 5 - 30 利用地址码诊断原理

当断点出现在放大器模块与仪表之间时,仪表作为替代主控模块将会发送代码"0"、CD/DVD 模块发送代码"1",依此类推,在收音机模块内就会产生一个不正常的代码"2"。然后通过这个代码反推(2→1→10)即可找到故障点。此时,可以故障点为放大器模块或仪表与放大器模块之间的线路。

在实际诊断中,对于 MOST 引起的故障(通常为显示器黑屏、触摸板无法操作、不能播放音频视频等),首先要使用故障诊断仪(上汽通用使用专用的 GDS2 诊断仪)读取网络系统的故障码和数据流,根据诊断结果大致判断故障可能发生的位置。然后结合维修手册中的电路图进行故障排查,图 5 - 31 所示为 2016 款别克君越 MOST 网络电路图。

若要判断 MOST 双绞线是否故障可以使用万用表测量是否有断路或短路,若要判断是否由模块造成的,可以断开模块的插接器,短路接收器导线和发射器导线,观察系统是否正常或使用诊断仪观察数据流变化,从而判断该模块是否存在故障。图 5 - 32 所示为短路组合仪表的 MOST 导线方法。使用导线将端子 1(MOST 总线+)与端子 18(MOST 总线-)短接,将端子 2(MOST 总线+)与端子 17(MOST 总线-)短接,相当于信号不经过组合仪表,此时检查系统工作是否正常,若系统正常,说明仪表模块损坏,需要更换。

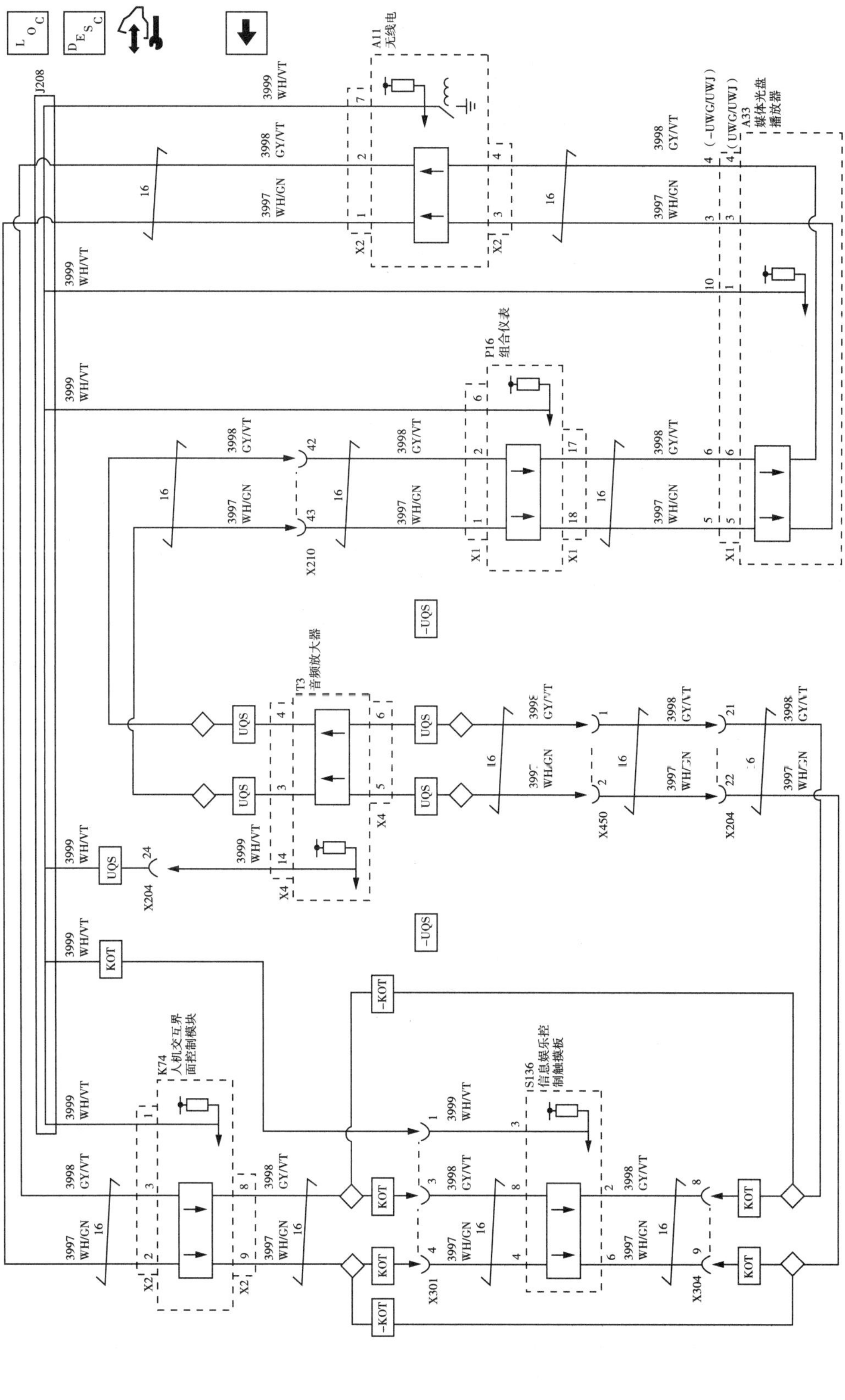

图5-31 2016款别克君越MOST网络电路图

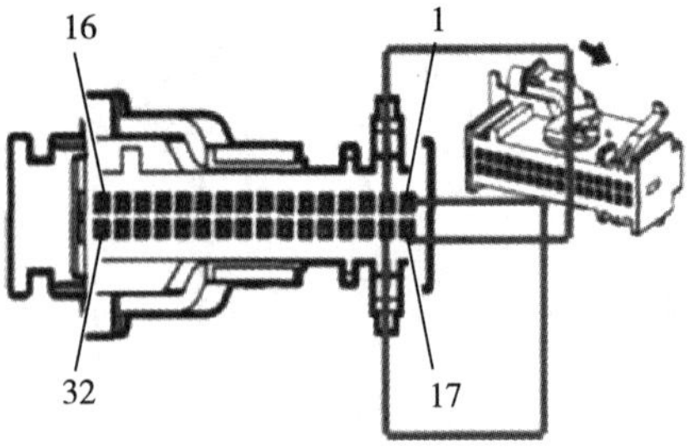

图 5-32 短接组合仪表中的方法

1、16、17、32—端子

技能实训

(一)项目一 MOST 网络故障诊断方法与维修

1. 项目目标

掌握 MOST 网络故障诊断方法与维修。

2. 项目内容

(1)MOST 网络故障特性验证,给 MOST 环路中的某个控制单元断电后系统的故障现象是什么?光纤数据总线断路后系统的故障现象是什么?

(2)利用诊断仪(ODIS),进行 MOST 网络环路中断诊断操作,并记录。

(3)利用诊断仪(ODIS),进行 MOST 网络 3db 诊断操作,并记录操作步骤。

(4)利用 VAS6186 进行 MOST 网络诊断,并记录操作步骤。

(5)查询维修手册找到 MOST 总线维修方法及所需的工具。维修一小段光纤数据总线。

(二)项目二　MOST 网络综合故障检测

1. 项目目标

通过故障案例的实际操作排除,掌握 MOST 网络故障的检测。

2. 项目内容

(1)完成两台故障车上信息娱乐系统的故障排除,并写出故障排除步骤。

(2)根据排除的故障,制作故障案例,并做讲解。

模块小结

(1)多媒体定向系统传输(Media Oriented Systems Transport,MOST)。它是媒体信息传送的网络标准,可高效传输音频、视频、数据包和控制数据。

(2)基本的MOST由光学控制单元和光导纤维组成。光学传输控制单元由内部供电装置、收发单元——光导发射器(FOT)、光波收发器、标准微控制器(CPU)、专用部件等组成,其中收发单元由一个光电二极管和一个发光二极管构成。

(3)在 MOST25 系统的数据中,一个信息帧的大小为 64 字节(1 个字节为 8bit),可分成起始区、分界区、数据区、校验区、状态区、奇偶校验器等几个部分而在最新的 MOST150 系统数据中,一个信息帧的大小为 388 字节,提供更加快速的数据传递。

(4)环形中断诊断开始后,诊断管理器通过诊断线向各控制单元发送一个脉冲。这个脉冲使得所有控制单元用光导发射器(FOT)内的发射单元发出光信号。在此过程中,所有控制单元从环形总线上的前一个控制单元接收光信号,检查自身的供电及其内部的电控功能。诊断管理器还有信号衰减幅度增大的诊断功能,即通过监测 MOST 系统传输光波功率的降低来判断光学系统在信号传输过程中是否存在信号衰减幅度过大的故障。

思考与练习

(一)判断题

1. MOST 系统只能使用光纤进行数据传输。(　　)

2. 在光纤 MOST 总线中,每个控制单元要使用两根光导纤维,一根光导纤维用于发射器,一根光导纤维用于接收器。(　　)

3. 光纤式 MOST 系统中的接收器使用发光二极管,而发射器使用光电二极管。(　　)

4. 在 MOST 总线中,音频和视频信息进行同步传输,而图像、文本等进行异步传输。(　　)

5. 使用 MOST150 的新型光学网络系统中,信息娱乐电子系统 1 控制单元 J794 既是 MOST 系统的主控器,又是诊断主控器。(　　)

6. 由于光可以在光导纤维中利用全反射原理进行数据传递,因此光纤可以任意弯曲。(　　)

7. 使用双绞线的 MOST50 系统进行唤醒时,由主控模块通过唤醒线输出一个 100ms 的低电压脉冲信号,唤醒 MOST 网络。(　　)

8. 当检测到 MOST 总线出现中断后,系统会使信息反向传递以保证信息可以继续传输。(　　)

(二)选择题

1. MOST 的含义是(　　)。

A. 智能数据总线　　B. 媒体定向系统传输总线

C. 时间触发协议　　D. 控制器局域网络

2. 以下可能会使用光纤作为信息传递媒介的网络是(　　)。

A. LIN 总线　B. CAN 总线　C. MOST 总线　D. VAN 总线

3. MOST 网络中进行信息传输的介质可以是(　　)。

A. 单根铜质导线　B. 双绞铜质导线　C. 光纤　D. 发光二极管

4. MOST 网络由睡眠状态转变为备用模式的过程称为(　　)。

A. 系统唤醒　B. 信息检测　C. 信息传输　D. 数据校验

5. 奥迪轿车中 MOST 总线出现故障后,可以使用 VAS6168 替代出现故障码的模块后系统通信正常，则说明(　　)。

A. 被替换的模块损坏　　B. 被替换的模块正常

C. 与模块相连的光纤故障　　D. 与模块相连的光纤正常

6. MOST 光纤出现磨破、折弯等故障后应(　　)。

A. 对光纤进行修复　　B. 对光纤损坏部分进行替换

C. 使用胶布重新缠绕损坏位置　　D. 更换光纤

(三)简答题

1. 简述 MOST 网络的主要特征。

2. 简述光纤式 MOST 总线的信息传递过程。

3. 简述光纤式 MOST 总线的唤醒过程。

4. 简述使用双绞线式 MOST 总线系统的自检过程。

考核工单

考核评价

序号	考核项目	评分要素	配分	评分标准	结果	扣分	得分	备注
1	考核时限	考核时限共 15min，时间一到，停止操作						
2	基本行为规范	工服；胸卡；发型；饰物；礼节(应答、告别、致谢等)	5	每项各为 1 分，如不达标，扣 1 分				
	工具准备	选用所需工具、仪器	5	选错一次扣 1 分				
3	光纤式 MOST 总线认识及测试	1. 结合迈腾 B8L 轿车或奥迪型轿车，找出 MOST 总线的主要部件(5 分) 2. 结合维修手册绘制 MOST 总线拓扑图，分析各模块之间的连接关系(10 分) 3. 使用故障诊断仪进入相应的模块，在操作系统期间读取数据流及其变化，断开某个模块的电源后读取故障代码及数据流变化(15 分) 4. 使用专用工具或光线跳线(跨接线)跨接某个模块后读取数据流变化(15 分)	40	(1)不认识一项扣 1 分 (2)不能识读或画出拓扑结构不得分，错误一处扣 1 分 (3)不能正确连接仪器，该项不得分；无法读取数据扣 6 分 (4)不会使用光纤跳线或专用工具进行检查，该项不得分				

（续表）

序号	考核项目	评分要素	配分	评分标准	结果	扣分	得分	备注
4	双绞线式 MOST 总线认识及测试	1. 结合别克全新君越轿车，找出 MOST 总线的主要部件(5 分) 2. 结合维修手册绘制 MOST 总线拓扑图，分析各模块之间的连接关系(5 分) 3. 使用故障诊断仪进入相应的模块，在操作系统期间读取数据流及其变化，断开某个模块的电源后读取故障代码及数据流变化(15 分) 4. 采用短路的办法短路某个模块后读取数据流变化(15 分)	35	(1)测量方法不正确，扣 5 分 (2)测量结果不准确，扣 5 分 (3)不能依据测量结果进行分析故障，扣 5 分				
5	维修手册的使用	(1)手册查阅方法正确 (2)依据手册能快速查找相应咨询数据	5	不能正确查阅不得分				
	安全文明操作	(1)合理使用工具 (2)安全操作规范 (3)文明操作 (4)5S 达标	10	(1)未合理使用工具扣 3 分，不文明操作扣 2 分 (2)5S 不达标，扣 5 分 (3)违反安全操作规程，本想不得分				
6	合计							

模块六　FlexRay 总线系统的检测与修复

学习目标

1. 掌握 FlexRay 总线的应用领域及其组成、结构；
2. 掌握 FlexRay 总线工作原理；
3. 掌握 FlexRay 数据总线电压和波形的检测方法；
4. 掌握 FlexRay 总线的故障处理与检测的方法；
5. 能够绘制 FlexRay 总线拓扑图；
6. 能够识别并描述宝马、奥迪车系 FlexRay 总线部件的安装位置及作用；
7. 能用万用表对 FlexRay 数据总线进行测量并进行分析；
8. 能用示波器测量 FlexRay 总线数据波形并进行分析；
9. 能用诊断仪对 FlexRay 总线进行诊断。

学习内容

一、FlexRay 总线的认知

（一）FlexRay 总线系统组成及架构

随着汽车控制技术向智能化方向发展，智能网联汽车、无人驾驶汽车的兴起，汽车电子控制元件不断增加，通过 CAN 总线、LIN 总线实现联网的方式接收、发送并处理大量的数据已经难以满足要求，特别不能满足分布式控制系统对通信时间离散性及延迟的要求。在这种背景下，传输速率更高、容错功能更强、基于时间触发、传输延迟小且固定的新型数据总线——FlexRay 总线应运而生。

FlexRay 总线采用快速以太网（100Mb/s，IEEE803.3u 标准）作为编程接口，应用双芯双绞电缆线进行传输，最大数据传输速率为每通道 10Mb/s，主要用于汽车安全及行驶动态管理系统控制单元的联网。

1. FlexRay 总线应用领域

现阶段，FlexRay 总线主要用于行驶动态管理系统和发动机管理系统的联网，是行驶管理系统的综合性主总线系统。比如，动态稳定控制系统（DSC）、垂直动态管理系统（VDM）、转向柱开关控制（SZL）、后桥侧偏角控制（HSR）、主动转向（AL）、变换车道警告（SWW）、电子减震器控制系统卫星控制单元、集成式底盘管理系统（ICM0）等。

FlexRay 总线的重要目标应用之一是线控操作（有线链路控制系统的操作，Systems Controlled by Wire Links，如线控油门、线控转向、线控制动、线控悬架等），即利用容错的电气/电子系统取代机械/液压部分。汽车线控系统是从飞机控制系统引申而来的，飞机控制系统中提到的 Fly - by - Wire 是一种电线代替机械的控制系统，它将飞机驾驶员的操纵控制和操作命令转换成电信号，利用机载计算机控制飞机的飞行。这种控制方式引入到汽车驾驶上，就称为 Drive - by - Wire(电控驾驶)，相应还有：Brake - by - Wire(线控制动)、Steering - by - Wire(线控转向)、Throttle - by - Wire(线控油门)、Suspension - by - Wire(线控悬架)，统称为 X - by - Wire(线控)，如图 6 - 1 所示。这些创新功能的基础是一种能够满足严格容错要求的宽带总线结构，而 FlexRay 总线的高传输速率和良好的容错性使其具有该方面的应用潜力。线控转向系统结构框图如图 6 - 2 所示。

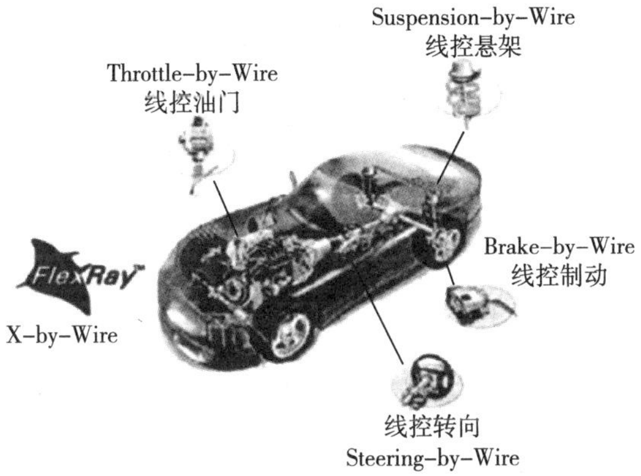

图 6 - 1　线控技术(X - by - Wire)在车上的应用

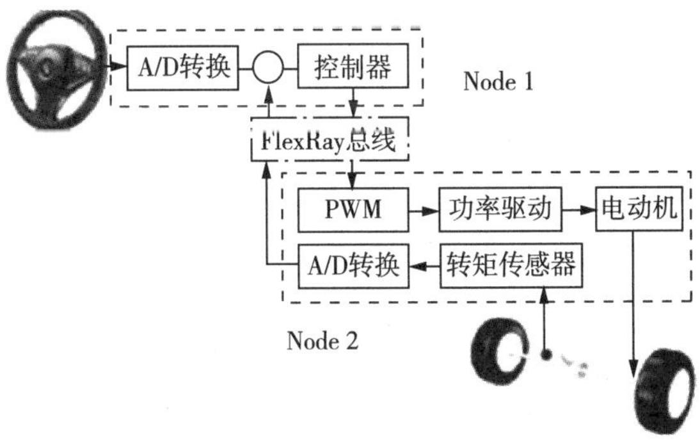

图 6 - 2　线控转向系统结构

FlexRay 总线拓扑结构非常灵活，包括单/多通道总线结构，单/多通道星形结构以及多种不同总线、星形混合结构等，网络可与现有其他各种总线(如 LIN、CAN 等)系统兼容，故具有成为联系大量元件主干网的先天优势。同时，其灵活的系统结构，也可使设计者针对不同的应用背景选择不同的可靠等级以控制成本。

FlexRay 的访问方法基于同步时基，该时基通过协议自动建立和同步。因此用户可提前知道消息到达时间，消息周期偏差非常小，这使得 FlexRay 成为具有严格实时要求的分布式控制系统的首选技术。

FlexRay 总线支持静态通信和动态事件驱动的通信，具有高的数据传输速率和频带宽度效率。灵活的容错能力支持单通道和双通道操作，使用循环冗余校验 CRC 来检验通信中的差错，还可以通过双通道通信提供冗余功能，并且使用星形拓扑可完全解决容错问题，如果出现意外情况，星形的支路可以有选择地切断。在初始化过程和运行过程中，具有硬件和配置数据的检测错误机制，当发现严重故障时，终止控制器和发送接收器的正常操作并立即向主机发送错误信令。

2. FlexRay 节点架构

车载总线节点(Node or Nodus)是指汽车总线中能完成数据信号发送、接收及转发的电子控制单元(控制模块)，是车载网络系统中的通信端点或终端设备。总线节点的核心是 ECU(Electronic Control Unit)，也就是节点在汽车联网系统中属于有源电子设备，线路连接点、配线架、插接板、线路结点不属于总线节点。

如图 6－3 所示，FlexRay 总线节点由供电(Power Supply)、控制部分和驱动部分组成。

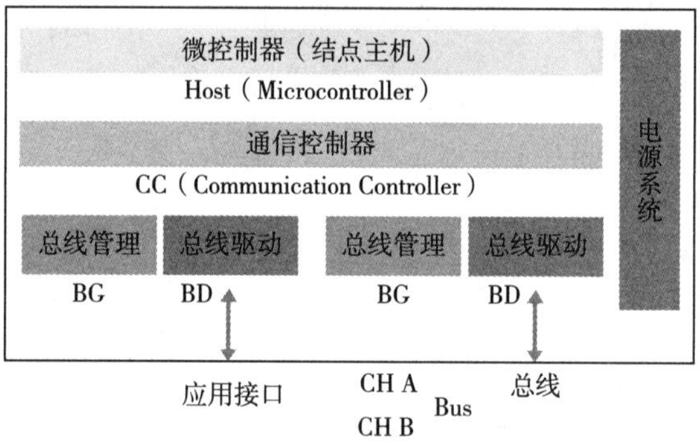

图 6－3　FlexRay 总线节点组成

如图 6－4 所示，FlexRay 总线节点控制部分包括一个主处理器 Host(Microcontroller)和一个通信控制器 CC(Communication Controller)。节点主机(Host)是一个节点中执行应用程序的微控制器。CC 提供与数据电路和与 Host 的电气接口，将数据电路上的字符拆卸为串行比特流，或者将数据电路上的串行比特流装配成字符。通信控制器是在一个 FlexRay 的节点中完成通信协议功能的部件。

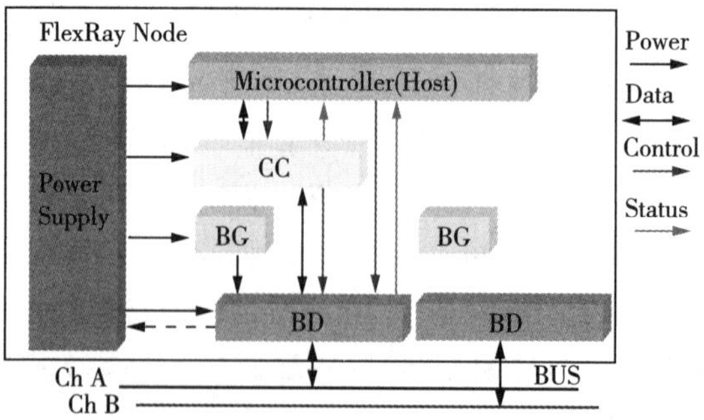

图 6－4　FlexRay 总线节点示意图

驱动部分包括总线驱动器 BD(Bus Driver)和总线监控器 BG(Bus Guardian),总线驱动器 BD 将通信控制器 CC 与总线(FlexRay - BUS,CH - A,CH - B)相连。总线监控器 BG 用以监视接入总线的连接,BG 能识别通信错误和同步错误,并通过对报文传输施加直接影响的方式来达到减少错误的目的,如不激活含错的网络节点。总线监控逻辑可用于避免通道定时错误的一个独立部分,它与一个通信控制器和一个微控制器相连,总线监控逻辑必须独立于其他的通信控制器。

节点基本功能。节点中,一个通信控制器连接到 1 个或 2 个总线驱动器,即一个节点可以连接到一个或两个总线通道上,节点与电源常连接。节点可以进入休眠态,处于休眠态的节点可以由总线事件唤醒。节点的总线活动可以由主控制器关闭。

节点的应用功能。网络星节点是一个只有网络功能的节点,没有主控制器和通信控制器,一个星节点有 1 个以上总线驱动器,它可以由总线唤醒和由总线关闭。

FlexRay 总线节点结构如图 6 - 5 所示。

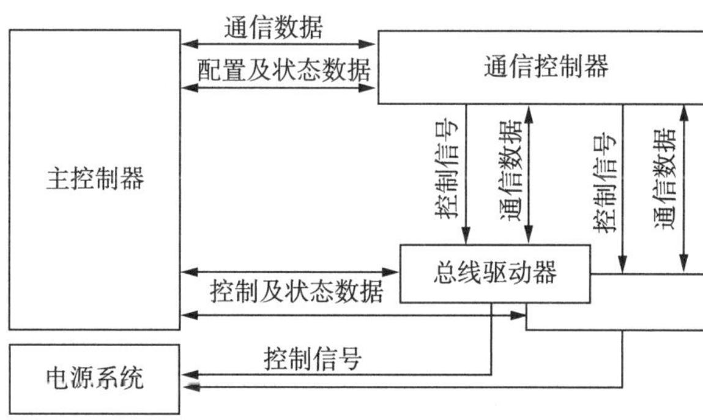

图 6 - 5　FlexRay 总线节点结构

FlexRay 总线节点中的主处理器 HOST 负责提供和产生数据,把 FlexRay 总线控制器分配的时间槽通知给总线监视器 BG,同时激活总线驱动器 BD,总线监视器则允许 FlexRay 总线控制器在这些时间槽中实现介质共享,并通过 FlexRay 总线的通信控制器 CC 进行数据信号的传送。发送数据可定义为在 CC 中进行编码,接收数据可定义为在 CC 中进行解码。一旦总线监控器 BG 监测到时间时序存在间隔,则会断开通信信道的连接。

FlexRay 网络通信过程的完成,是协议规定的各个通信操作的核心机制的有序执行。媒体访问控制、编码解码、帧和符号处理以及时钟同步构成了 FlexRay 网络的核心机制,如图 6 - 6 所示。

节点的两个通信过程如下:

① 发送数据:HOST 将有效的数据送给 CC,在 CC 中进行编码,形成数据位流(Bit Stream),通过 BD 发送到相应的通道上。

② 接收数据:在某一时刻,由 BD 访问,将数据位流送到 CC 进行解码,将数据部分由 CC 传送给 HOST。

如图 6 - 7 所示,FlexRay 的节点有几个基本的运行状态。

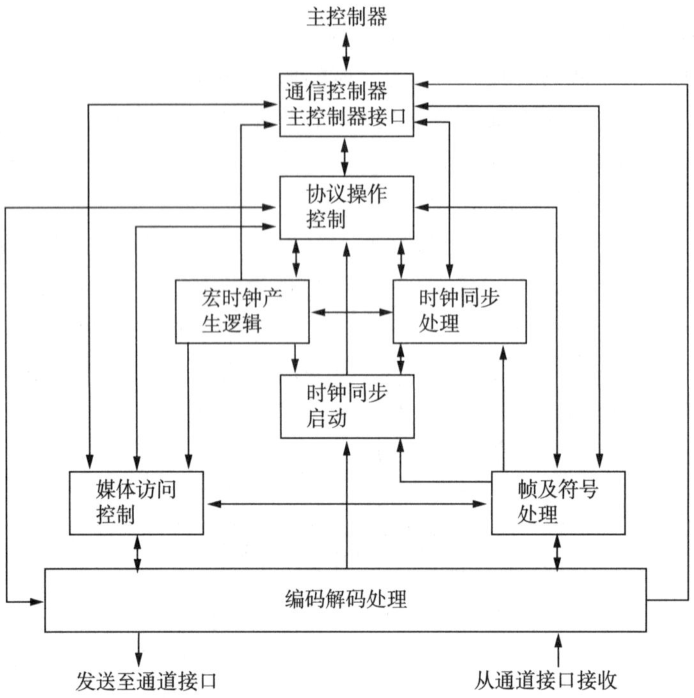

图 6 - 6　协议操作控制信息接口关系示意图

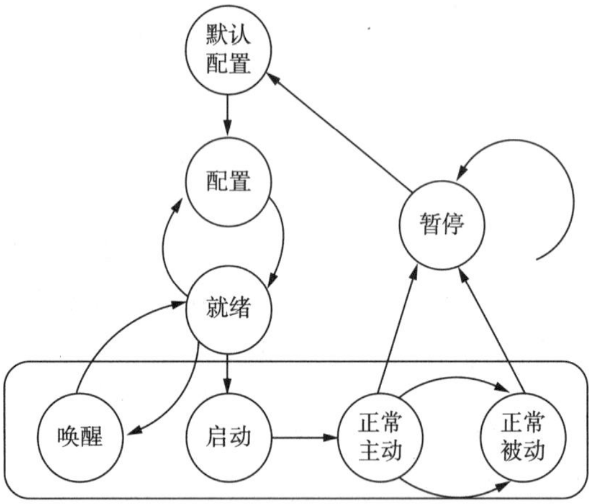

图 6 - 7　FlexRay 总线节点运行状态

① 配置状态(默认配置/配置):用于各种初始化设置,包括通信周期和数据速率。

② 就绪状态:用于进行内部的通信设置。

③ 唤醒状态:用于唤醒没有在通信的节点。在该状态下,节点向另一节点发送唤醒信号,唤醒并激活通信控制器、总线驱动器和总线监控器。

④ 启动状态:用于启动时钟同步,并为通信做准备。

⑤ 正常状态(主动/被动):可以进行通信的状态。

⑥ 中断状态：表明通信中断。

3. FlexRay 传输介质

FlexRay 总线系统支持电气和光纤物理接口。FlexRay 系统的联网传输一般采用双芯双绞电缆线，最大数据传输速率为每通道 10Mb/s，与 LIN、CAN 总线相比较，FlexRay 总线在传输速率、实时、确定性传输、冗余具有明显优势，如图 6-8 所示。

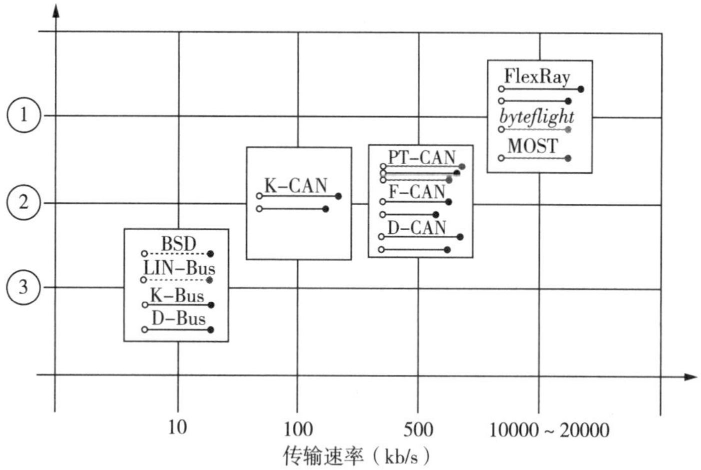

图 6-8 车载网络总线数据传输速率

1—实时、确定性(严格规定)和冗余(重复出现)；2—有条件实时(对于控制系统来说已足够)；3—非实时

4. FlexRay 总线拓扑结构

1)总线形拓扑结构

总线形拓扑结构如图 6-9、图 6-10 所示。图 6-9 所示所有节点(Node A、Node B、Node C、Node D、Node E、Node F、Node G)都通过一个双线与总线连接。图 6-10 所示为所有控制单元(SG1、SG2、SG3)都通过一个双线与总线连接。该总线采用铜芯双绞线，在 CAN 总线中也使用这种连接方式。相同的信息在两根导线上传输，但是其电压电平不同，所传输的差动信号对干扰不敏感。线形拓扑结构仅适用于电气数据传输。

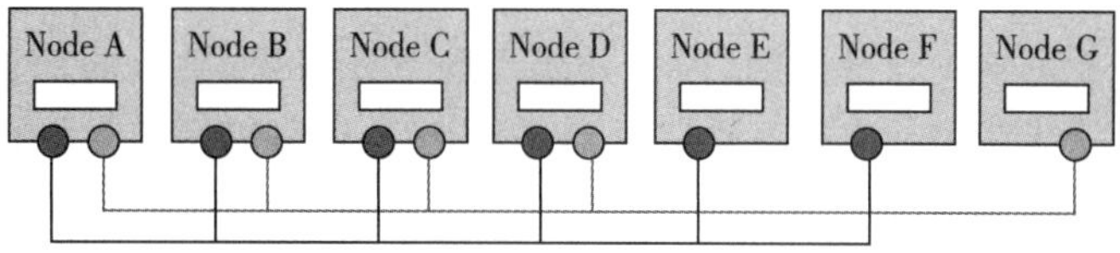

图 6-9 总线形拓扑(可选择冗余信道；可延用当前的物理层)

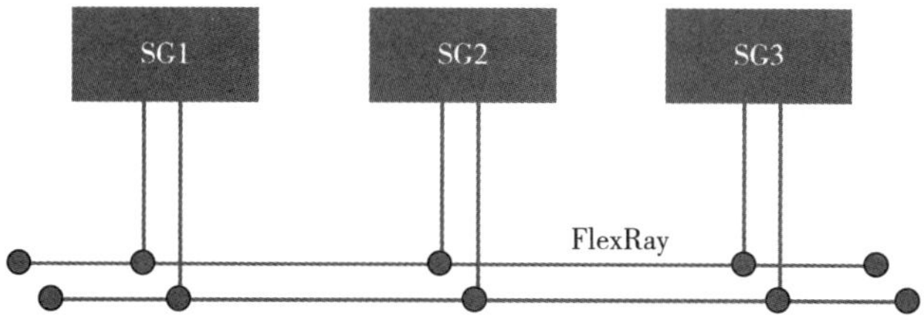

图 6-10 总线形拓扑结构

2)星形拓扑结构

在星形总线拓扑结构如图 6－11、图 6－12 所示。图 6－11 所示是一个双通道单星的结构,每个通道由一个星节点连接,一个节点可以连接到一个或两个通道上(星节点上)。网络星节点(Active Star)是指只具有网络功能的通道连接节点。

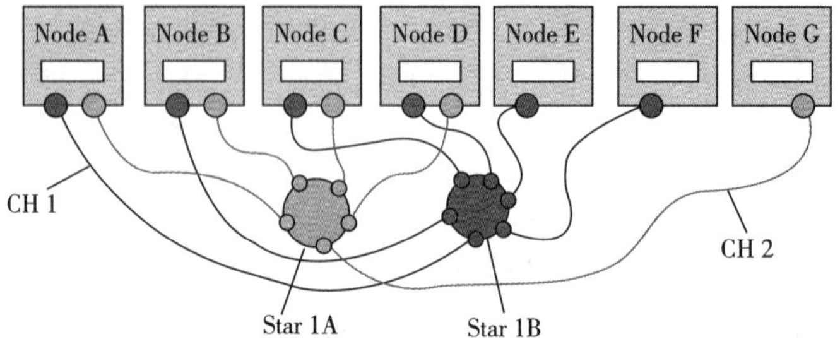

图 6－11　星形双通道拓扑结构(可选择冗余信道;点对点形式的物理连接)

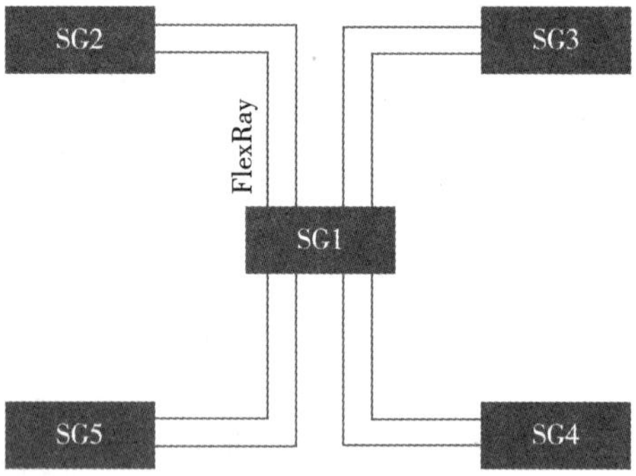

图 6－12　FlexRay 总线星形拓扑结构

图 6－12 所示为卫星式控制单元(控制单元 SG2～SG5)分别通过一个独立的导线与中央主控控制单元(SG1)连接。星形拓扑结构既适合于电气数据传输,也适合于光学数据传输。

使用星形拓扑可解决容错问题,因为如果出现意外情况,星形的支路可以有选择的切断。如果无源总线线缆长度超过规定限制,星形拓扑还可以用作复制器。

3)混合型拓扑结构

混合总线拓扑结构如图 6－13、图 6－14 所示。一个总线系统内使用不同的拓扑结构,总线系统的一部分采用总线型结构,另一部分为星形结构,只要级联的每一个子网不超过节点数等限制,可以使用两种结构混合的网络拓扑结构。

图 6－13 所示是一个星节点(2A)直接连接节点(Node C、Node D)并连接到一个总线上,总线上又连接了一些其他节点(Node E、Node F、Node G);然后又与另外一个星节点(1A)相连,星节点(1A)也直接连接了一些节点(Node A、Node B),也可以再连接总线。

图 6－14 所示是一个星形拓扑结构与总线构成的双通道结构,节点(Node A、Node

B、Node C、Node D、Node E)与通道 A(CH A)、通道 B 分别通过线形和星形连接。

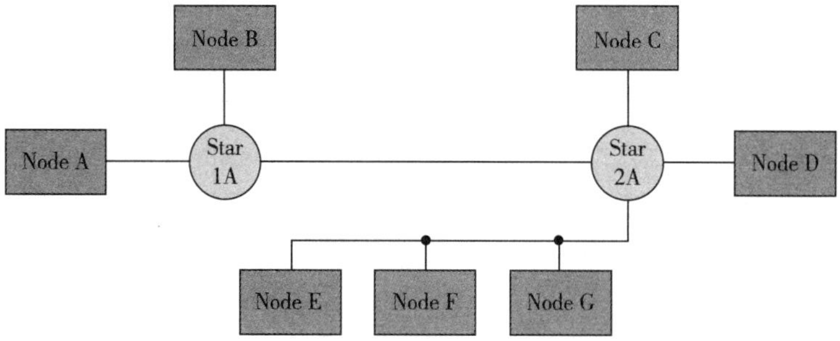

图 6-13　FlexRay 总线混合型拓扑结构

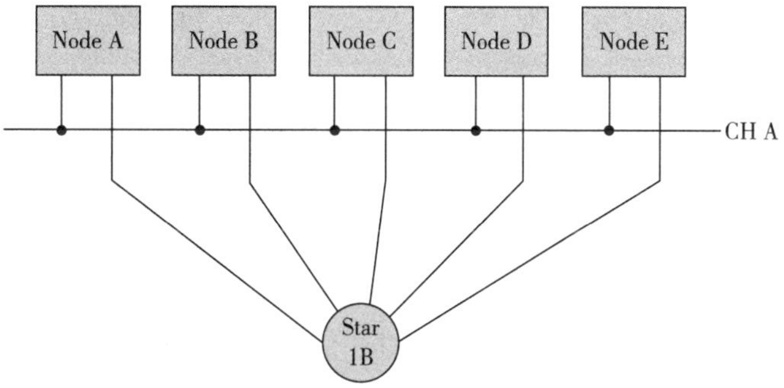

图 6-14　星形与总线形构成的双通道混合型拓扑结构

图 6-15 所示为宝马 F01/F02 汽车 FlexRay 总线混合型拓扑结构。根据车辆配置情况,中央网关模块 ZGM 带有一个或两个星形连接器,每个星形连接器都有四个总线驱动器,总线驱动器将控制单元数据通过控制器传输给 ZGM。根据 FlexRay 总线控制单元的终端形式,总线驱动器通过两种方式与这些控制单元相连。

(二)FlexRay 总线通信机制

1. FlexRay 总线通信周期

FlexRay 总线网络按周期循环组织信息的传送,通信周期(Communication Cycle)是 FlexRay 一个信息传送的周期(Cycle)。在传送信息时,一个通信周期有静态和动态两个部分。动态段和静态段又由一些时间片构成,每个时间片传输一个 FlexRay 帧,FlexRay 帧是一个有格式的位流。

所谓时间片(Slot),是 FlexRay 对通信过程划分的时间段,在这些时间段上控制器按一定要求或条件访问通信媒体。时间片编号(Slot Number)是指在一个通信周期中各个时间片的编号,用于识别时间片。关键时间片(Key Solt)是用于传输同步帧和启动帧的时间片。微时间片(Minislot)是指一个通信周期的动态段中的一个时间片,用于同步传输部分媒体访问优先级仲裁。

周期数(Cycle Number):用于识别一个通信周期的正整数,系统启动后的第一个周期的周期数设为零,以后随着通信周期递增,到最大数后回零,以此往复。

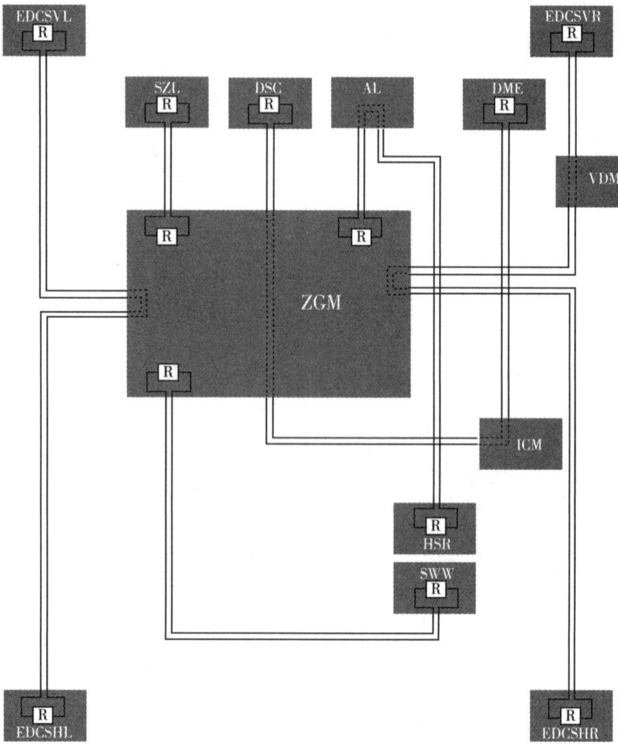

图 6-15　宝马 F01/F02FlexRay 总线混合型拓扑结构

AL—主动转向系统；DME—数字式发动机电子系统；DSC—动态稳定控制系统；ZGM—中央网关模块；EDCSHL—左后电子减振器控制系统卫星式控制单元；EDCSHR—右后电子减振器控制系统卫星式控制单元；EDCSVL—左前电子减振器控制系统卫星式控制单元；EDCSVR—右前电子减振器控制系统卫星式控制单元；HSR—后桥侧偏角控制系统；ICM—集成式底盘管理系统；SZL—转向柱开关中心；VDM—垂直动态管理系统

周期时间(Cycle Time)：一个通信周期持续的时间，单位为宏时钟节拍(Macroticks)。

由于 FlexRay 是基于时间触发的总线，FlexRay 通信周期的静态和动态两个部分任何一个都可以是空的。类似于上山下山的缆车，不论每个缆车是否坐人，所有缆车都处于运行状态，都按预先固定好的位置按顺序有序运行。FlexRay 一个通信周期可以有三种形式：纯静态的(动态部分为空)、静态动态混合(既有静态部分又有动态部分)和纯动态(静态部分为空)。通信控制器配置数据决定了通信周期的长度，可以由应用程序设置，只有总线处于允许状态下，通信控制器才可以启动一个通信周期。

1)通信周期的时间层次

在 FlexRay 协议中，通信周期是 FlexRay 进行媒介访问的基本单位。它是通过时间等级层次来定义的，具体的时间等级层次从最高层到最低层依次为由通信周期层(通信循环层)、仲裁层、宏节拍层(最大事件节拍层)、微节拍层(最小时间节拍层)组成，如图 6-16所示。

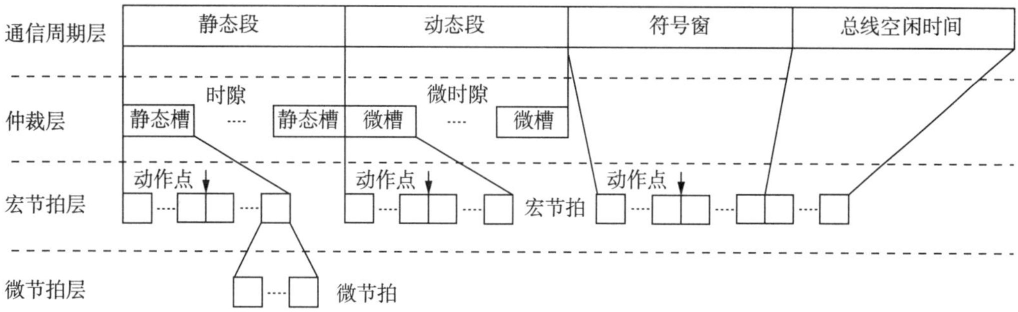

图 6-16 FlexRay 通信周期的时间层次

通信周期层定义了通信周期(Cycle)。FlexRay 总线一个通信周期包含静态段(Static Segment)、动态段(Dynamic Segment)、符号窗(Symbol Window)及总线空闲时间(Network Idle Time)。静态基于时分多址(Time Division Multiple Access,TDMA)的访问方式,动态基于微型时槽(Minislots)访问方式,采用柔性时分多址(Flexible Time Division Multiple Access),即 FTDMA。符号窗是一段通信时间段,在这段时间内可以传输一个符号。总线空闲时间是一段总线通信空闲时间,一个通信周期在此后结束。

仲裁层包含有仲裁网络,它构成了 FlexRay 媒介仲裁的主干部分。在静态段中,仲裁网络由静态时槽(Static Slots)的连续时间间隔组成,在动态段中,由微型时槽(Minslots)的连续时间间隔组成。

仲裁网络层是建立在由宏节拍(Marcotick)组成的宏节拍层之上的。宏时钟节拍是由簇时钟同步算法确定的一个时间段,用单位为微时钟节拍的一个整数表示。时钟同步算法会动态调节这个值,全局时钟以宏时钟节拍为单位。

宏节拍在簇宽度的基准内是同步的。簇(Cluster)是指由至少一条通信通道直接连接的多个节点构成的通信系统或子系统。宏节拍遍及所有簇中的同步节点,宏节拍的时间是完全相同的。每个本地宏节拍的时间都是一个整数倍的微节拍的时间。已分配的宏节拍边缘叫作行动点(Action Points)。行动点是一些特定的时刻,在这些时刻上,将会发生传输的开始(在动态段,静态段和符号窗)和结束(只发生在动态段)。

宏时钟节拍的边界点称为工作点(Action Point),信息在这些点启动或停止发送。

微节拍层是由微节拍组成的。微时钟节拍是一个节点的通信控制器外部振荡器的时钟刻度,选择性地使用分频器导出的基本时间单位。微节拍是控制器中的特殊单元,它在不同的控制器中可能有不同的时间。节点内部的本地时间间隔尺寸就是微节拍。

除了在启动期间,系统将周期性地执行一个通信周期,一个周期是由数量不变的宏节拍组成的。一个通信周期总是包含有一个静态段与一个总线空闲时间,而动态段与符号窗则可能包含,也可能不包含。

静态段和动态段中的仲裁,基于分配给每个通道的节点簇中节点的独特帧标识符及能计算出传输时槽的数目的计数方法进行。帧标识符能够决定该帧由哪个段中的传输时槽在什么时候开始发送。

2)静态段

在通信周期静态部分(Static Part),信息按着固定的事先定义的 TDMA 方式传送。一个 FlexRay 通信周期的静态段,按照配置值设置其时间片数。所有静态段中的时间片大小相同,由一个以宏时钟为单位的数给出。每个时间片有一个序号,在静态段中将固定的时间片分配给各个节点,在一个通信周期的静态段中,每个节点在一个通道上只能在分配给它的时间片内发送数据帧,而在自己的时间片之外的时间只能接收数据。在 FlexRay 网络运行的时候,这个时间片的分配情况是不允许动态发生改变的。静态段结构见图 6-17,时序关系见图 6-18。

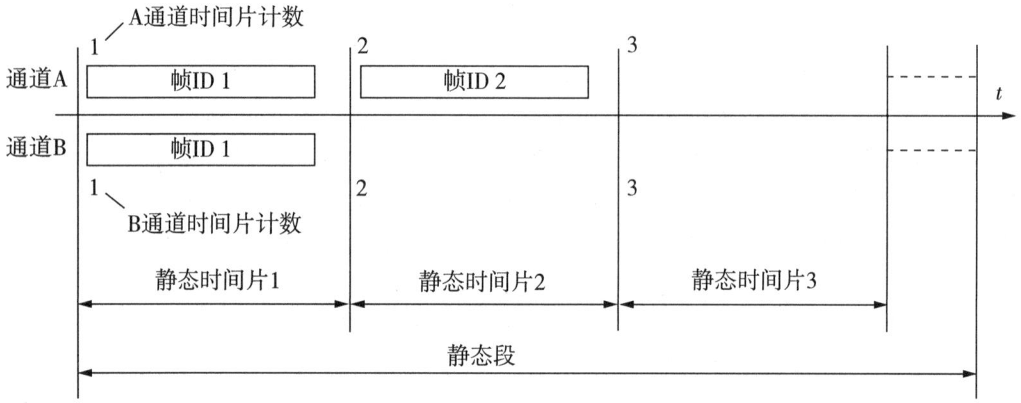

图 6-17 FlexRay 通信周期静态段结构

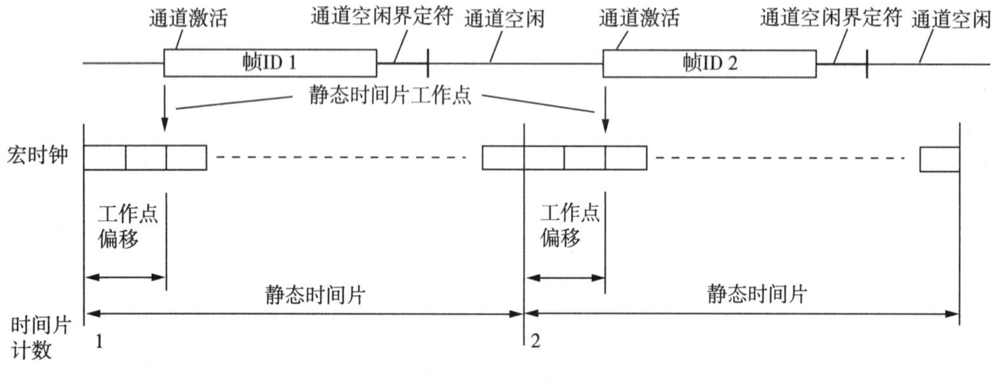

图 6-18 FlexRay 通信周期静态段时序关系

3)动态段

在通信周期动态部分(Dynamic Part),信息按最小时间片算法(Mini - slotting Algorithm)发送,按信息标识符的优先级确定发送的顺序。一个 FlexRay 通信周期的动态段,可以配置一个 FlexRay 通信周期动态段的微时间片数量,并且从 1 开始依次编号。所有微时间片的大小相同,也由一个以宏时钟为单位的数给出,不用动态段的时候可以设置微时间片数为 0。在一个通信周期的动态段中,节点如果要发送消息,要通过竞争获得总线使用权。在动态段部分,是按照发送数据的数据帧优先级分配带宽,优先级由帧的标识 ID 确定。动态段结构见图 6－19，时序关系见图 6－20。

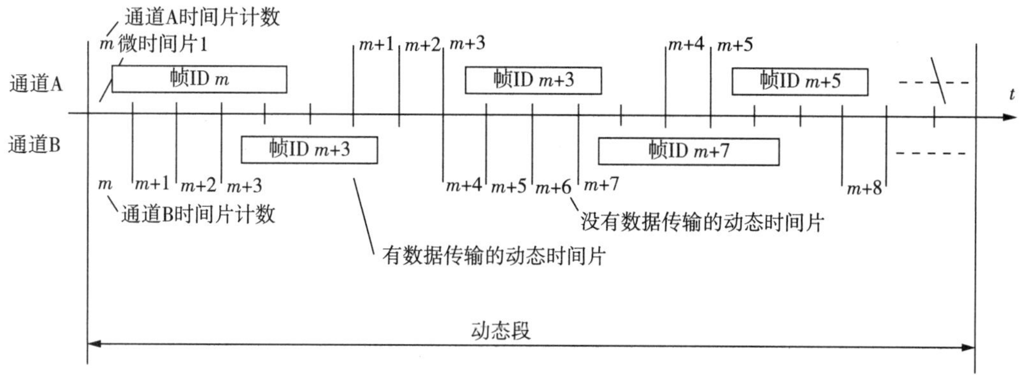

图 6－19　FlexRay 通信周期动态段结构

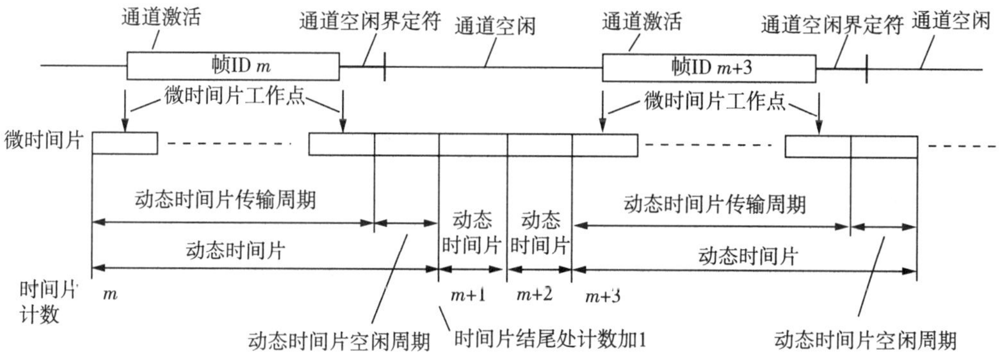

图 6－20　FlexRay 通信周期动态段时序关系

4）符号窗

一个 FlexRay 通信周期可以有一个符号窗。符号窗通过配置设定一定数量宏时钟的时间宽度，这个配置值为零表示不用符号窗。在符号窗内的内容及功能由高层协议规定，FlexRay 节点发送一个符号表示某种自定义的特殊用途。

5）网络空闲向量

一个 FlexRay 通信周期的网络空闲向量用来对 FlexRay 网络进行调整，是不可缺少的部分。一个周期除去前面几个段使用的时间，余下的就是空闲段的长度。一个通信周期可以根据节点的实际需要，动态配置动态段和网络空闲向量各部分的带宽。在网络空闲向量时间范围内，FlexRay 网络中的节点不进行任何通信。

2. FlexRay 总线通信帧

帧（Frame），通信过程中交换信息的一个时间窗结构。FlexRay 总线通信帧分为静态通信帧（简称静态帧）和动态通信帧（简称动态帧），静态帧在静态时隙中传输，占用静态段的时隙；动态帧在动态时隙中传输，占用动态段的微时隙。

帧标识符（Frame Identifier），是标识一个帧的值，在通信周期的静态段，定义了这个帧的时间片位置；在动态段定义了这个帧的优先级，数值越小优先级越高。

作为实时型总线系统，FlexRay 可以实现为报文定义持续时间和所处位置固定的时间段，这些时间段就是通信循环静态段部分的“时隙时间”，简称“时隙”，如图 6－21 所示。在汽车信息系统中，自发事件可能发生在任意时刻，如此这样，便有了动态帧的微时隙概念。

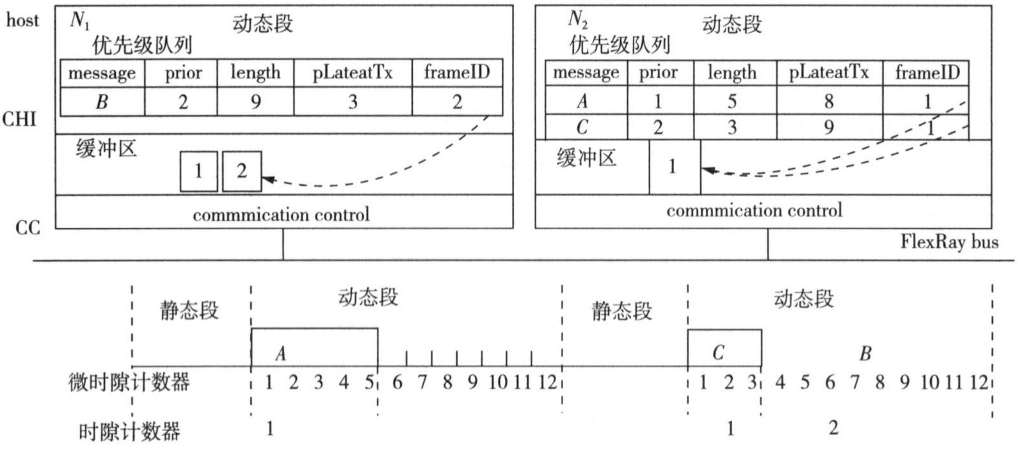

图 6－21 总线通信帧时隙及微时隙

1）帧格式

静态帧和动态帧的帧格式包括帧头段（Header Segment）、有效载荷段（Payload Segment）及帧尾段（Trailer Segment），如图 6－22 所示。节点在网络上传输数据时，首先传输的帧头段，其次是有效载荷段（数据），最后传输的是帧尾段。

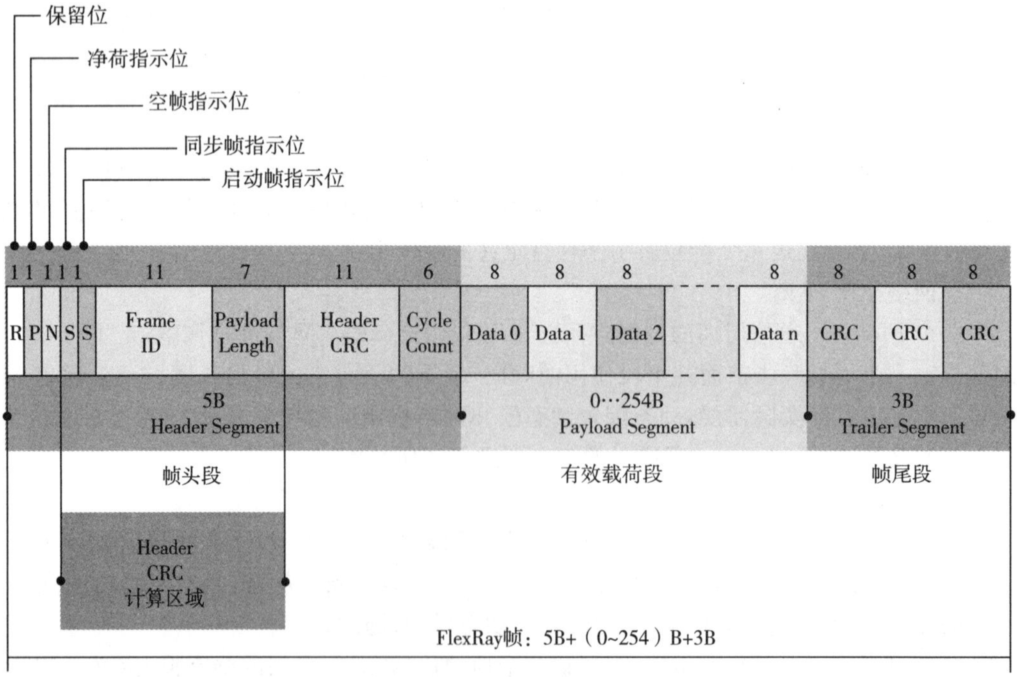

图 6－22 FlexRay 帧的格式

(1)帧头段。FlexRay 帧头段由 5B(40b)组成。包括保留位(1b)、净荷指示位(1b)、空帧指示位(1b)、同步帧指示位(1b)、启动帧指示位(1b)、帧 ID 位(11)、有效数据长度(7b)、头部 CRC(11b)、周期(6b)。

① 保留位(Reserved bit,1b)。保留位不能被应用功能使用,为日后的扩展做准备。发送时这一位置定义为逻辑"0",接收时忽略这一位。

② 净荷指示位(有效载荷前导指示位)(Payload Preamble Indicator,1b)。指明帧的负载段的向量信息,用于描述数据部分的一些特征。在静态帧中,该位指明的是网络管理矢量 Network Management Vector,其值为 1;在动态帧中,该位指明的是信息 ID,其值为 0,表示数据部分没有这些特殊信息。

③ 空帧指示位(Null frame indicator,1b)。指明负载段的数据帧是否为零,空帧指示位为 1 时,表示本帧有效数据部分有数据;空帧指示位为 0 时,表示本帧为空帧,有效数据部分没有数据。换而言之,没有传输有效数据的帧,其数据部分都置为 0。

④ 同步帧指示位(Syc Frame Indicator,1b)。指明这是一个同步帧,帧头含有一个标识部分,其中有帧实际到达时间和预计到达时间的偏差,其可用于时钟同步算法。

⑤ 启动帧指示位(Startup Frame Indicator,1b)。指明发送帧的节点是否为启始帧,帧头含有一个标识部分,帧中的时间信息可以在启动过程用来初始化系统。

⑥ 帧 ID(Frame ID,11b)。指明在系统设计过程中分配到每个节点的 ID(有效范围:1～2047);长度:说明负载段的数据长度。

⑦ 有效载荷段长度(有效数据长度 Payload Length,7b)。指示有效数据的长度,以字节为单位。

⑧ 头部 CRC(帧头 CRC,Header CRC,11b)。表明同步帧指示器和起始帧指示器的 CRC 计算值,以及由主机计算的帧 ID 和帧长度。

⑨ 周期计数(Cycle Count,6b)。指明在帧传输时间内传输帧的节点的周期计数。

(2)有效载荷段。FlexRay 有效载荷段有 0～254B,在图中分别以 Data 0、Data 1、…、Data n 表示。该信息 ID 使用负载段的前两个字节进行定义,可以在接收方作为可过滤数据使用。

① 数据。可以是 0～254B 或者说 0～127 个字,在图中分别以 Data 0、Data 1……表示。

② 信息 ID。使用负载段的前两个字节进行定义,可以在接收方作为可过滤数据使用。

③ 网络管理向量(NMV Ector)。该向量长度必须为 0～10B,并和所有节点相同。该帧的尾段包括硬件规定的 CRC 值。这些 CRC 值会在连接的信道上面改变种子值,以防不正确的校正。网络管理向量仅用于静态帧,发送节点的主机将网络管理向量作为应用数据写入通信控制器。

(3)帧尾段。FlexRay 帧尾只含有 3B(24b)的校验域,这个域包含了由帧头段与有效载荷段计算得出的 CRC 校验码。只含有单个的数据域,即 CRC 部分,包括帧头 CRC 和数据帧的 CRC。

2)帧编码与解码

一个信息帧在物理层传输要进行编码。把一帧本身要传输的信息加上位置标识以及同步等需要的信息编码成一个二进制位流,每一帧以一组位流在物理层由发送节点发出;接收端接收到这些位流进行解码,分解出一帧的信息,提供给链路层。

在物理层,FlexRay 总线采用 NRZ(非归零)编码,如图 6－23 所示。节点处理来自物理层的位流,分离出帧和符号信息,并将这些信息传递给相关的 FlexRay 处理机制。在节点的两个通信信道中,各有一套独立的编码和解码处理程序,一个给通信信道 A,一个给通信信道 B。

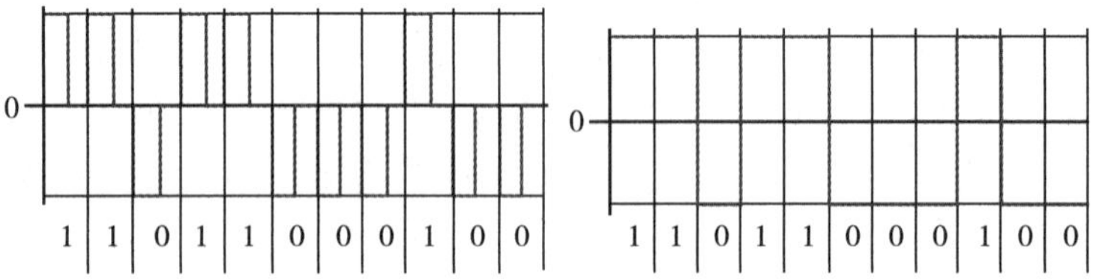

图 6－23　FlexRay 总线编码

NRZ 编码能确保报文紧凑,从而相同带宽下信息量更大。NRZ 编码不能保证有足够的跳变沿用于同步,容易带来节点间计时器误差的累计。

编码的过程实际上就是对要发送的数据进行相应的处理"打包"的过程,如加上各种校验位、ID 符等。解码的过程就是对收到的数据帧进行"解包"的过程。编码与解码主要发生在通信控制器与总线驱动器之间,如图 6－24 所示。编码插入序列是对一帧进行编码时加到帧中的二进制序列。

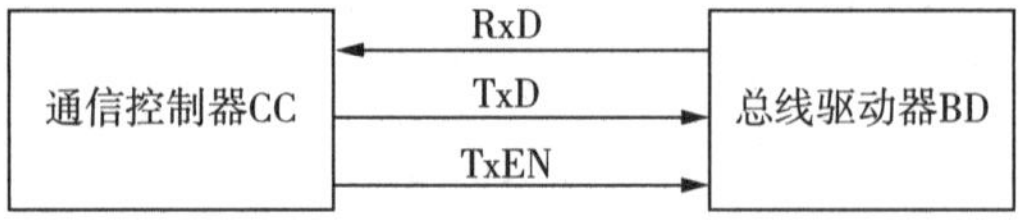

图 6－24　FlexRay 帧编码与解码

其中,RxD 为接收信号、TxD 为发送信号、TxEN 为通信控制器请求数据信号。对于双通道的节点,每个通道上的编码与解码的过程是同时完成的。编码与解码的过程主要由 3 个过程组成:主编码与解码过程(CODEC)、位过滤(Bit Strobing)过程和唤醒模式解码过程(WUPDEC),以主编码与解码过程为主要过程。

(1)帧编码。传输一个帧的时候,节点按照一定的要求把要发送的信息和插入序列组成一个位流,依次发送到物理层上。这个装配过程就是所谓的编码,基本步骤如下:

① 把一帧的所有信息分成字节。

② 在位流的最前面加入一个传输起始序列 TSS(Transmission Start Sequence)。发送节点在开始发送时,首先输出一个连续低位序列,长度可以通过配置设置,表示一个传输开始并建立发送与接收端的路径,接收端节点检测到这个状态,就判定总线由空闲进入忙状态,一个帧的传输过程开始。

③ 在 TSS 后面加入帧起始序列 FSS(Frame Start Sequence),在 TSS 之后加入的一

个高位，以补偿 TSS 部分同步的量化误差。

④ 在帧数据的每一个字节前面插入 BSS 得到扩展字节。字节起始序列 BSS(Byte Start Sequence)包含连续的一个高位和一个低位。发送节点在一帧每一个字节信息(每 8 位数据)前面都加上 BSS，为接收端提供时间同步信息。

⑤ 按照原来帧信息的数据顺序排列所有扩展字节。

⑥ 计算帧的 CRC 校验码，并把校验码各个字节加 BSS 进行字节扩展。

⑦ 在如上形成的位流后面加上一个帧结束序列 FES(Frame End Sequence)。一帧所有的信息发出之后，发送节点紧接着发送的连续一个低位一个高位，表示一帧结束。

⑧ 如果是动态段的帧，再在后面加上一个 DTS。动态段帧尾序列 DTS(Dynamic Trailing Scquencc)，用于动态段的帧尾，指示发送端微时间片工作点的准确时间。DTS 包括先低后高两部分，低的部分可变长，至少保持一个位时间，在下一个微时间片的工作点变高，高的部分固定为一个位时间。发送节点在发送动态段的帧时，紧接 FES 之后发送 DTS。

静态段帧和动态段帧的编码如图 6-25 和图 6-26 所示。

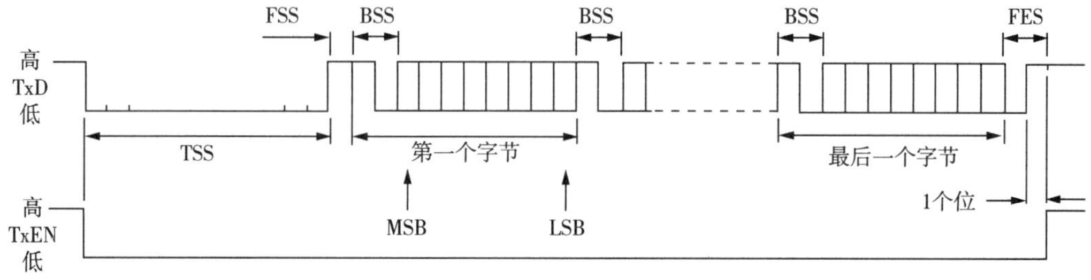

图 6-25　FlexRay 静态段帧编码

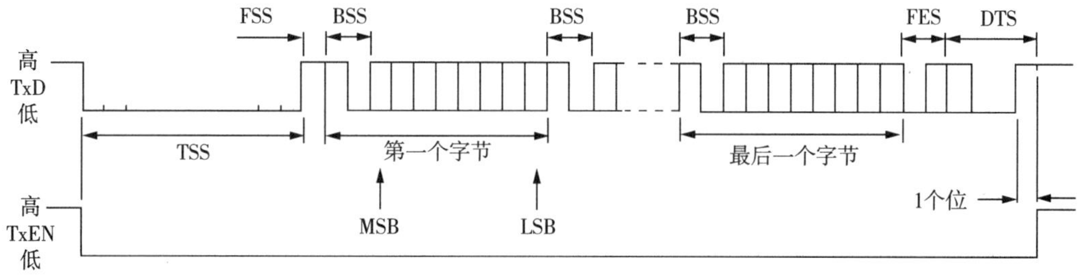

图 6-26　FlexRay 动态段帧编码

(2)帧解码。对于接收端，在总线空闲时监测到总线上传输起始序列 TSS，表示有帧将要启动传输，这时启动帧接受过程，按照同步机制定时，开始接收后续位流，并按照编码规则进行解码处理。当接收端节点检测到错误的时候，终止通信位流的解码过程，并一直等待总线回到空闲状态。

3. 时钟同步

为了能够在联网控制单元内同步执行各项功能，需要一个共同的时基。因为所有控制单元利用其自身的时钟脉冲发生器工作，所以必须通过总线进行时间匹配。

控制单元测量某些同步位的持续时间，据此计算平均值并根据这个数值调整总线时钟脉冲。同步位在总线信息的静态部分中发送。

系统启动后，只要 CAS 控制单元发送一个唤醒脉冲，FlexRay 上的两个授权唤醒控制单元之间就会开始进行同步化。该过程结束时，其余控制单元相继自动在 FlexRay 上注册，计算出各自的差值并进行校正。此外，在运行期间还会对同步化进行计算校正。这样可以确保最小的时间差，从而在较长时间内不会导致传输错误。

1)时钟同步测量过程

每个通信周期计算相位偏差；每两个通信周期计算频率偏差，如图 6－27、图 6－28 所示。

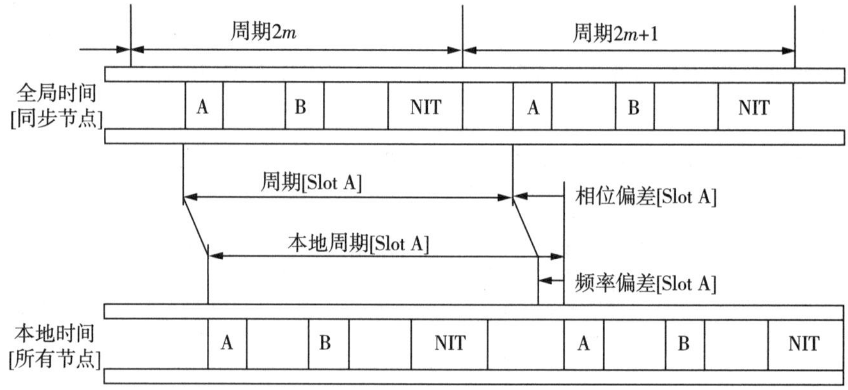

图 6－27　时钟同步测量过程

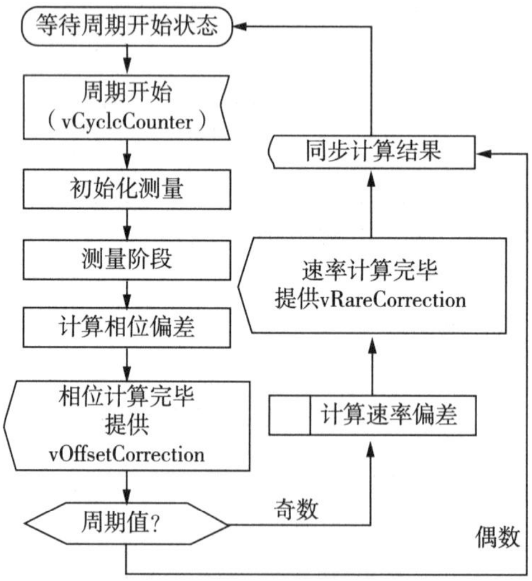

图 6－28　时钟同步流程

2)时钟同步机制

FlexRay 时钟同步机制。时钟偏差分为相位(Offset)偏差和频率偏差，通过单次增加或减少每个周期中网络空闲时间(Netwrok Idle Time,NIT)内的微节拍个数来修正相位偏差,奇数周期的 NIT 内修正,必须在下一周期开始前完成。通过长期调整 NIT 微节拍数量来修正频率偏差,如图 6-29 所示。

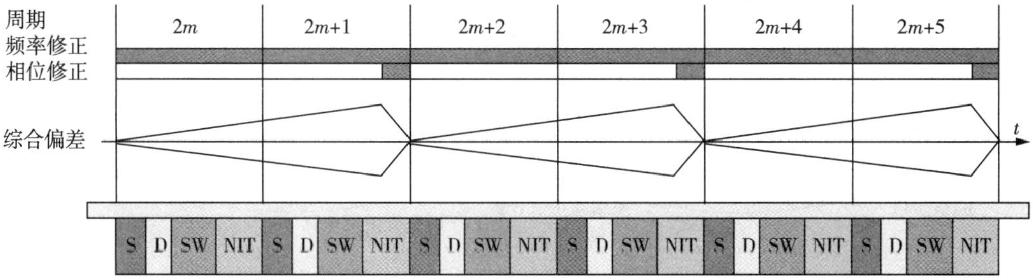

图 6-29　时钟同步修正过程

3)时钟的层次结构

在 FlexRay 簇和节点中,时间单位的层次有周期、宏时钟节拍、微时钟节拍,其关系见图 6-30。微时钟直接由通信控制器的振荡器产生,是面向通信控制器的时间单位,也是一个节点里面最小时间单位。

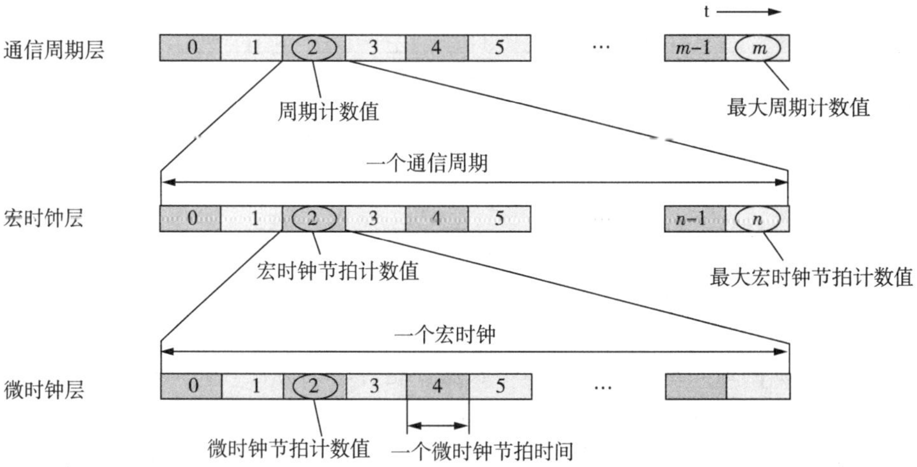

图 6-30　时间单位的层次

4)时钟的同步过程

FlexRay 的时钟同步过程。时钟同步包含两个主要的过程:一个是宏时钟产生过程(MTG),其控制宏时钟计数器和周期计数器,并进行频率和相位偏移的校正;另一个是时钟同步过程(CSP),其完成周期开始时的初始化、检测并存储偏差值以及计算速率和偏移的校正值。这两个过程的定时关系以及与媒体访问的关系如图 6-31。

FlexRay 的通信是在周期循环中进行的,如图 6-32 所示。一个通信循环始终包括静态段(ST)和网络闲置时间(NIT),还可能包括动态段(DYN)、符号窗口(SW)。ST 和 DYN 由时槽 Slot 构成,通过时槽传输帧信息,时槽经固定的周期而重复。协议内部流程

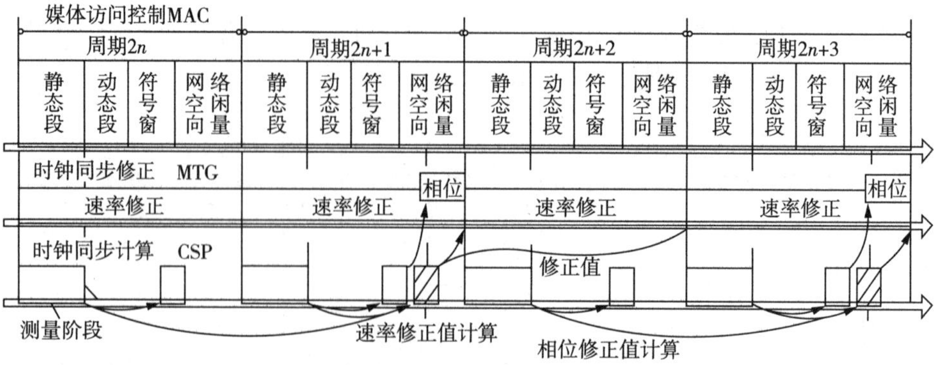

图 6-31 MTG、CSP 与 MAC 的时间关系表

需要网络闲置时间，并且在这个时段内，集群的节点之间不进行任何通信。所谓集群(Clique)是指一组具有一定相同系统属性的通信控制器。

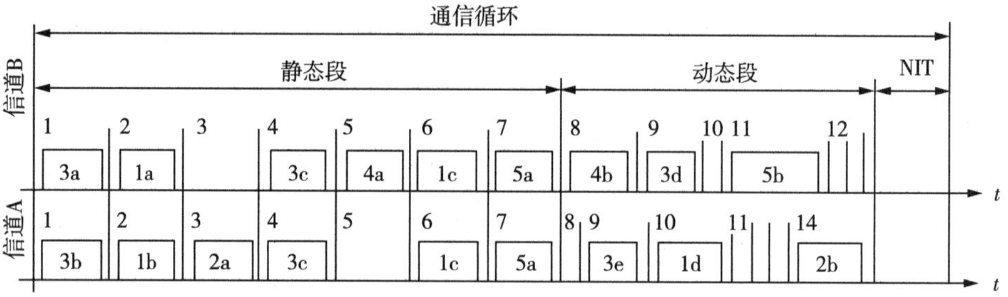

图 6-32 带静态和动态段的通信循环

在静态段中，采用时分多址 TDMA 技术实现时间触发。将多个时槽固定分配给每个节点，这些时槽内，只允许该节点传输数据。所有时槽的大小相同，并且是从 1 开始向上编号，在运行期间，该时槽的分配不能修改，静态部分传送的信息在通信开始时就应该组合好，传输数据的最大量不能超过固定长度。这种访问方法，可保证在静态段中传输的特定消息，在周期循环中拥有固定的位置，接收器可提前知晓消息到达的时间，并且到达时间的临时偏差幅度会非常小。因此，即便行车环境恶劣多变，干扰了系统传输，FlexRay 协议也可确保将信息延迟和抖动降至最低，从而尽可能保持传输的同步与可测试。这对需要持续的高速性能的应用(如线控制动、线控转向等)来说非常重要(图 6-32)。

动态段采用更灵活的时分多址技术 FTDMA，使用小时槽 Mini－Slot 作为访问动态部分的通信媒介。各个节点利用信息 ID(报文 ID)中定义好的优先级竞争带宽。如果在小时槽中出现了总线访问，时槽就会按照需要的时间来扩展，因而总线的带宽是动态可变动。

4. FlexRay 总线数据传输

1)冗余数据传输

FlexRay 总线节点能够同时支持两个完全独立的物理通道：通道 A 和通道 B，两个通道传输的信息是相同的，可通过冗余备份来实现容错。双通道保证了网络正常运行期间通信速度更快，同时确保某个传输通道出现故障时提供数据传输冗余，增强系统容错能力。在 FlexRay 容错性系统中，为确保数据能持续可靠传输，即使总线系统某一传输通道发生故障，另一通道支持冗余数据的并发传输，并且知道进行故障处理的位置，如图 6-33所示。

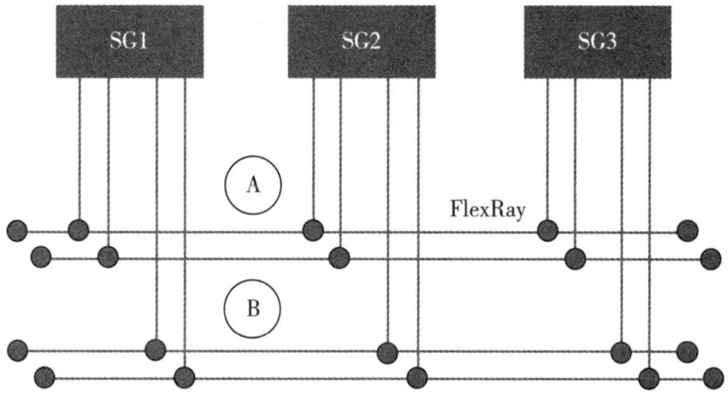

图 6-33　冗余数据传输

例如，线控制动（Brake-by-Wire）通过与制动卡钳安装在一起的精密电机和电子设备来控制蜗杆，不再使用任意泄露的主缸、分泵、各类管道和专用液体等。为了确保制动操作的可靠运行，采用一定的冗余是十分必要的。

具有冗余数据传输能力的总线系统使用两个彼此无关的通道。每个通道都由一个双绞线连接组成。一个通道失灵时，故障通道应传输的信息放到非故障通道上一起传输。即使带有冗余数据传输，也可以利用 FlexRay 使用混合拓扑结构。

2）确定性数据传输（时间控制型）

FlexRay 总线系统是一种时间控制型总线系统，该系统也可以用于以事件控制方式传输据传输的部分区域，如图 6-34 所示。

CAN 总线系统是一种事件触发（控制）型总线系统，存在一个事件时就会传输数据，事件触发不可避免地会产生报文不确定、总线负载率接近极限、没有带宽储备及对应容错设计。如果许多事件汇集在一起，则可能在另一条信息能够发送前出现延迟现象。如果无法成功且无错误地传输一条信息，则该信息将一直发送到通信设备作出确认。如果总线系统内出现故障，则可能导致这些事件控制的信息汇集在一起并造成这些系统过载，就是说各信号的传输要延迟很长时间，这种情况可能导致各系统的控制特性变差。

FlexRay 总线系统在时间控制的区域内时隙分配给确定信息。一个时隙是指一个规定的时间段，该时间段对某一信息开放。这样，在 FlexRay 总线系统内重要的周期性信息以固定的时间间隔传输，因此不会造成 FlexRay 总线过载。对时间要求不高的其他信息则在事件控制的区域内传输。

FlexRay 为时间控制型总线，确定性数据传输用于确保时间控制区域内的每条信息都实时传输，即每条信息都在规定时间内进行传输。因此不会由于总线系统过载而导致重要总线信息发送过迟。如果由于暂时性故障（例如 EMC 故障）而造成一条信息丢失，

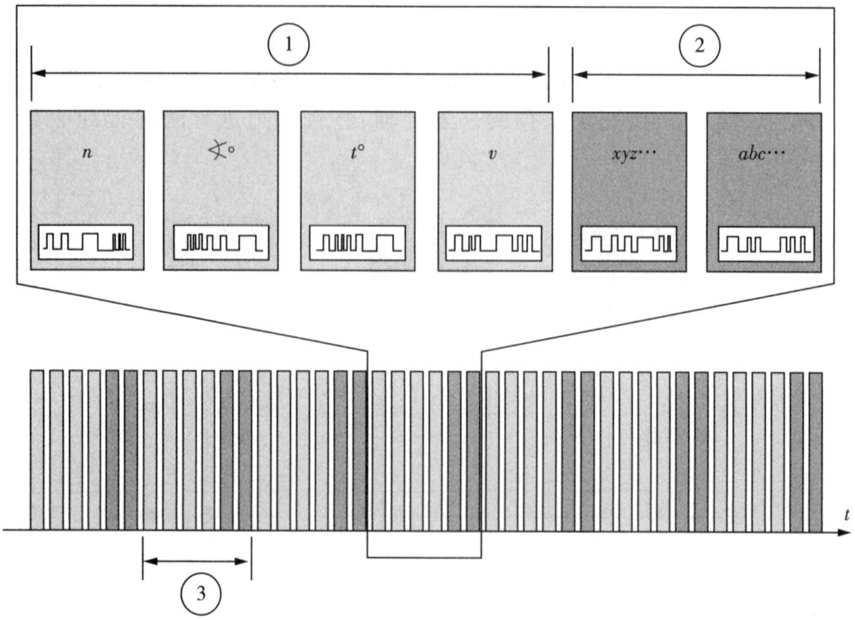

图 6 - 34 FlexRay 总线系统内确定性数据的传输过程

1—循环数据传输的事件触发区域；2—循环数据传输的时间触发区域；3—循环[总循环时间 5ms。其中 3ms 为静态(时间触发)，2ms 动态(事件触发)]；n—转速；)∡°—角度；t°—温度；v—车速；xyz…，abc…—事件触发的信息；t—时间

则这条信息不会再次发送。

由于 FlexRay 总线通信是基于时间触发的总线系统，因此在时间控制区域内，时隙会分配给确定的消息，即会将规定好的时间段分配给特定的消息，时隙是经固定周期重复，也就是说信息在总线上的时间可以被预测出来，因此保证了确定性数据传输。

3)FlexRay 数据通信过程

(1)初始化流程。由于 FlexRay 通信主要是基于时间触发的周期性通信循环，时间同步是 FlexRay 网络的通信基础；FlexRay 网络将启动节点的时钟作为参考，通过启动，建立整个网络的同步时间，且在通信的过程中，其他节点不断地以此为基准进行自我校正。FlexRay 的初始化，主要是实现 FlexRay 网络通信之间的唤醒、启动、时间同步，是现实 FlexRay 网络正常通信的基础，FlexRay 网络的具体启动配置流程图如图 6 - 35所示。

(2)数据发送流程。当 FlexRay 网络正常启动后，才可以进行 FlexRay 数据通信。在静态段中，它是基于 TDMA(时分多址)技术的时间触发，是通过事先安排好的时刻表赢得总线。所谓时分多址(Time Division Multiple Access，TDMA)是指把时间分割成周期性的帧(Frame)，每一个帧再分割成若干个时隙向基站发送信号，在满足定时和同步的条件下，基站可以分别在各时隙中接收到各终端的信号而不混扰。同时，基站发向各终端的信号都按顺序安排在预定的时隙中传输，各终端只要在指定的时隙内接收。

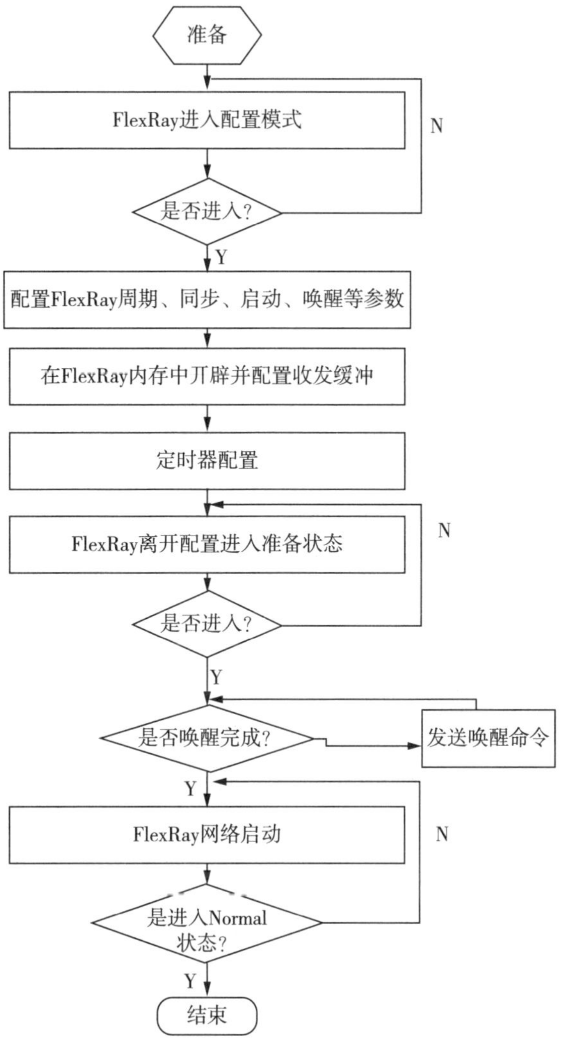

图 6-35　FlexRay 初始化流程

FlexRay 消息发送的中断产生过程：TDMA 时分表中的每个时槽都会对应一个中断，且这些中断按时分表在时间轴上分布开来，只有在其对应的时槽时刻，才会由 FlexRay 模块自动置位中断，且每个时槽的发送中断产生与标志置位都是在该时槽数据发送完毕之后，由 FlexRay 模块自动产生相应的置位与中断；当进入 FlexRay 对应时槽的中断服务程序后，调用发送函数，锁定发送时槽对应的发送缓存，对发送缓存赋值并置位发送，最后解锁发送缓存，等待下一个周期该时槽的发送刻到来发送。FlexRay 总线数据发送中断流程如图 6-36 所示。

(3)数据接收流程。FlexRay 通信接收流程，如图 6-37 所示。FlexRay 数据接收也是采用中断方式，FlexRay 协议控制器采用“提前搜索算法”来保证数据准时接收。在 FlexRay 中，每一个接收时槽的接收中断产生都是在时槽接收数据完毕并确认有效后，由 FlexRay 模块自动产生相应的接收中断。当进入 FlexRay 对应时槽中断服务程序后，程序调用接收函数，锁定接收时槽对应的接收缓存，确认为数据帧后，读取接收缓存中的数据与帧长度，最后解锁接收缓存，等待下一个周期该时槽的接收时刻到来。

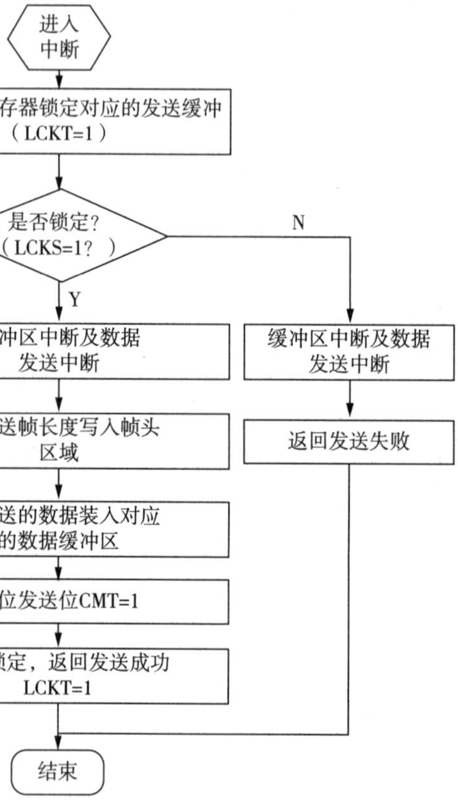

图 6－36　FlexRay 数据发送流程

5. FlexRay 总线唤醒与启动

1)FlexRay 总线唤醒与启动

当 FlexRay 总线节点处于睡眠模式时，除了驱动器一直与电压源相连外，其他元件的供电电源都被切断，而驱动器能够唤醒或激活这种模式的节点。当节点接收到唤醒特征符(Wakeup Symbol)后，主机处理器和通信控制器才进行上电。唤醒特征符如图 6－38所示，一个节点只能唤醒一条总线，多个节点可以同时唤醒同一总线。

在唤醒阶段，簇中的每个节点有两个方面的操作：①从“断电(Power Off)状态”进入“上电(Power On)状态”；②进入“就绪(Ready)状态”。

在通信启动执行之前，整个簇需要被唤醒。启动节点工作时，需要在所有通道上同步执行。初始一个启动过程的行为被称为冷启动(Coldstart)，能启动一个起始帧的节点是有限的，它们称作冷启动节点(Coldstart Node)。在至少由三个节点组成的簇中，至少要有三个节点被配置为冷启动节点。组成簇的节点少于三个时，每个节点都应配置为冷启动节点。每个起始帧同样应为同步帧，因此每个冷启动节点同样应为同步节点。冷启动节点中，主动启动簇中消息的节点称为主冷启动节点(Leading Coldstart Node)，其余的冷启动节点则称为从冷启动节点(Following Coldstart Node)。被配置传输同步帧的节点称为同步节点(Syncnode)。

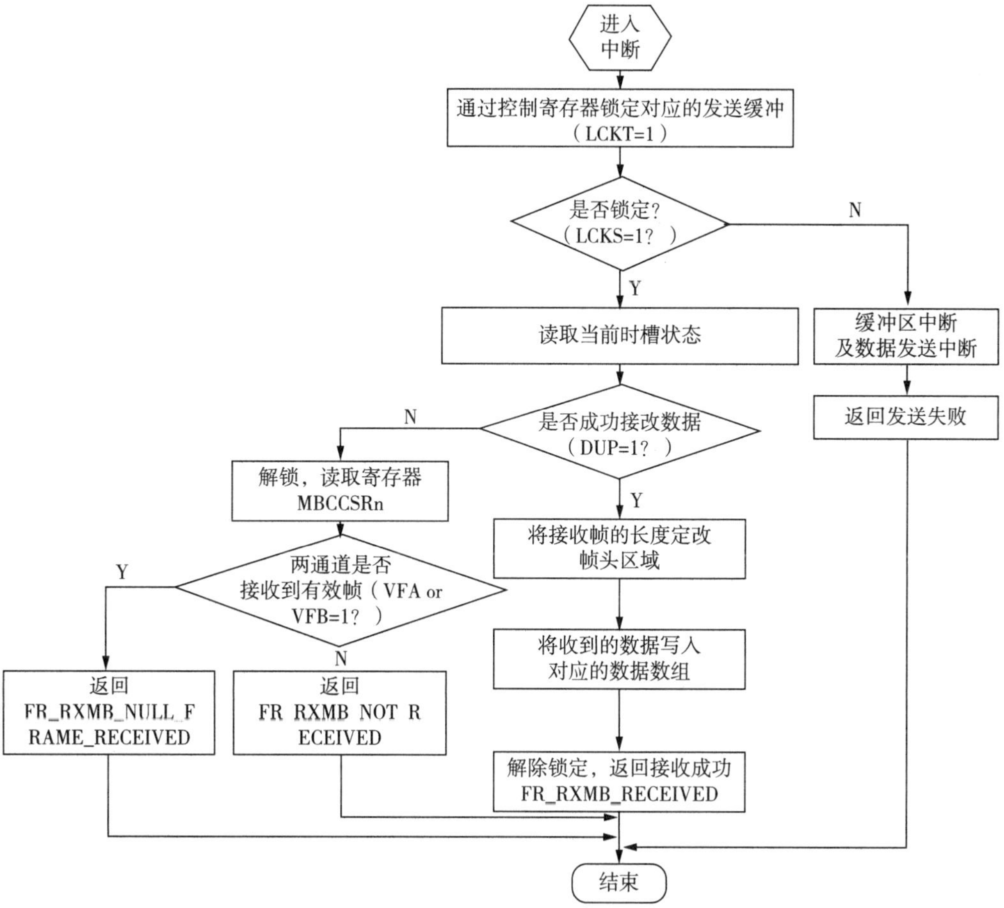

图 6-37　FlexRay 数据接收流程

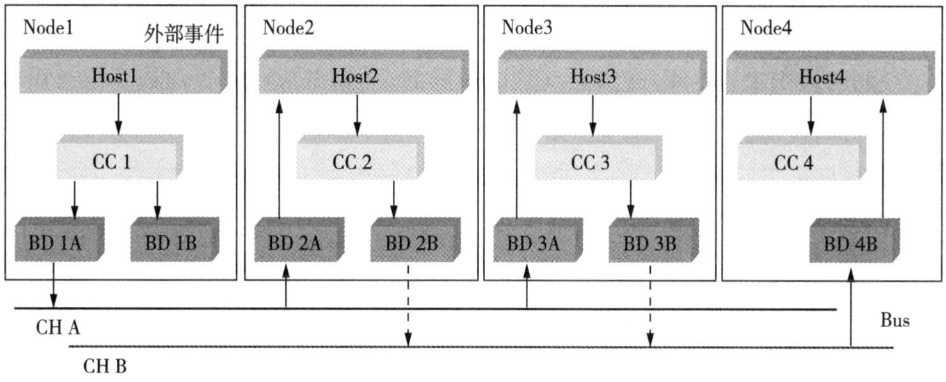

图 6-38　FlexRay 唤醒特征符

当节点被唤醒并完成初始化后，它就可以在相应的主机控制命令发出之后进入启动程序。在非冷启动节点接收并识别至少两个相互通信的冷启动节点前，非冷启动节点一直等待。同时，冷启动节点监控两个通信通道，确定是否有其他的节点正在进行传输。当检测到通信信道没有进行传输时，该节点就成为主冷启动节点。如图 6-39 所示为启动的过程。其中，A 是主冷启动节点、B 是从冷启动节点、C 是非冷启动节点。

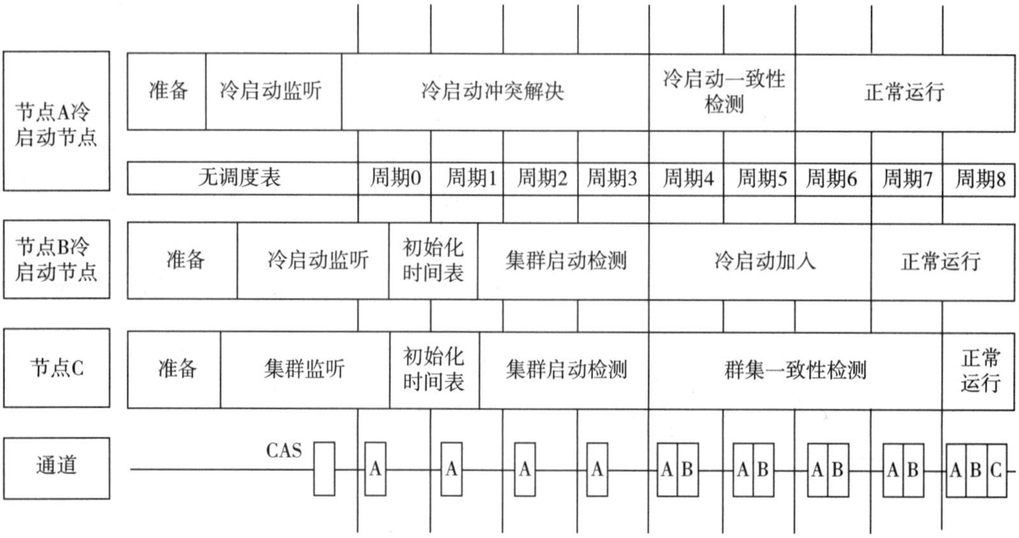

图 6-39　FlexRay 启动过程

FlexRay 具有在没有外部同步时钟信号的情况下同步网络上的节点的独特能力。为此，它使用两种特殊类型的帧：启动框架和同步框架。要启动 FlexRay 集群，至少需要两个不同的节点来发送启动帧。启动 FlexRay 总线的动作称为冷启动，发送启动帧的节点通常称为冷启动节点。启动帧类似于启动触发器，它告诉网络上的所有节点启动。

一旦网络启动，所有节点必须将其内部振荡器与网络的宏标记同步。这可以使用另外两个同步节点来完成。这些可以是网络上预先指定在第一次打开时广播特殊同步帧的任何两个独立节点。网络上的其他节点等待同步帧被广播，并测量连续广播之间的时间，以便将其内部时钟校准到 FlexRay 时间。

一旦网络被同步和在线，就测量网络空闲时间，并用于从一个周期到另一个周期调整时钟，以保持紧密的同步，如图 6-40 所示。

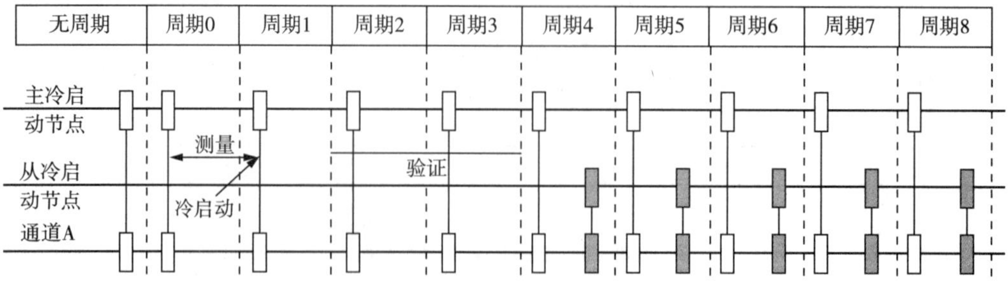

图 6-40　FlexRay 总线启动

2)宝马 FlexRay 总线唤醒及休眠

在宝马 F01/F02 车型中,尽管可以通过总线信号唤醒 FlexRay 总线控制单元,但大部分 FlexRay 控制单元由 CAS(便捷登车及起动系统)通过一个附加唤醒导线启用,该唤醒导线的功能与以前 PT-CAN 内的唤醒导线(15WUP)相同,其信号曲线与 PT-CAN 的信号曲线一样。

主动转向系统(AL)和垂直动态管理系统(VDM)不通过唤醒导线,而是通过总线信号唤醒。随后通过接通供电直接由 VDM 启用四个减振器卫星式控制单元。FlexRay 的唤醒信号曲线如图 6-41 所示,从中可以清楚地看出车辆开锁(打开车门锁)和起动时的典型的电压曲线。

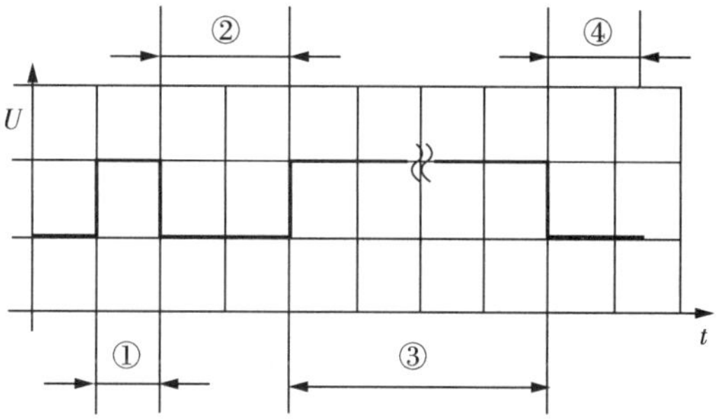

图 6-41　F01/F02 车型 FlexRay 的唤醒信号曲线

阶段 1:驾驶员将车辆开锁。便捷登车及起动系统 CAS 控制单元启用唤醒脉冲并通过唤醒导线将驾驶员开锁信号传输给所连接的 FlexRay 控制单元。

阶段 2:驾驶员进入车内,在车钥匙插入点火开关之前,打开车辆,总线端 R 仍处于关闭状态,总线系统内的电压电平再次下降。总线端 R 如图 6-42 所示。

阶段 3:起动车辆,总线端 15 接通,电压电平保持在设定值,直至再次关闭总线端 15。总线端 15 如图 6-42 所示。

阶段 4:驾驶员关闭发动机,锁好车门,总线端 R 再次关闭,此时整个车辆网络必须进入休眠模式,以免耗电过多。为确保所有控制单元都“休眠”,网络内的每个控制单元都自动注销。

供电总线端包括:总线端 30、总线端 30B、总线端 30F、总线端 15N,通过不同总线端为车载网络内的设备供电。唤醒车辆时,便捷登车及起动系统控制继电器显示状态信息,并通过 K-CAN 发送总线端状态信号。逻辑总线端(包括总线端 R、总线端 15、总线端 50,宝马新车型总线端名称有变化)不能作为供电总线端使用,只能表示一种状态。通过按压 START-STOP 按钮启用或停用。例如,总线端 15 用于发出“点火开关打开/点火开关关闭”状态信号,不用于供电。

电源模块通过总线端 0～60min 后进入休眠电流监控功能,如果在 60min 以内对车辆进行操作(例如,打开中控锁、行李舱盖),就会开始执行休眠电流监控功能。如果 3 周内没有任何操作请求,就会断开蓄电池与车载网络的连接,从而避免蓄电池过度放电。

为了防止用电器持续启用期间蓄电池放电,总线端 R 关闭 16min 后将执行中央用电

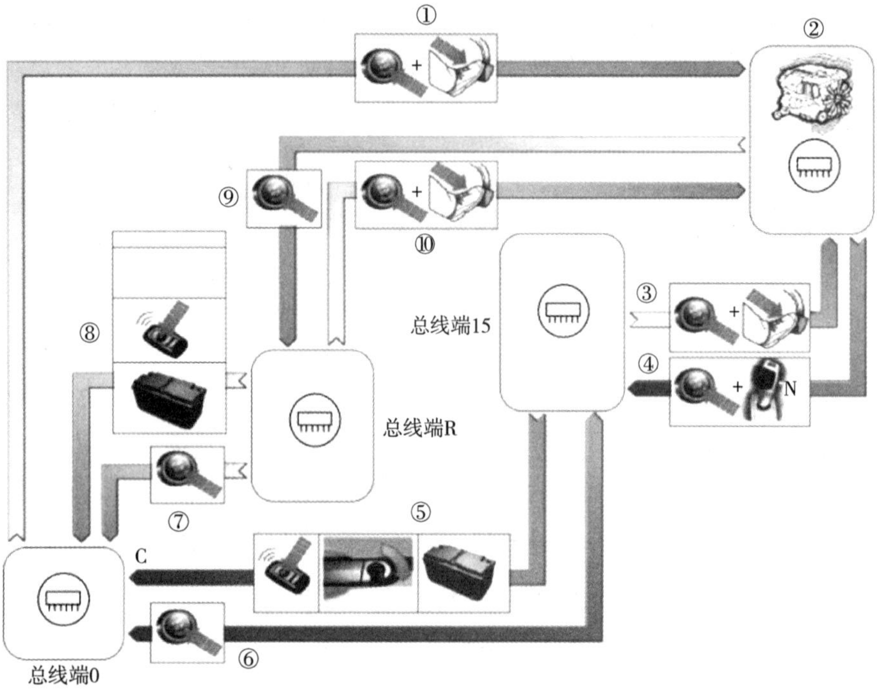

图 6-42　F01/F02 车型 FlexRay 总线端控制

器关闭功能。这些用电器包括：IB（车内照明装置）、VAK（车身区域的用电器关闭）、VAD（车顶区域的用电器关闭）。

F01/F02 车型 FlexRay 总线端控制过程（图 6-42）：

（1）操作 START-STOP 按钮和制动踏板→启用总线端 50 且起动发动机。

（2）发动机运转（总线端 50>线端 15）。

（3）操作 START-STOP 按钮和制动踏板→起动发动机。

（4）将换挡杆挂入 N 挡且通过 START-STOP 按钮使发动机停止运转时，总线端 15 接通 15min。

（5）车辆上锁或达到起动能力限值时，总线端 15 关闭。

（6）通过操作 START-STOP 按钮在总线端 15 和总线端 0 之间切换总线端状态。

（7）通过操作 START-STOP 按钮使总线端状态从总线端 R 切换至总线端 0。

（8）超过 8min 或车辆上锁或达到起动能力限值时，从总线端 R 切换至总线端 0。

（9）短促按压 START-STOP 按钮→发动机停止运转。

（10）操作 START-STOP 按钮和制动踏板→起动发动机。

二、FlexRay 总线的检测

（一）FlexRay 总线终端电阻检测

1. FlexRay 总线终端电阻的设置

与大多数总线系统一样，为了避免在总线上产生信号反射，FlexRay 总线的数据导线两端也使用了终端电阻，这些终端电阻的阻值由数据传输速率和导线长度决定，终端电阻位于控制单元内部。只有个别情况下才会直接安装在导线束内，例如 D－CAN。如果一个总线驱动器上仅连接一个控制单元(例如，SZL 与总线驱动器 BD0 相连)，则总线驱动器和控制单元的接口各有一个终端电阻。中央网关模块的这种连接方式称为“终止节点终端”(图 6－43、图 6－44)。

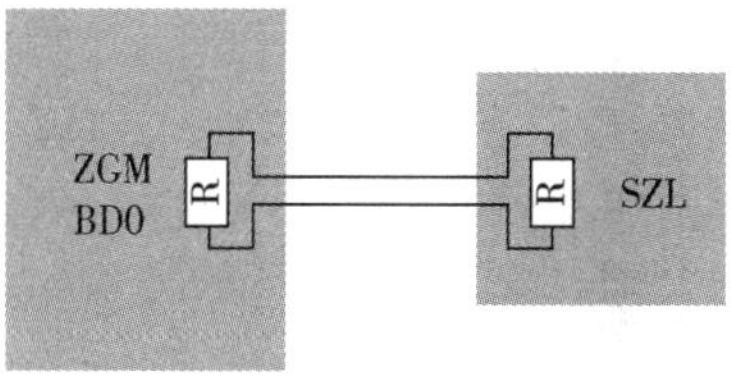

图 6－43　终止节点终端内部的终端电阻

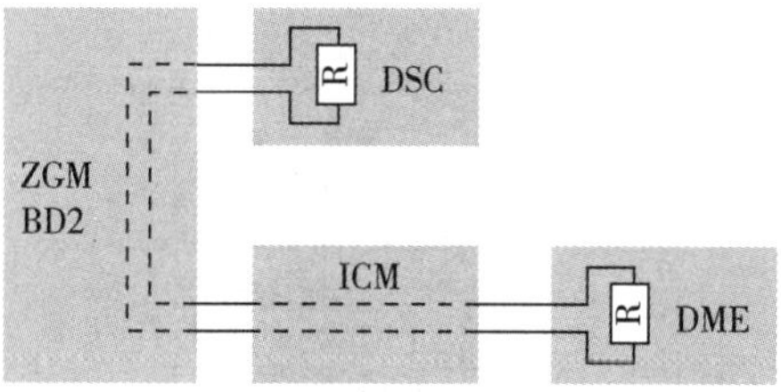

图 6－44　形成环路的 FlexRay 终端电阻的设置

如果控制单元上的接口不是物理终止节点(例如，总线驱动器 BD2 上的 DSC、ICM 和 DME)，则称为 FlexRay 传输和继续传输导线。在这种情况下，每个总线路径两端的组件都必须以终端电阻终止。这种连接方式既用于中央网关模块，也用于一些控制单元。但带有传输和继续传输导线的控制单元使用一个“非终止节点终端”获取数据。

为了有效防止网络中的电磁干扰，可按如图 6－45 所示，在 BP 和 BM 之间使用共模抑制线圈。对共模抑制线圈的要求，如引线电阻功率(＜1W)、电感(＞50mH)以及杂散电感(＜1mH)。

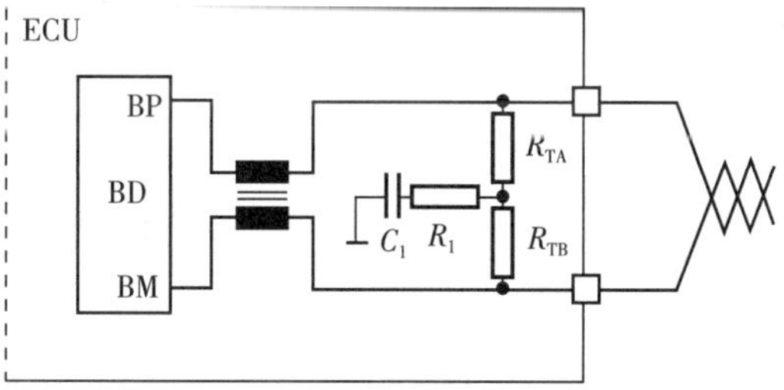

图 6－45　具有共模抑制线圈和终端电阻的节点 ECU

为避免信号的反射和回波，在 FlexRay 通信网络中物理上最远的两个节点间分别加上终端电阻。为了获得更好的 EMC 性能，将在 BP 和 BM 两根线之间的终端电阻分成 RTA 和 RTB，总线上的共模信号通过 RC 电路连接到搭铁，如图 6－45 所示。终端电阻各参数推荐值见表 6－1。

表 6－1　终端电阻各参数推荐值

项目	描述	典型值	单位
R_1	电阻	＜10	Ω
C_1	电容	4700	pF
$2\times\|R_{TA}-R_{TB}\|/(R_{TA}+R_{TB})$	终端电阻匹配	≤1	%

宝马 E70 车型 FlexRay 总线所有卫星式控制单元 EDC 都分别通过插接连接件连接在 VDM 控制单元上。终端电阻位于 EDC 卫星式控制单元内。每个卫星式控制单元都带有一个终端电阻。由于导线的波涌阻抗(高频导线阻抗)取决于外部影响因素,所以针对所要求的电阻值精确匹配了终端电阻,如图 6-46 所示。

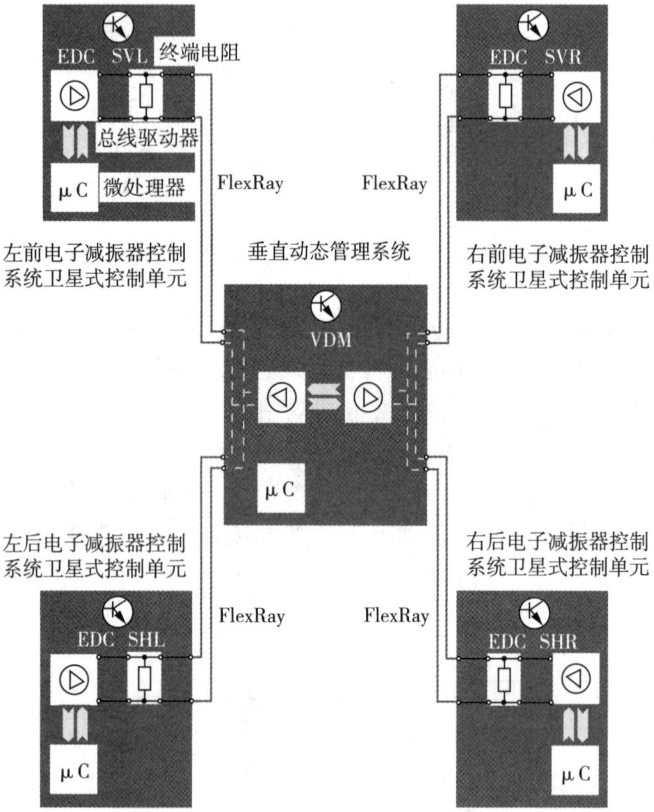

图 6-46 E70 车型 FlexRay 总线拓扑结构

在内部左侧和右侧 EDC 卫星式控制单元则连接为一个线形拓扑结构。两个线形结构通过一个由两个总线驱动器组成的双星形结构连接在一起。由某一个 EDC 卫星式控制单元或由中央 VDM 控制单元发出的每一条信息都会到达所连接的所有控制单元处。

如图 6-47 所示为奥迪 A6L FlexRay 总线终端电阻网络图,中间控制单元有四个总线接口,有两个 1.3kΩ 的串联电阻,末端控制单元有两个总线接口,有两个 47Ω 的串联电阻,中间控制单元不会阻碍信号的传送。

奥迪 FlexRay 总线终端电阻,如图 6-48 所示。

如图 6-49 所示为路虎发现轿车 FlexRay 网络拓扑图,网络包含三个分支,每个分支均使用一对扭结电线构建,每个分支的末端均配有终端电阻器,这些电阻器按串联方式连接。

FlexRay 总线在 E70 车型垂直动态管理系统上的应用,如图 6-50 所示。

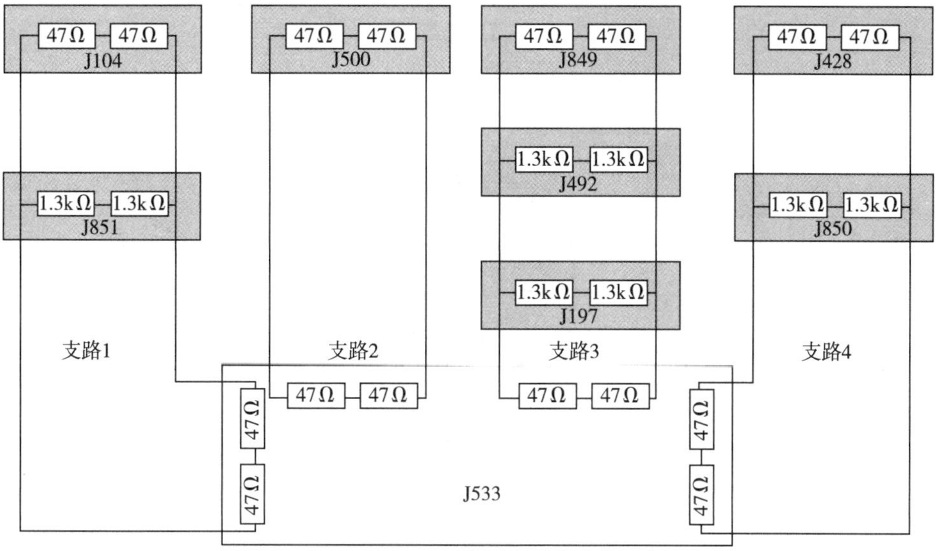

图 6-47　奥迪 A6LFlexRay 总线拓扑结构及终端电阻

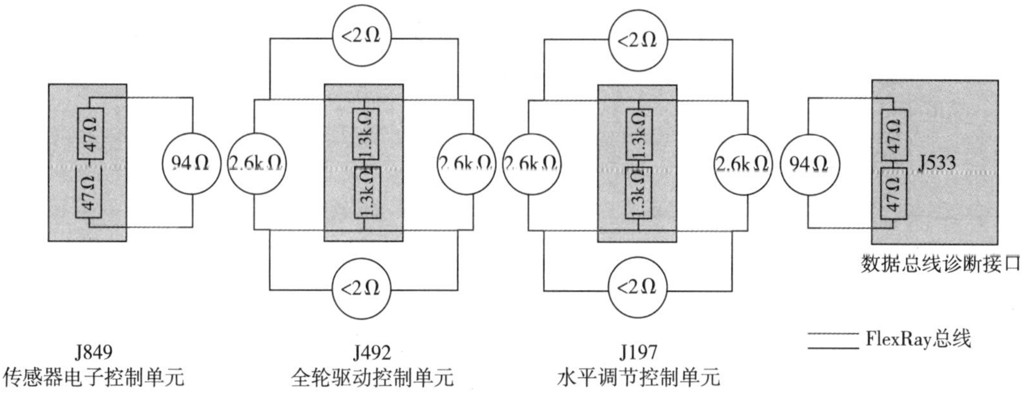

图 6-48　奥迪 FlexRay 总线终端电阻

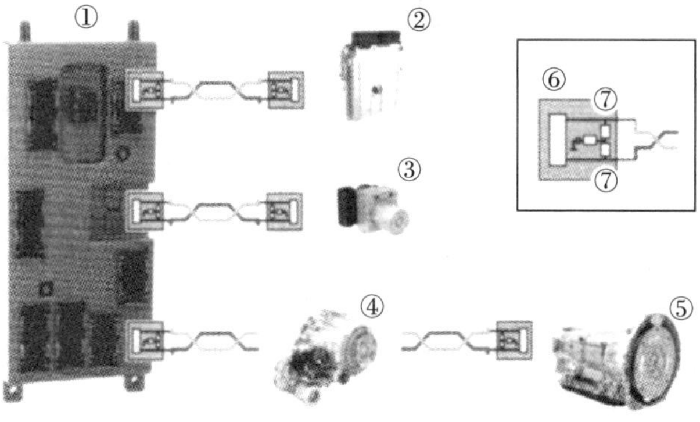

图 6-49　路虎发现 FlexRay 网络拓扑图

1-BCM/GWM；2—ECM；3—ABS；4—TCCM(分动器模块)；5—TCM；6—FlexRay™终端电阻器电路；7—电阻器

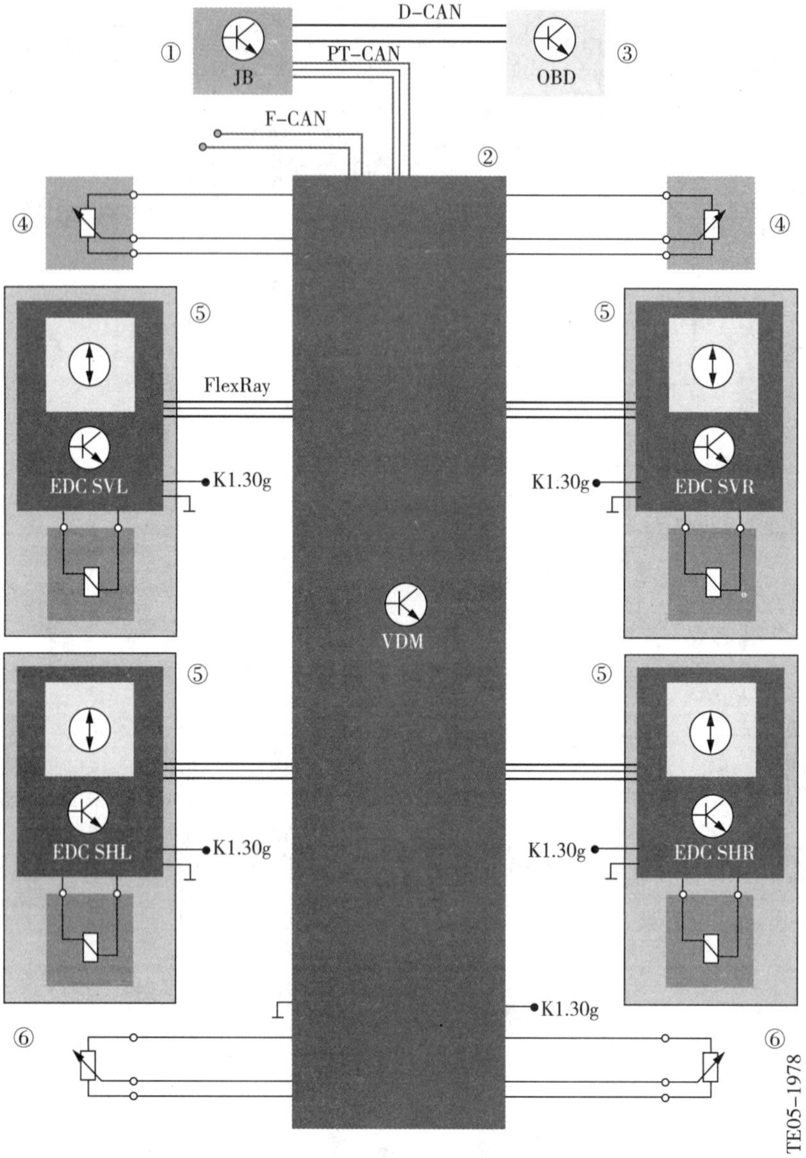

图 6-50　FlexRay 总线在 E70 车型垂直动态管理系统上的应用

1—接线盒控制单元；2—垂直动态管理系统 VDM；3—诊断插座；4—前部车辆高度传感器；5—带有垂直加速度传感器和电磁阀的 EDC 卫星式控制单元；6—后部车辆高度传感器；D-CAN—诊断 CAN；F-CAN—底盘 CAN；PT-CAN—动力传动系 CAN

2. FlexRay 总线终端电阻的检测

一般可通过测量终端电阻来初步判断总线故障。对于宝马 E70 而言，借助电阻测量仪（欧姆表、万用表）可以相对简单地检测到卫星式控制单元的四部分导线。从 VDM 控制单元处进行测量终端电阻，可得出如下结论：

RBP-BM=10Ω，这部分导线短路。

RBP-BM=10～90Ω，这部分导线损坏，如插头潮湿、导线挤压变形。

RBP－BM＝90～110Ω，这部分导线正常且卫星控制单元 EDC 已连接。

RBP－BM＞110Ω，这部分导线断路、卫星控制单元 EDC 未连接或者至卫星控制单元 EDC 的连接断开。

（二）FlexRay 总线电压

1）信号的创建

FlexRay 总线传输的电信号是二进制码元，如位、帧等，它们是由 CC 创建的。CC 可以是位于微控制器之外的专用集成电路，也可以直接集成到微控制器中。在传输速率为 10Mb/s 时，它的作用是产生标称持续时间为 100ms 的一系列二进制位。传输媒体所携带的信号是符合二进制逻辑的电气信号，这类信号应具有三个特征：编码、速度和物理表示。

FlexRay 总线被传输的数据是由“0”和“1”组成的，位编码方法使用了不归零（NRZ）编码，它用正电压表示一种二进制值，负电压表示另一种二进制值，物理信号一旦确定下来，在整个二进制位持续时间内不会改变。

当位编码确定后，就要定义位编码的物理表示。位的物理表示形式多种多样。现有的 FlexRay 物理层规范只针对差分对型有线媒体给出了物理表示形式。在这种情况下，电气信号以“差分模式”进行传输。如图 6－51 所示，BP 和 BM 表示 FlexRay 总线的两条总线电缆，两条线缆之间的差分电压定义为：$u_{Bus}=u_{BP}-u_{BM}$，BP（Bus Plus）为正线、BM（Bus Minus）为负线。根据 u_{BP} 和 u_{BM} 的不同电压，使用不同的信号 BP（Bus Plus）和 BM（Bus Minus）进行通信。

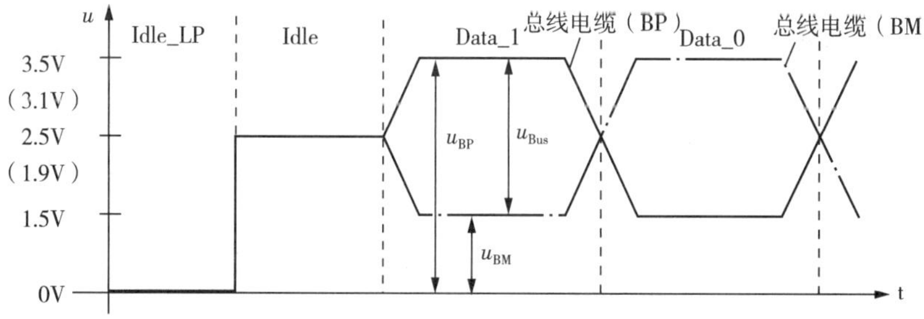

图 6－51 FlexRay 总线信号状态

四个信号代表了 FlexRay 总线的四种状态：低功耗、空闲、数值 1、数值 0，各个总线状态的意义如下（注意在 Data_1 和 Data_0 之间不允许有冲突）：

Idle_L 状态：低功耗模式，如休眠（Sleep）、安息（GotoSleep）、待机（Standby）等。导线 BP 和 BM 都通过下拉电阻搭铁，差分电压信号为 0V。

Idle 状态：无通信状态（总线空闲模式），网络上没有数据，但簇内至少有一个节点不处于低功耗模式。BP 和 BM 都处于空闲电压电平（Idle Voltage Level），两个总线导线的电平为 2.5V，差分电压信号为 0V。

Data_1：逻辑高，$u_{Bus}=u_{BP}-u_{BM}$ 为正。总线正极导线具有高电平，总线负极导线具有低电平。总线驱动器 BD 在 BP 和 BM 之间建立正差分电压，差分电压信号为＋600～2000mV。

Data_0：逻辑低，$u_{Bus}=u_{BP}-u_{BM}$为负。总线正极导线具有低电平，总线负极导线具有高电平。总线驱动器 BD 在 BP 和 BM 之间建立负差分电压，差分电压信号为 $-600\sim2000$mV。

需要说明的是，$u_{BP}-u_{BM}$这个差值的数量级为 700mV，因此，FlexRay 网络信号产生的电磁辐射很小。

FlexRay 总线三种状态下的电平如图 6－52 所示。

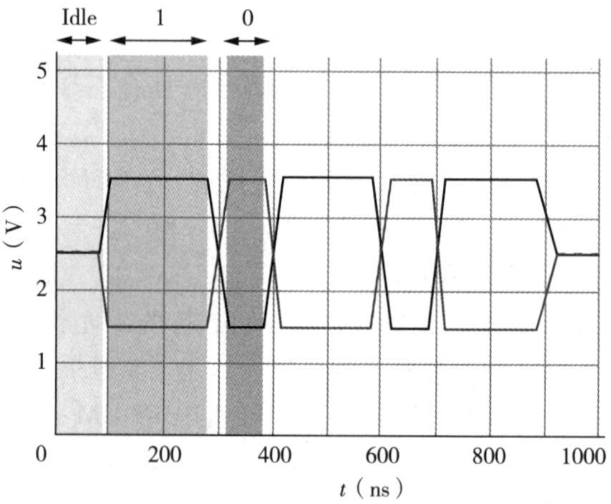

图 6－52　FlexRay 总线在三种状态下的电平

2)电压测量

FlexRay 总线的两条导线，分别是“Busplus”和“Busminus”。两条导线上的电平在最低值 1.5V 和最高值 3.5V 之间变换。FlexRay 的信号状态有三种：

(1)“空闲”：两导线的电平都为 2.5V。

(2)“Data0”：Busplus 上低电平，Busminus 上高电平。

(3)“Data1”：Busplus 上高电平，Busminus 上低电平。

1b 占 100ns 带宽。传输时间与导线长度以及总线驱动器的传输用时有关。信号差别传输，也就是说，需要两条导线。接收器通过两个信号的差别确定本来的比特状态。典型的数值是 1.8～2.0V 的压差。发送器附近必须至少有 1200mV 的压差；接收器处的直接最小压差为 800mV。如果在 640～2660μs 之内总线上没有变化，FlexRay 总线自动进入休眠模式(空闲)。

FlexRay 总线系统的电压范围电压值(对搭铁测量方式)：

① 系统接通，FlexRay 总线不通信时，电压为 2.5V。

② FlexRay 总线通信时，高电平信号，高电平电压为 3.1V(电压信号上升 0.6V)。

低电平信号，低电平电压为 1.9V(电压信号下降 0.6V)。

(三)FlexRay 总线的波形分析

FlexRay 总线信号必须在规定界限内。图 6－53、图 6－54 分别为总线信号的正常图形和非正常图形。该图形只能用速度很快的示波器才能显示出来，BMW 诊断系统中的示波器不适合显示这种图形。无论在时间轴上还是在电压轴上，电气信号都不得进入内部区域内。FlexRay 总线系统是数据传输率较高且电压电平变化较快的一种总线系统。

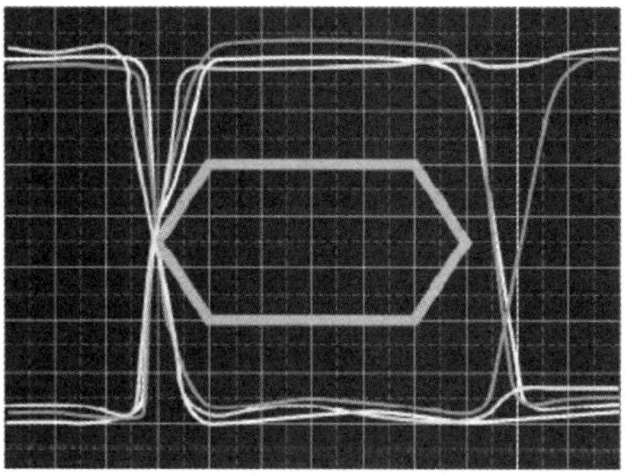

图 6-53 FlexRay 总线波形(正常)

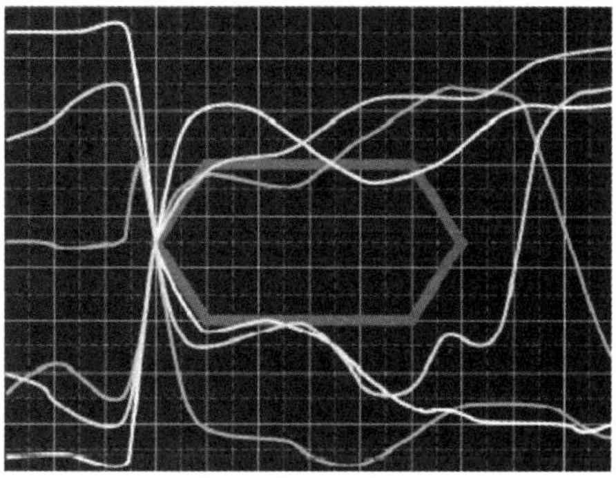

图 6-54 FlexRay 总线波形(不正常)

电压高低(电平)以及电压上升沿和下降沿斜率有严格规定,必须位于指定数值内。不得进入所标记的“区域”(绿色或红色六边形)。因电缆安装不正确、接触电阻等产生的电气故障可能引起数据传输率问题。

FlexRay 总线信号波形如图 6-55 所示。

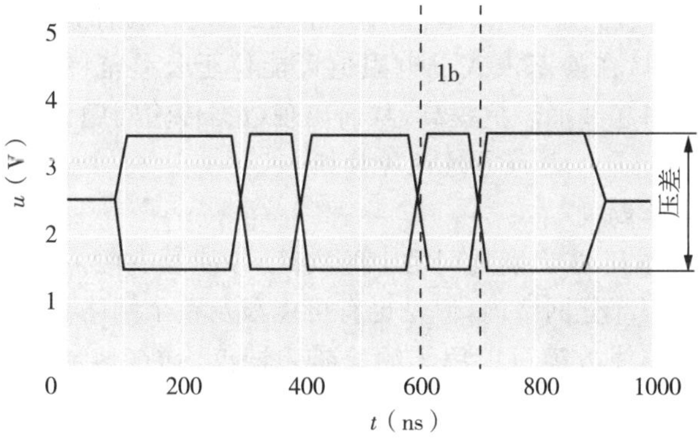

图 6-55 FlexRay 总线信号波形

三、FlexRay 总线的故障诊断

(一)宝马 FlexRay 总线系统故障诊断

1. 故障诊断思路

对于宝马车系的 FlexRay 总线系统故障,可使用 OBD 通用扫描工具、宝马专用检测仪 Modic 或 ISID 对宝马汽车局域网络系统所有电脑故障进行诊断。诊断总线 D－Bus 的所有诊断操作必须通过中央网关模块 ZGM 才能实现与其他控制单元的连通。通过分析各个电脑与网关电脑的相互逻辑关系和诊断连接通路,可以推算出系统内具体某个电脑不良及由此给整个系统带来的影响。例如,如果安全信息电脑 SIM 不良,则整个安全气囊系统无法进行故障自诊断;但如果转向柱开关总成 SZL 电脑不良,则只是 SZL 电脑无法诊断,其他电脑可以正常进行故障诊断。

需要更换 DSC 单元时,必须首先拆下车辆地板饰板。DSC 单元安装在车辆地板内,紧靠左前车轮罩后边缘。

2. 故障处理

宝马车系 FlexRay 总线导线出现链路故障或模块故障，可能会切断整个控制单元或整个支路与总线之间的通信，但带有四个授权唤醒 FlexRay 控制单元（ZGM、DME、DSC、ICM）除外。如果这些控制单元之间的通信中断，则发动机无法起动。控制单元内的这种总线监控功能，还能防止在非授权时间发送信息，从而防止覆盖其他信息。

3. 终端电阻及导线的测量

FlexRay 总线采用带电缆套的双芯双绞电缆线，终端电阻位于中央网关模块和终端设备内，各终端电阻都进行了精确调节，为避免影响，应从中央网关模块处测量终端电阻。

4. 测量 FlexRay 导线电阻

检测 FlexRay 导线必须参阅车型的电路图，否则会对测量结果作出错误判断。

(1)检测 FlexRay 导线电阻时必须使用车辆电路图。

(2)FlexRay 导线电阻的检测结果无法 100%地判断出系统功能正常与否。静态模式和动态模式下，电气性能差别很大。

对于宝马 E70 FlexRay 的导线，借助电阻测量仪（欧姆表、万用表）可以相对简单地检测至卫星式控制单元的四部分导线，应从 VDM 控制单元处进行测量。

FlexRay 导线电阻的测量结果无法 100%体现出系统线路的功能。出现挤压变形或插头腐蚀等损坏情况时，在静态模式下电阻值可能位于公差范围内。但是，在动态模式下电气影响因素可能引起波涌阻抗提高，从而出现数据传输问题。

(二)奥迪 A8L FlexRay 总线系统故障诊断

1. FlexRay 总线诊断

数据总线诊断接口 J533 识别到网络中的故障，并使没有故障的区域可以继续工作。故障可能仅出现在某一部分网络内，但是也有可能涉及整个网络。

下例的 FlexRay 总线故障可以用车辆诊断测试仪诊断（地址码 19—数据总线诊断接口）：

(1)控制单元无通信。

(2)FlexRay 数据总线损坏。

(3)FlexRay 数据总线初始化失败。

(4)FlexRay 数据总线信号出错。

出现故障时，FlexRay 总线的表现如下：

(1)一条导线对搭铁短路。数据总线诊断接口 J533 识别到一个持续不变的压差。相关的总线支路关闭，直到再次“空闲”，也就是说，识别到休眠模式的电平。

(2)两条导线相互短路。数据总线诊断接口 J533 识别到“空闲”电压持久不变。该总线支路上再也无法发送和接收数据。

(3)控制单元持续发送“空闲”。数据总线诊断接口 J533 识别到总线支路“空闲”，并关闭总线支路。

2. FlexRay 导线的维修

FlexRay 导线和 CAN 导线一样扭绞，还包裹一层外衣。但这层外衣不是为了屏蔽电磁干扰作用，而是为了将外部因素，例如，湿度和温度，对导线特性阻抗的影响降至最低。原则上，在维修中，FlexRay 总线的导线可以分段更换。维修时，要注意绞线松开的长度①和剥去外层的长度②，如图 6－56 所示。

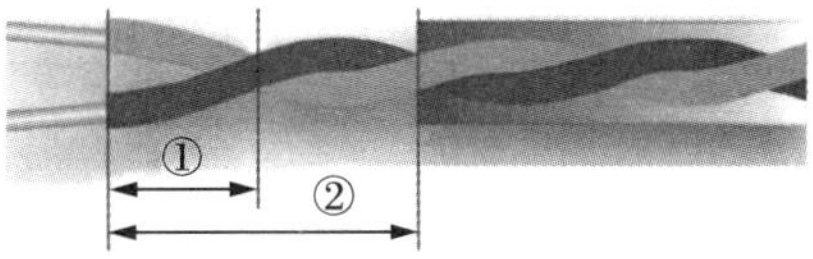

图 6－56 FlexRay 导线的维修

技能实训

（一）项目一 FlexRay 网络故障诊断方法与维修（奥迪 A6L）

1. 项目目标

掌握 FlexRay 网络故障诊断方法与维修。

2. 项目内容

（1）测量 FlexRay 总线在正常状态、正线对正极短路、正线对负极短路及某控制单元断路时，电压及控制单元的通信情况（表 6－2）。

表 6－2 电压及控制单元的通信情况

项目	正常状态	正线对正极短路	正线对负极短路	正线对某控制单元断路
电压	正： 负：	正： 负：	正： 负：	正： 负：
控制单元通信情况				

（2）通过专用工具 1594C 和数字万用表，结合维修手册从 J533 处测量 FlexRay 的电阻（图 6－57）。

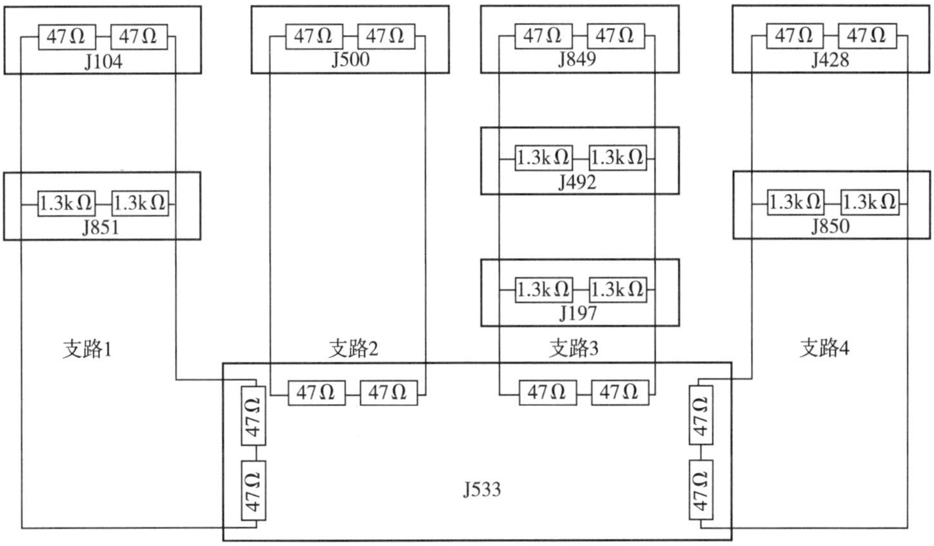

图 6－57 测量 FlexRay 的电阻

(3)利用诊断仪(ODIS),进行 FlexRay 网络通信诊断的操作,并记录操作步骤。

(4)查询维修手册找到 FlexRay 总线维修方法及所需的工具。维修一小段 FlexRay 数据总线。

(二)项目二 FlexRay 网络综合故障检测(奥迪 A6L)

1. 项目说明

通过故障案例的实际操作,掌握 FlexRay 网络故障的检测。

2. 项目内容

(1)完成故障车上(A6L(C7)车型),FlexRay 总线系统的故障排除,并写出故障排除步骤。

(2)根据排除的故障,制作故障案例,并做讲解。

模块小结

(1)FlexRay总线主要用于行驶动态管理系统和发动机管理系统的联网,是行驶管理系统的综合性主总线系统。FlexRay的访问方法基于同步时基,该时基通过协议自动建立和同步。

(2)FlexRay总线节点由供电(Power Supply)、控制部分和驱动部分组成。FlexRay总线的四种状态:低功耗、空闲、数值1、数值0。

(3)FlexRay总线的数据导线两端也使用了终端电阻,这些终端电阻的阻值由数据传输速率和导线长度决定,终端电阻位于控制单元内部。

(4)FlcxRay总线的两条导线,分别是“Busplus”和“Busminus”。两条导线上的电平在最低值1.5伏特和最高值3.5伏特之间变换。FlexRay的信号状态有三种:“空闲”—两导线的电平都为2.5伏特;“Data 0”—Busplus上低电平,Busminus上高电平;“Data 1”—Busplus上高电平,Busminus上低电平。

(5)FlexRay总线故障包括:控制单元无通讯;FlexRay数据总线损坏;FlexRay数据总线初始化失败和FlexRay数据总线信号出错。

思考与练习

(一)填空题

1. FlexRay是同时具备________触发和________触发的新型数据总线。

2. FlexRay总线节点(Node or Nodus)是指汽车总线中能完成________、________及________的电子控制单元(控制模块),是车载网络系统中的________或________。

3. 数据帧由________、________、________三部分组成。

4. 时钟偏差的调整,通过单次增加或减少每个周期中网络空闲时间(Network Idle Time,NIT)内的微节拍数量来消除________偏差,通过长期调整NIT微节拍数量来消除________偏差。

5. FlexRay总线的故障类型一般包括________、________、________三个方面。

(二)判断题

1. FlexRay总线和CAN总线不同,一般不设置终端电阻。( )

2. FlexRay总线传输速率为10Mb/s。( )

3. FlexRay总线一般应用在导航和多媒体系统。( )

4. FlexRay总线不通信时,电压为2.5V。( )

5. FlexRay总线终端电阻测量结果为RBP-BM=10~90Ω,说明测量的这部分导线损坏。( )

(三)名词解释

时间片:____。

集群:____。

簇:____。

帧:____。

帧标识符：____。
TDMA：____。
微时钟节拍：____。
空帧：____。
同步节点：____。
(四)简答题
1. 请画图说明宝马 F70 FlexRay 总线拓扑结构。
2. 请画图分析 FlexRay 总线帧结构。
3. FlexRay 总线的优点有哪些?
4. FlexRay 总线应用在哪些领域?
5. FlexRay 总线常见故障有哪些?

考核工单

考核工单

序号	考核项目	评分要素	配分	评分标准	结果	扣分	得分	备注
1	考核时限	考核时限共 15min,时间一到,停止操作						
2	基本行为规范	工服;胸卡;发型;饰物;礼节(应答、告别、致谢等)	5	每项各为 1 分,如不达标,扣 1 分				
	工具准备	选用所需工具、仪器	5	选错一次扣 1 分				
3	示波仪的连接、使用	BOSCH - FSA740 附件认识及连接; 1. 温度传感器 2. 电平正负极连接线; 3. 1 端、15 端/EST/TN/TD 连接线; 4. 触发钳 5. RS232 串行端口(无功能) 6. 次级负极传感器; 7. 同 PC 机进行连接的 USB 扣; 8. 次级正极传感器 9. 模块电源输入口; 10. 测量通道 1; 11. 测量通道 2; 12 正时灯; 13. 空气压力测量口; (2)连接后的检车 (3) BOSCH - FSA740 的操作使用	30	(1)不认识一项, 扣 1 分 (2)不能正确连接,该项不得分 (3)连接后未检查,该项不得分				

（续表）

序号	考核项目	评分要素	配分	评分标准	结果	扣分	得分	备注
4	FlexRay 总线终端电阻及电压检测	(1)测量方法正确 (2)测量结果准确 (3)能依据测量结果分析故障	15	(1)测量方法不正确，扣 5 分 (2)测量结果不正确，扣 5 分 (3)不能依据测量结果分析故障，扣 5 分				
5	FlexRay 总线波形测试	(1)仪器正确操作 (2)通道、幅值、位置、周期的选择及调整 (3)读取并绘制 FlexRay 总线波形 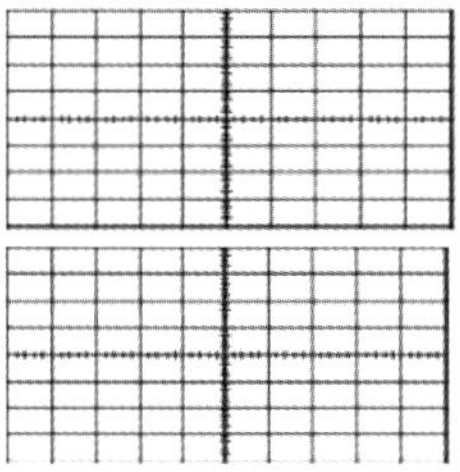	30	(1)不能完成检测，该项不得分 (2)检测方法不规范，酌情扣分				
5	维修手册的使用	(1)手册查阅方法正确 (2)依据手册能快速查找相应咨询数据	5	不能正确查阅不得分				
6	安全文明操作	(1)合理使用工具 (2)安全操作规范 (3)文明操作 (4)5S 达标	10	(1)未合理使用工具扣 3 分，不文明操作扣 2 分 (2)5S 不达标，扣 5 分 (3)违反安全操作规程，本项不得分				
7	合计							

参考文献

[1] 黄建文．汽车车载网络系统检修一体化项目教程[M]．上海：上海交通大学出版社，2012.

[2] 楚晓婧，李振兴．汽车车载网络系统检修[M]．北京：机械工业出版社，2023.

[3] 吕丕华．汽车车载网络系统检测与维修[M]．北京：中国劳动社会保障出版社，2022.

[4] 李雷，刘蒙恩．汽车车载网络系统检修[M]．2版．北京：人民邮电出版社，2016.

[5] 王建，吕丕华．汽车车载网络系统检修[M]．北京：北京理工大学出版社，2022.

[6] 孙春玲，刘福海．汽车车载网络系统检修[M]．济南：山东大学出版社，2020.

[7] 刘春晖，刘光晓．汽车车载网络技术详解[M]．3版．北京：机械工业出版社，2019.

[8] 秦贵和，张洪坤．车载网络及信息技术[M]．北京：机械工业出版社，2017.

[9] 刘春晖，王桂波．汽车车载网络系统维修技能与技巧点拨[M]．北京：机械工业出版社，2021.

[10] 罗峰，孙泽昌．汽车CAN总线系统原理、设计与应用[M]．北京：电子工业出版社，2009.

[11] 胡晓晓，王旭东，杨时川．基于迈腾B8舒适系统典型案例的车载网络系统检测与维修[J]．汽车实用技术，2023，48(12)：159－163.

[12] 盛炜杰，陈锦云，王雅思，等．车载网络发展趋势和车载光纤传输研究进展[J]．激光与光电子学进展，2023，60(5)：67－77.

[13] 张拥军．基于CAN总线的车载网络通信系统设计与实现[J]．微型电脑应用，2022，38(12)：196－198.

[14] 田雨桐，曾文．技能竞赛中大众朗逸汽车CAN总线故障诊断方法与案例分析[J]．汽车维修与保养，2022(12)：82－85.

[15] 林检．浅谈别克威朗车载网络诊断与排除方法[J]．汽车电器，2022(11)：103－106.

[16] 杨增雨，及建涛．2021年奥迪A6L报本地数据总线故障且启停不工作[J]．汽车维修技师，2022(11)：90－91.

[17] 宋金虎，张际超，徐云．CAN总线故障诊断和维修[J]．山东交通科技，2022(4)：162－164.

[18] 黄晓鹏，罗明．基于FlexRay总线的车载网络通讯系统[J]．汽车实用技术，2022，47(2)：11－15.

[19] 李小龙，魏建平．汽车LIN总线故障案例分析——以迈腾B8舒适系统LIN总线为例[J]．内燃机与配件，2022(3)：54－57.

[20] 励敏．奥迪 Q5L 舒适 CAN 总线系统故障导致无法启动的诊断与分析[J]．汽车与配件，2021(24)：64－67.
[21] 佘勇．汽车 LIN 总线故障诊断方法探索与案例分析[J]．时代汽车，2021(16)：171－172.
[22] 梁建辉，吴超峰．CAN 总线通信故障 2 例[J]．汽车维护与修理，2021(15)：42－44.
[23] 李闯．车载网络 CAN 总线报文异常检测技术研究[D]．天津：天津理工大学，2021.
[24] 余欣欣．君越车载网络故障引发车辆无法正常行驶的排查[J]．汽车维修，2020(3)：16－17.
[25] 安童乐．车载网络异常检测技术研究[D]．天津：天津理工大学，2021.
[26] 徐佳，郑广州，朱明哲等．典型车载网络总线技术特点、应用和展望[J]．汽车电器，2020(2)：30－32.
[27] 谢伟钢．浅谈车载网络系统引起故障的机理[J]．内燃机与配件，2019(23)：163－164.
[28] 徐青，周云龙．舒适性系统车载网络的故障诊断与排除[J]．现代工业经济和信息化，2019，9(11)：135－136.
[29] 崔巍．汽车车载网络系统故障诊断方法探究[J]．河北农机，2019(10)：28－29.
[30] 薛燕．车载网络系统故障诊断技术研究[D]．西安：长安大学，2019.
[31] 陆建平．2013 款奥迪 Q7 车载网络单线故障[J]．汽车维修技师，2015(10)：46－49.
[32] 史懂深．车载网络系统(CAN BUS)故障的诊断与分析[J]．科技风，2015(16)：64＋66.